后汉书

国学课堂

解读版

【南北朝】范晔 撰

丛书主编 魏冰戬

本册评注 刘春节 高丽雅

U0831378

吉林大学出版社

本系列图书栏目设置说明

学生的良师　老师的益友　家长的好帮手

【概述】介绍作者及其作品。如作品内容、成书经过、写作特色、文学地位等

【概述】

《世说新语》的原名是《世说》，因为汉代刘向曾经著《世说》（原书亡佚），后人为了将此书与刘向所著相别，又取名《世说新语》，大约宋代以后才改称。《隋书·经籍志》将它列入笔记小说。《宋书·刘道规传》称刘义庆"性简素"、"爱好文义"、"招聚文学之士，近远必至"。该书所记个别事实虽然不尽确切，但反映了汉民族门阀世族的思想风貌，涉及了社会、政治、思想、文学、语言等方面，史料价值很高。

【题解】具体内容讲解。如篇章内容提要、相关知识链接、文学常识等

【题解】

德行第一：德行指美好的道德品行。本篇所谈的是那个社会士族阶层认为值得学习的、可以作为准则和规范的言语行动。涉及面很广，从不同的方面、不同的角度反映出当时的道德观念，内容丰富。

【原文】原著全本选入。部分作品篇目数量多者，选取经典篇目、常考篇目以及相对独立篇目

【原文】

管宁、华歆共园中锄菜，见地有片金，管挥锄与瓦石不异，华捉而掷①去之。又尝同席②读书，有乘轩冕③过门者，宁读如故，歆④废⑤书出看。宁割席分坐，曰："子非吾友也！"

【注释】精准、简洁，避免含混、啰唆。通假字、异形词标出。难字、生僻字注音

【注释】

①捉：握；拿。掷：扔；抛。②席：坐席，是古人的坐具。③轩冕：大夫以上的贵族坐的车和戴的礼帽。④宁、歆：上文称管，这里称宁，同指管宁；上文称华，这里称歆，同指华歆。古文惯例，人名已见于上文时，就可以单称姓或名。⑤废：放弃；放下。

【译文】准确无误，逐句直译，不加修饰语

【译文】

管宁和华歆一同在菜园里刨地种菜，看见地上有一小片金子，管宁不理会，举锄锄去，跟锄掉瓦块石头一样，华歆却把金子捡起来再扔出去。还有一次，两人同坐在一张席上读书，有达官贵人坐车从门口经过，管宁照旧读书，华歆却放下书本跑出去看。管宁就割开席子，分开座位，说道："你不是我的朋友。"

【解析】突破传统观点，与时代精神相结合，分析透彻，辩证到位，着意培养学生树立正确的价值观、世界观

【解析】

事情很小，往往是人们容易忽略的细枝末节。然而正因其小，足见当时的士大夫品评他人与约束自己的尺度及交友之严，见微而知著，因小而见大。

当朋友之间所追求的东西有着悬殊的差别之时，就可能在以后的路上分道扬镳。因此，朋友未必能够一路同行。有的朋友可以一起学习、一起创业，然而随着人生经历的变化，会在一些关键问题上出现分歧，使友情破裂。

国学课堂 解读版

本套书是根据教育部颁发的《完善中华优秀传统文化教育指导纲要》中提出的要求，组织经验丰富的一线教师编写而成的。近期，教育部正式发布高考改革方案，2016年高考语文提高到200分，尤其传统文化部分是学生应该掌握的重点。为了使学生能够在短时间内，更加轻松迅速地掌握国学文化精粹，深入领会中华优秀传统文化的精神内涵，特设置如下栏目。

【写作点拨】

1. 从择友的角度：应该选择志同道合的朋友，应该选择学习专注有修养的朋友，交友应慎重。

2. 从思想品德修养的角度：应加强自己的品德修养，学习应专注，这样才能成才。

3. 从学习环境的角度：要为学生创造一个良好的学习环境，这样才有利于人才的培养。

4. 从为人处世的角度讲：对待友人要讲原则，也要宽和友爱，大度中庸。

【写作点拨】多角度点拨。告知读者如何使用此部分素材应用于学生作文实际，解决学生写作中无话可说的困境

【人物简析】

1. 王涣年少时崇侠尚义，喜好结交剽悍侠义之人，但后来改变追求，信奉儒学，把握了儒学的大义要旨。

2. 王涣任地方官不畏豪强、选贤举能，所治理之处教化大行，百姓安居。

3. 王涣为人正直，施政宽严适宜，且能以奇异的才能神机妙算地处理疑难案件，令人惊叹。

【人物简析】找准中高考中的采分点，解析人物，引导学生把握解析人物的技巧

【成语积累】

发擿（tī）奸伏：揭露隐秘的坏人坏事。

【成语积累】撷取文中成语汇集，以丰富词汇量

【考题举隅】

翻译下列画横线的句子

①晚而改节，敦儒学，习《尚书》，读律令，略举大义。

②其冤嫌久讼，历政所不断，法理所难平者，莫不曲尽情诈，压塞群疑。

【考题举隅】精选真题，科学解析，模拟演练

【故事】

古时有一位叫乐羊子的人，在外求学期间，他的妻子在家中辛勤耕作，照顾婆婆。有一天，邻居家的鸡误入了乐羊子家的园子，乐羊子的母亲见了就把这只鸡逮住杀掉并做成了菜。到吃饭时，乐羊子妻对着鸡只是暗暗落泪，并不吃它，婆婆感到很奇怪，就问她为什么这样。乐羊子妻说："我难过的是家里太穷了，没有好菜侍奉，所以饭菜中才有了别人家的鸡。"婆婆听到这话，甚感惭愧，于是把鸡倒掉不吃了。

【故事】与"解析"紧密相连，达到由"解析"引出"故事"，理论指导实践的效果

强大编写阵容

5省一线教师联袂打造一流精品

《国学课堂》编写委员会

主　编：魏冰戬

副主编：肖　颖　孙　伟

编　者（排名不分先后）：

侯文学　王　伟　张希凤　马德勇

姜佃友　陈鹤龄　刘树江　刘桂华

谢丽丽　高玉刚　韩佃磊　邵　影

李　娟　刘广茹　王　志　孟令禹

孙铁民　孙国勇　李双山　刘春节

崔　洋　李春梅　关小荷　杨桂宏

刘　辉　田　阳　杨大勇　马卫东

张翠敏　杨雨杰　刘利凤　孙丽丽

穆　洁　张东航

编写前言

清末国学大师辜鸿铭曾说：爱国，首先要爱其文明。他曾告诉国人：“洋人绝不会因为我们割去发辫，穿上西装，就会对我们稍加尊敬的。当我们中国人西化成洋鬼子时，欧美人只能对我们更加蔑视。只有当欧美人了解到真正的中国人——一种有着与他们截然不同却毫不逊色于他们文明的人民时，他们才会对我们有所尊重。”一个国家的民族文化是其国民灵魂和尊严的渊源。

“国学”之名，始于清末。其时欧美学术进入中国，号为“新学”、“西学”，与之相对，人们便把中国固有的学问统称为“旧学”、“中学”或“国学”。

近年来，国学热方兴未艾，国学与西学是相对而言的，国学热折射的是西方文化冲击下国人的文化忧患意识。自从改革开放打开国门，我国的传统文化经历了三十多年西方文化思潮的冲击，国人崇尚西化的思想渐成潮流，甚至作为汉文化亚文化的日韩文化都受到相当多的国人追捧，而作为民族本源文化的诸多宝贵遗产却一度被冷落。随着时代的发展，国家民族实力的增强，国人逐渐开始意识到传统文化的重要性，一个缺少自己民族文化特色的国家，发展必然受阻，道路必然越走越窄。国学有多热，恰反映出西方思潮对我们的文化影响与冲击有多大。这种冲击对年轻人尤其突出和明显，影响也尤其深远。年轻人接受和吸收新鲜事物的能力强，过程快，他们接受的事物在其生命中扎根也深，所以对青少年思想领地的争夺关乎国家民族发展的未来方向，将民族的宝贵遗产及时深刻地传递给青少年是每一代国人必须担起的重任。

为使中小学生能比较全面系统地对国学有一个初步的了解和认识，针对其年龄和心理，我们策划编选了本套《国学课堂》。

对国学范畴和内容的把握是认识了解国学的开始。《汉书·艺文志》对国学有一个基本的分类，将其分为六艺、诸子百家、诗赋、兵书、术数、方技六个部分。这六部分构成了国学的前身。狭义的国学是指以儒学为主体的中华传统文化与学术。现在一般提到的国学，是指以先秦经典及诸子学为根基，涵盖了两汉经学、魏晋玄学、宋明理学和同时期的汉赋、六朝骈文、唐宋诗词、元曲与明清小说并历代史学等一套特有而完整的文化、学术体系。因此，广义上，中国古代和现代的文化和学术，包括历史、思想、哲学、地理、政治、经济乃至书画、音乐、术数、医学、星相、建筑等都是国学所涉及的范畴。

本套“国学课堂”从国学所涵盖的各个领域精心选取收录了30种最能体现和承载中国传统文化精髓的代表书籍，并对每种书进行细致琢磨思考，对其中篇幅较小、内容较为浅显的著作则收录全文，并加以细致讲解，如《三字经》《弟子规》《笠翁对韵》等；对一些原著内容广博深邃的著作则作适当精心的选裁调整组合，以适应中小学生学业水平和思想身心发展要求，如《世说新语》《史记》《汉书》等。

此次编辑这套“国学课堂”的目的首要的是向中小学生宣介国学精粹，使青少年学生在国学的丰富文化中汲取营养，充实提高自我，从而传承发扬传统优秀文化，也考虑到结合中小学生现行教学大纲知识拓展和能力提升的有关要求，借鉴中高考知识能力考查模式设定相关体例条目，慎重精当选裁，深入浅出讲解，让孩子们能在较短时间内吸收利用广博的国学文化经典中最有代表性和典型性的内容，用清晰简洁的思路引领学生，流畅浅易的语言指导学生，生动活泼的故事感染学生，致力于带给莘莘学子春风化雨的求知体验，力争在文言文阅读理解、常识积累、鉴赏、写作等方面使中小学生得到全面濡养和提升，同时能对其他奋斗在教学第一线相关学科教师的日常教学、课后指导有所帮助，以及对很多为孩子选择适宜读物而发愁的家长提供一些有益参考。

此次参与编写的主创人员也主要是常年在教学第一线执教的教师，他们了解学生，也更能深刻感受到时代发展对青少年的巨大影响，所以弘扬传统文化的迫切感也更加强烈。本套书籍里凝聚着他们捍卫国学的赤诚之心和对广大学子继承发扬传统文化精髓的良苦用心。在此向参与编写的30余位作者对国学的热切传播、呕心沥血的辛苦付出致以崇高的敬意。由于时间紧迫，水平有限，本套书籍必然有诸多缺点和不足，望广大读者和业界同仁给予理解并期待大家的真诚指导和建议。

主编　魏冰戬

2015年3月17日于长春

概述

《后汉书》由我国南朝刘宋时期的历史学家范晔编撰，是一部记载东汉历史的纪传体史书，“二十四史”之一。《后汉书》是继《史记》、《汉书》之后又一部私人撰写的重要史籍，与《史记》、《汉书》、《三国志》并称为“前四史”。

全书主要记述了上起东汉的汉光武帝建武元年（公元25年），下至汉献帝建安二十五年（公元220年）的近二百年的历史。

书中分十纪、八十列传。此书综合当时流传的七部后汉史料，并参考袁宏所著的《后汉纪》，简明周详，叙事生动，故取代以前各家的后汉史。北宋时，有人把晋朝司马彪《续汉书》志三十卷，刘昭注，与之合刊，成为今天的《后汉书》。

《后汉书》大部分沿袭《史记》、《汉书》的现成体例，但在成书过程中，范晔根据东汉一代历史的具体特点，则又有所创新，有所变动。首先，他在帝纪之后添置了皇后纪。东汉从和帝开始，连续有六个太后临朝。把她们的活动写成纪的形式，既名正言顺，又能准确地反映这一时期的政治特点。其次，《后汉书》新增加了《党锢传》、《宦者传》、《文苑传》、《独行传》、《方术传》、《逸民传》、《列女传》七个类传。范晔是第一位在纪传体史书中专为妇女作传的史学家。尤为可贵的是，《列女传》所收集的十七位杰出女性，并不都是贞女节妇，还包括并不符合当时礼教道德标准的才女蔡琰。

《后汉书》结构严谨，编排有序。如八十列传，大体是按照时代的先后进行排列的。最初的三卷为两汉之际的风云人物。其后的九卷是光武帝时代的宗室王侯和重要将领。《后汉书》的进步性还体现在勇于暴露黑暗政治，同情和歌颂正义的行为方面。在《王充、王符、仲长统传》中，范晔详细地收录了八篇抨击时政的论文。《后汉书》一方面揭露鱼肉人民的权贵，另一方面又表彰那些刚强正直、不畏强暴的中下层人士。

目录

光武皇帝本纪

世祖[①]光武皇帝讳秀，字文叔，南阳[②]蔡阳人，高祖[③]九世之孙也，出自景帝[④]生长沙定王发。初，王莽征天下能为[⑤]兵法者六十三家数百人，并以为军吏；选练武卫，招募猛士，旌旗辎重，千里不绝。时有长人巨无霸，长一丈，大十围，以为垒尉；又驱诸猛兽虎豹犀象之属，以助威武。自秦、汉出师之盛，未尝有也。光武将数千兵，徼[⑥]之于阳关。诸将见寻、邑兵盛，反走，驰[⑦]入昆阳，皆惶怖，忧念妻孥[⑧]，欲散归诸城。

世祖光武皇帝刘秀，字文叔，南阳蔡阳人，高祖刘邦第九代孙。出自景帝所生长沙定王刘发。初始，王莽征集天下能懂兵法的六十三家共数百人，并任为军吏；挑选训练警卫，招募猛士，旌旗辎重，千里不绝。当时有个巨人叫巨无霸，身高一丈，腰粗十围，被任命为军垒尉官；驱使猛兽虎豹犀象，以助军威。出师的盛况，为秦汉以来所没有过的。光武统兵数千，在阳关拦截王莽军。诸将见王寻、王邑军队强大，掉头逃跑，奔回昆阳，都很害怕，担心妻室儿女，想分散返回各自的城邑。

光武议曰："今兵谷既少，而外寇强大，并力御之，功庶[⑨]可立；如欲分散，势无俱全。且宛城未拔[⑩]，不能相救，昆阳即破，一日之间，诸部亦灭矣。今不同心胆共[⑪]举功名，反欲守妻子财物邪？"诸将怒曰："刘将军何敢如是！"光武笑而起。会候骑[⑫]还，言大兵且至城北，军陈[⑬]数百里，不见其后。诸将遽相谓曰："更请刘将军计之。"光武复为图画[⑭]成败。诸将忧迫，皆曰"诺"。时城中唯有八九千人，光武乃使成

光武提议说："现在我们兵力和粮草都少，而外寇强大，合力抵抗，功绩或许可以建立；如果分散开来，势必都不能保全。而且宛城没有攻下，那边的部队不能救助我们，昆阳一旦攻破，一天之内，我们所有各部都将被消灭掉。现在我们不同心合力共举功名，反而想守住妻子儿女和财物吗？"诸将领愤怒地说："刘将军何以竟然说这种话！"光武含笑起立。这时恰好侦察敌人的骑兵回来，说大量的敌人将到城北，军马队列数百里，看不到队尾。诸将连忙相互说道："还是请刘将军出主意对付。"光武又为大家谋划成败策略。诸将领忧愁窘迫，都说："就照这样办！"

注释

①世祖：光武帝刘秀的庙号。
②南阳：郡名，今河南南阳市。
③高祖：即高祖刘邦，汉开国皇帝。
④景帝：高祖刘邦孙刘启。
⑤为：通晓。
⑥徼（yāo）：遮拦，截击。
⑦驰：疾行。
⑧孥（nǔ）：子女。
⑨庶：也许，或许。
⑩拔：攻克，攻取。
⑪胆共：共度危困。
⑫候骑：侦察的骑兵。
⑬军陈：军阵。
⑭图画：谋划。

国上公王凤、廷尉大将军王常留守，夜自与骠骑大将军
这时，城中只有八九千人，光武便叫成国上公王凤、廷尉大将军王常守城，

宗佻、五威将军李轶等十三骑，出城南门，于外收兵。
自己与骠骑大将军宗佻、五威将军李轶等十三人骑马夜出城南门，在外面

时莽军到城下者且十万，光武几不得出。既至郾、定
组织兵力。这时王莽军队已有近十万到了城下，光武差点儿走不出城。到

陵，悉发诸营兵，而诸将贪惜财货，欲分留守之。光武
了郾、定陵，将各兵营军队悉数调发，而诸将贪惜财货想分兵留守。光武

曰："今若破敌，珍宝万倍，大功可成；如为所败，首
说："现在假如打败了敌人，珍宝万倍，大功可成；假如被敌人打败，我们

领无余，何财物之有！"众乃从。
的头颅也保不住，哪还有什么财物呢？"大家才依从了光武的意见。

六月己未，即皇帝位。六年春正月辛酉，诏曰：
六月己未日，光武即皇帝位。六年（公元30年）春正月二十一日，光武帝下

"往岁水旱蝗虫为灾，谷价腾跃[15]，人用困乏。朕惟
诏说："前几年大水、干旱和蝗虫成灾，使谷价暴涨，人们缺衣少食。我想百姓

百姓无以自赡，恻然愍[16]之。其命郡国有谷者，给禀[17]
可能无法正常生活下去，心里非常难过而怜悯他们。现在命令存有谷物的郡国，

高年、鳏、寡、孤、独及笃癃[18]、无家属贫不能自存
供给高寿的老人、鳏夫、寡妇、年幼失父的孩子、老而无子的孤独者及有绝症和

者，如律[19]。二千石勉加循抚，无令失职。"冬十月丁
无家属照顾贫困不能自保者粮食，供给标准依照有关法律。各郡国长官要对百

丑，诏曰："吾德薄不明，寇贼为害，强弱相陵，元元
姓勤加抚慰，不要失职。"冬十月十一日，诏令说："我德行浅薄不够圣明，致使

失所。永念厥咎，内疚于心。其敕公卿举贤良方正各
寇贼为害天下，强暴欺凌弱小，老百姓因此流离失所。我永远都不会忘记自己的

一人；百僚并上封事，无有隐讳；有司修职，务遵法
过失，内心充满惭愧之情。现下令每位公卿大臣推荐贤良、方正各一人；百官都

度。"十一月丁卯，诏王莽时吏人没入为奴婢不应旧法
要奏上密封的奏章，不要有所隐瞒；各级官员要履行职责务必遵守法律制度。"

者，皆免为庶人。癸巳，诏曰："顷者师旅未解，用度
十一月丁卯，诏令王莽时吏民被罚为奴婢而不合西汉旧法的，都免为平民。十二

不足，故行什一之税。今军士屯田，粮储差[20]积。其令
月癸巳日，光武帝诏令说："过去战争没有结束，国家财力不足，所以按十分之一

郡国收见田租三十税一。"十一年春二月己卯，诏曰：
收取田租田税，现在军士屯田耕种，粮食略有储备。可以叫郡国收三十分之一的

"天地之性人为贵。其杀奴婢，不得减罪。"十三年冬
田税。"十一年春二月己卯，下诏说："天地之间的灵性以人最为宝贵。擅自残杀

⑮腾跃：指物价飞涨。
⑯愍(mǐn)：怜悯，哀伤。
⑰禀：给予谷物。《说文》："禀，赐谷也。"
⑱鳏、寡、孤、独及笃癃(lóng)：《大戴礼》曰："六十无妻曰鳏，五十无夫曰寡。"《礼记》曰："幼而无父曰孤，老而无子曰独。"《尔雅》曰："笃，困也。"《仓颉篇》曰："癃，病也。"
⑲如律：按法律从事。
⑳差：略微，颇。

十二月甲寅，诏益州民自八年以来被略为奴婢者，皆一切免为庶民。

奴婢，不得减免处罚。”十三年冬十二月三十日，诏告益州居民从公孙述八年来被抢夺为奴婢的人，一律恢复平民身份。

【人物简析】

1. 光武身处危难之中却从容镇定，处乱不惊，处事果断，所以在千钧一发之际总能化险为夷，使得诸将领能与之共同抗敌，为其创建大业奠定了基础。
2. 光武面对强敌临危不惧 ，勇往直前，可见其胆识过人，从而感染了将士们，才有了“请刘将军出主意对付”的声音。
3. 光武身处逆境之中却对未来充满信心，目光远大，所以在大家面对强敌一筹莫展之时，他却含笑起立；在大家贪惜财货之时，他却充满信心并鼓动大家如大功可成，一切尽收囊中，使得众将士依计行事。
4. 作为一国之君体恤百姓，以人为本，任用贤才、减免赋税，并且经常自我反省，所以出现了汉室中兴的局面，为后世敬仰。

【考题举隅】

1. 下列句子中对加点词的解释，不正确的一项是（　　）

A. 永念厥咎，内疚于心 。　　咎：愧疚

B. 寇贼为害，强弱相陵 。　　陵：通凌

C. 又驱诸猛兽虎豹犀象之属 。　　属：类

D. 诸将遽相谓曰。　　遽：急忙

2. 以下各组句子中，全部表明光武帝以人为本的治国理念的一组是（　　）

①百僚并上封事，无有隐讳；　　②其令郡国收见田租三十税一。

③光武将数千兵，徼之于阳关。　　④有司修职，务遵法度。

⑤其杀奴婢，不得减罪。　　⑥被略为奴婢者，皆一切免为庶民。

A. ①②③　　B. ①⑤⑥　　C. ②④⑤　　D. ②⑤⑥

3. 下列对原文有关内容的概括和分析，不正确的一项是（　　）

A. 光武统兵数千，在阳关拦截王莽军。王莽出师的盛况，为秦汉以来所没有过的。面对强敌，光武帝率领的部下惧惮不已，都想纷纷逃窜。

B. 光武即皇帝位后，为图国家发展，敕令公卿推荐贤良，百官都要奏上密封的报告，不要隐瞒顾忌；官员履行职责务必遵守法律制度。

C. 光武即位后，心怀百姓，既发放粮食供养高寿的老人、鳏夫、寡妇、年幼失父的孩子、老而无子的孤独者及有绝症和无家属照顾贫困不能自保者，又释放奴隶，免为平民，他说“天地之间的灵性以人最为宝贵”。

D. 面对王莽的大军，光武临危不惧，处乱不惊，果断采取措施，但是还是被王莽的大军围困城中，只好等待调集援军前来支援。

4. 把下列句子翻译成现代汉语。

(1) 如为所败，首领无余，何财物之有！

(2) 反走，驰入昆阳，皆惶怖，忧念妻孥，欲散归诸城。

写作点拨

1. 王莽出师的盛况和将士们临危惧怕的描写属于侧面描写，从而更好地衬托出光武为图大事的沉稳果断，这种写作手法可在写作中灵活运用，会收到夺人眼球的效果。

2. 从精神品格的角度：光武帝在实现理想的过程中，荆棘、坎坷、困难接踵而至，但他却以百倍信心来面对这种种挫折，自信是成功的基石，不错，正是自信这盏明灯为他照亮了前方通向成功的路。

3. 从人与环境的关系角度：作为帝王即一国之君，身上肩负的使命是中兴汉室，所以他审时度势，以史为鉴，明确治国方略，选贤举能，以民为本。所以说所处的环境变了，思想也必须随之改变，这是智者的本事。

和熹邓皇后纪

和熹邓皇后讳绥。后年五岁，太傅夫人爱之，自为剪发。夫人年高目冥，误伤后额，忍痛不言。左右见者怪而问之，后曰：“非不痛也，太夫人哀怜为断发，难伤老人意，故忍之耳。”六岁能《史书》，十二通《诗》、《论语》。诸兄每读经传，

和熹邓皇后名叫邓绥。邓绥五岁的时候，年迈的祖母非常喜爱她，亲自为她剪发，因年高双目昏花，误伤了她的额头，邓绥竟然忍痛不言。一旁的家人见状都很奇怪，问她疼不疼。邓绥说：“不是不痛，只因太夫人怜爱我，偌大年纪还为我梳理头发，我实在不忍伤她老人家的心，所以才强忍着不说。”六岁能读《史书》，十二岁通晓《诗经》、《论语》。每当几个哥哥阅读经传时，她就总是

辄下意难问。志在典籍，不问居家之事。母常非
提出疑难问题求教。她的志趣在于研究诗书典籍，而不愿过问居家事务。母亲
之，曰："汝不习女工以供衣服，乃更务学，宁
常常责怪她，说："你不学习针线女工供给衣服穿用，却反过来做学问，难道你
当举博士邪？"后重[①]违母言，昼修妇业，暮诵经
要当博士吗？"邓绥不愿违背母亲的话，白天学习做针线家务，晚上就诵读经典
典，家人号曰"诸生"。父训异之，事无大小，辄
书籍，家人叫她为"诸生"。父亲邓训认为她与众不同，无论大小事，总是和她详
与详议。
细商议。

永元四年，当以选入，会训卒，后昼夜号泣，
和帝永元四年邓绥本当被选入宫中，恰巧邓训去世，邓绥日夜号哭，整整
终三年不食盐菜，憔悴毁容，亲人不识之。八年
三年不吃有盐的菜，憔悴得面容都变了，连家里亲人都不认识她了。永元八年
冬，入掖庭为贵人，时年十六。恭肃小心，动有法
冬，入掖庭为贵人，时年十六。恭谦肃穆，小心谨慎，一举一动都遵循礼法。奉
度。承事阴后，夙夜战兢。接抚同列，常克己以下
侍阴皇后日夜小心，兢兢业业。在嫔妃当中待人接物，常常约束自己谦让别人，
之，虽宫人隶役，皆加恩借[②]。帝深嘉爱焉。每有宴
即使是宫人仆役，都加以施恩与帮助。和帝非常喜爱她而倍加赞赏，每有宴会，
会，诸姬贵人竞自修整，簪珥光采，袿[③]裳鲜明，而
众妃嫔贵人争着打扮修饰，发簪耳环等光彩夺目，衣服艳丽鲜明，只有邓绥身
后独着素，装服无饰。其衣有与阴后同色者，即时
着素装，身上没有任何装饰。发现衣服有与阴皇后同颜色的，就立即更换。假使
解易[④]。若并时进见，则不敢正坐离立，行则偻身自
与阴皇后同时进见和帝，则不敢正坐而离位站立，走的时候也是弓着身躯以示
卑。帝每有所问，常逡巡[⑤]后对，不敢先阴后言。帝
卑微。每当和帝询问，常表现迟疑而后对答，不敢在阴皇后之前争着发言。和帝
知叹曰："修德之劳，乃如是乎！"
感叹地说："修身进德之费心劳力，竟达到了这种境地啊！"

十四年至冬，立为皇后。辞让者三，然后
永元十四年冬，立邓贵人为皇后。她再三推辞谦让，然后才即皇后位。她
即位。手书表谢，深陈德薄，不足以充小君之
亲手写好谢恩的奏书，深深陈述自己德行菲薄，不能胜任皇后之位。这时，四方
选。是时，方国贡献，竞求珍丽之物，自后即
诸侯之国，争着寻求珍奇华丽的物品，向皇帝进贡，自邓皇后即位就命令全部禁
位，悉令禁绝，岁时但供纸墨而已。帝每欲官
止，每年只在年底供给纸墨就行了。和帝每次想封爵邓皇后家族的人，邓皇后往

注释

①重：难。

②借：帮助。

③袿（guī）：古代妇女所穿的华丽的衣服。

④易：改变，更换。

⑤逡巡（qūn xún）：因为有所顾虑而徘徊不前。

爵邓氏，后辄哀请谦让，故兄骘终帝世不过虎贲中郎将。

往苦苦哀求和谦让，所以邓皇后的哥哥邓骘在整个和帝一朝不过是一位虎贲中郎将而已。

人物简析

1. 邓皇后自幼受到严格优良的教育，她明白事理，笃行孝悌，遵循法度，克己奉礼。邓绥入宫后“恭肃小心，动有法度”，恃宠不骄。她深知宫中生活的微妙，对其他妃嫔，常卑辞克己，曲意抚慰。即使是宫中隶役，邓绥也皆施以恩惠，从不盛气凌人。
2. 每逢宫中大宴邓绥却独着素妆，淡扫娥眉。若是身上的衣着偶尔与阴后的颜色相同，就立即更换，以免引起阴后的嫌忌。在立为皇后时，邓绥诚恳地陈说自己“德薄”，实在不足以充“小君”之选，这些都表现出她谦恭礼让的品德。因此赢得宫中上下及和帝的赞赏。
3. 邓皇后从不居尊自傲，生活上更是俭朴节约，绝无丝毫放纵，对于各地郡国贡献的珍奇之物，全部下令禁绝，只许在岁终时供些纸墨而已。严厉约束外戚，不恃权用私，赢得了百姓的爱戴。

考题举隅

1. 对下列句子中加点词的解释，不正确的一项是（　　）

A. 太夫人哀怜为断发。　　怜：怜悯

B. 永元四年，当以选入，会训卒。　　会：适逢

C. 行则偻身自卑。　　偻：脊背弯曲

D. 承事阴后，夙夜战兢。　　夙：早晨

2. 下列句子中加点词的意义与用法不相同的一组是（　　）

A. 辄下意难问　　后辄哀请谦让

B. 非不痛也　　母常非之

C. 诸姬贵人竞自修整　　竞求珍丽之物

D. 难伤老人意　　辄下意 难问

3. 把下列句子翻译成现代汉语。

（1）后重违母言，昼修妇业，暮诵经典。

（2）手书表谢，深陈德薄，不足以充小君之选。

【写作点拨】

1. 从为人品格的角度：邓皇后在宫中对待周围的人，不管高于自己的皇后，还是辈分相同的嫔妃和低于自己的下人，她都做到恭敬谦让，施予援手，因此赢得了周围的一片赞誉，为自己后来成为皇后奠定了基础，正所谓"予人玫瑰，手留余香"。

2. 从人与环境的关系角度：邓皇后自幼受到严格优良的教育，自小修习经史，颇具学识与才能，同时拥有谦逊忍让等诸多优良品质，因此才能成为一国之母。所以良好的环境对于一个人的成长十分重要，它能助你飞翔，助你追梦！

杜诗传

杜诗字君公，河内汲人也。少有才能，仕郡功曹，有公平称。更始时，辟大司马府。建武元年，岁中三迁为侍御史，安集洛阳。时将军萧广放纵兵士，暴横民间，百姓惶扰，诗敕①晓不改，遂格杀②广，还以状闻。世祖召见，赐以棨③戟，复使之河东，诛降逆贼杨异等。诗到大阳，闻贼规④欲北度，乃与长史急焚其船，部勒⑤郡兵，将突骑趁击，斩异等，贼遂剪灭。拜成皋令，视事⑥三岁，举⑦政尤异。再迁为沛郡都尉，转汝南都尉，所在称治。

杜诗，字君公，河内汲县人。年轻时有才能，在郡里任官为功曹，以公平著称。更始年间，被征召做了大司马府的官员。建武元年，在一年中迁升三次至侍御史，负责安定洛阳。当时将军萧广放纵士兵不法，在百姓中横行霸道，百姓惶恐惊慌。杜诗告诫晓谕萧广，可他仍不改悔，于是将萧广击杀，回京后把这一情况向光武帝奏报。光武帝召见他，赐给他棨戟，又派他巡视河东，去招降和诛杀反叛的贼人杨异等。杜诗抵达大阳，听说贼人谋划北渡，于是与长史迅速焚毁他们的船只，调集部署郡中士兵，率领骑兵袭击贼兵，杀死杨异等人，贼兵终于被消灭，拜授为成皋县令，任官三年，政绩尤其突出。又迁升为沛郡都尉，转任汝南都尉，所到之处，都有政绩。

七年，迁南阳太守。性节俭而政治清平，以诛暴立威，善于计略，省⑧爱民役。造作水排，铸为农器，用力少，见功多，百姓便之。又修治陂池⑨，广拓土田，

建武七年，升任南阳太守。他生活节俭，施政清廉公平，以诛杀强暴树立威信，他还擅长计划谋略，顾恤和爱惜服劳役的百姓。又设计制作水排，铸造农具，使（百姓）用力少，收效多，百姓感到很便利。此外，还修建池塘，广泛开垦

注释

①敕：告诫，吩咐。
②格杀：击杀。
③棨：（qǐ）古代官吏出行的一种仪仗，木制，形状似戟。
④规：计划，谋划。
⑤部勒：部署；约束。
⑥视事：旧时指官吏到职办公。
⑦举：确立，建树。
⑧省：顾惜，顾恤。
⑨陂池（bēi chí）：池塘。

郡内比[10]室殷足。时人方于召信臣[11]，故南阳为之语曰：“前有召父，后有杜母。”

土地，郡中家家户户都丰足富实。当时人们把他比作召信臣，所以南阳人因为这些事迹赞颂他道：“先前有召父，后来有杜母。”

诗自以无劳，不安[12]久居大郡，求欲降避功臣，乃上疏曰：“臣诗伏自惟忖，本以史吏一介之才，遭[13]陛下创制大业，贤俊在外，空乏之间，超受大恩，牧养[14]不称，奉职无效，久窃禄位，令功臣怀愠，诚惶诚恐。八年，上书乞避功德，陛下殊恩，未许放退。臣诗蒙恩尤深，义不敢苟[15]冒虚请，诚不胜至愿，愿退大郡，受小职。及[16]臣齿壮，力能经营剧[17]事，如使臣诗必有补益，复受大位，虽析珪[18]授爵，所不辞也。惟陛下哀矜[19]！”帝惜其能，遂不许之。

杜诗自认为没有功劳，不应长期任大郡长官，请求降职，以避让职位给功臣，于是上书说：“臣下杜诗暗自思忖，本来是掾史属吏之才，正值陛下创立大业。贤良能干的人都在外打仗，朝廷里人才缺乏之际，特殊地受到极大恩宠，但教化百姓不称职，任官又没有功绩，长期窃居官位，使得功臣心怀不满，我实在惶恐不安。建武八年的时候，曾上书请求退位让给有功之人。陛下加给我特殊的恩典，不允许我辞职。臣杜诗蒙受的恩德极深，道义使得我不能担当假意请求辞职之名，如果不能实现（辞职）的愿望，那么臣愿辞退大郡的官职，担任低一些的职务。若是臣下身体强壮，有能力处理繁杂艰难的事务，而且任用臣下杜诗的确有所补益，再授以较高官职，即使授予爵位，也不推辞。恳请陛下哀怜体谅！”光武帝爱惜他的才能，所以没有同意这个请求。

诗雅[20]好推贤，数进知名士清河刘统及鲁阳长董崇等。

杜诗向来喜好推荐贤明的人，多次举荐知名之士，有清河的刘统和鲁阳长董崇等。

诗身虽在外，尽心朝廷，谠言善策，随事献纳。视事七年，政化大行。十四年，坐遣客为弟报仇，被征，会病卒。司隶校尉鲍永上书言诗贫困无田宅，丧无所归。诏使治丧郡邸，赙[21]绢千匹。

杜诗虽然在外地做官，但是对朝廷竭尽衷心，有忠正的言论，好的建议，都随时进献上奏。在任七年，政令教化大大推行。建武十四年，犯了派刺客杀人为弟报仇之罪，被朝廷征召问罪，正巧因病去世。司隶校尉鲍永上书说，杜诗家中贫困没有土地住宅等产业，死了以后没有办丧事和埋葬的地方。皇上下令在官府办丧事，并赏赐一千匹绢。

⑩比：并列，并排。
⑪召信臣：中国西汉水利名臣。
⑫安：安心。
⑬遭：遇见，碰到。
⑭牧养：治理，统治。
⑮苟：随便，轻率。
⑯及：等到……时候。
⑰剧：繁重，艰难。
⑱析珪（guī）：指封王、封官。
⑲哀矜：哀怜；怜悯。
⑳雅：平日，向来。
㉑赙（fù）：拿钱财帮助别人办理丧事。

人物简析

1. 杜诗有非凡的政治才能，所到之处，政绩显著，备受百姓的爱戴。

2. 杜诗有超凡的智慧和果敢，他击杀萧广，还百姓一片安宁；他出其不意，消灭贼兵，予河东一方和平；他制水排，铸农具，建池塘，给百姓一分便利。

3. 杜诗心系国家社稷，忠心耿耿，他降避功臣，推荐贤才，大公无私，为官清正廉洁，死后贫困无田宅，丧无所归。

考题举隅

1. 对下列句子中加点词的解释，不正确的一项是（　　）

A. 诚不胜至愿　　诚：的确，确实。

B. 谠言善策　　谠（dǎng）：正直的（言论）。

C. 令功臣怀愠　　愠：怒，怨恨。

D. 时人方于召信臣　　方：比拟，比方。

2. 下列句均能表现杜诗爱惜百姓的一项是（　　）

（1）诗敕晓不改，遂格杀广　　（2）诗雅好推贤

（3）善于计略，省爱民役　　（4）修治陂池，广拓土田

（5）造作水排，铸为农器　　（6）求欲降避功臣，乃上疏

A.（1）（2）（3）　B.（4）（5）（6）　C.（2）（3）（6）　D.（1）（4）（5）

3. 把下列句子翻译成现代汉语

（1）性节俭而政治清平，以诛暴立威，善于计略，省爱民役。

（2）遭陛下创制大业，贤俊在外，空乏之间，超受大恩。

写作点拨

1. 从为人品格的角度：杜诗惩强权，平叛乱，爱百姓，铸农具，荐贤才，功勋卓著，但他不居功自傲，为人谦逊，胸怀豁达，因此更加赢得了光武帝的尊重与赏识。所以说谦逊是一种修养和宝贵的美德，谦虚做人才能赢得他人的尊重。

2. 从人与环境的关系角度：杜诗犹如一匹千里马，在光武一朝施展他的才华，彰显他的智慧与果敢，备受时人与今人的赞赏。试想如果没有光武帝慧眼识珠，只能骈死于槽枥之间了。所以说世有伯乐，然后有千里马。

寇恂传

寇恂字子翼，上谷昌平人也，世为著姓。恂初为郡功曹，太守耿况甚重之。

寇恂字子冀，上谷郡昌平县人，世代都是有声望显赫的大族。寇恂最初曾担任郡里的功曹，太守耿况很器重他。

王莽败，更始立。及王郎起，遣将徇上谷，急况发兵。恂与门下掾闵业共说况曰："邯郸拔①起，难可信向。昔王莽时，所难独有刘伯升耳。今闻大司马刘公，伯升母弟，尊贤下士，士多归之，可攀附也。"况曰："邯郸方盛，力不能独拒，如何？"恂对曰："今上谷完实，控弦②万骑，举大郡之资，可以详③择去就④。恂请东约渔阳，齐心合众，邯郸不足图⑤也。"况然之，乃遣恂到渔阳，结谋彭宠。恂还，至昌平，袭击邯郸使者，杀之，夺其军，遂与况子弇等俱南及光武于广阿。拜恂为偏将军，号承义侯，从破群贼。数与邓禹谋议，禹奇之，因奉牛、酒共交欢。

王莽灭亡后，更始登上帝位。等到王郎起兵时，派将士攻取上谷郡，并急令耿况出兵。寇恂与门下掾闵业一同劝耿况说："邯郸突然起兵，难以让人信任与归附。过去王莽当权时，难以对付的只有刘伯升。现在听说大司马刘公，是刘伯升的弟弟，尊重贤才，善待士人，士人大多归附他，我们也可前去攀附。"耿况说："邯郸现在兵力强盛，以我们的力量无法抵抗，怎么办？"寇恂回答说："现在上谷郡完好充实，张弓持箭的骑兵有上万人，凭借大郡的实力，可以自由地选择去向。我请求您允许我到东面联合渔阳郡，齐心协力，共同抗敌，邯郸就不难对付了。"耿况赞同他的计划，就派寇恂到了渔阳郡，谋划与彭宠结盟的事宜。寇恂从渔阳回来，到了昌平县，袭击了邯郸来的使者，并杀死了他，抢了他的军队，然后和耿况的儿子耿弇等一起到南边的广阿投奔光武。光武任寇恂为偏将军，号为承义侯，跟从光武攻打各处贼寇。寇恂多次和邓禹谋划计议，邓禹认为他是个奇才，于是送上牛肉和美酒，交谈极为欢畅。

光武南定河内，而更始大司马朱鲔等盛兵据洛阳，及并州未定，光武难其守，问于邓禹曰："诸将谁可使

光武向南平定了河内，而更始帝的大司马朱鲔等带领重兵据守洛阳，此外还有并州尚未平定，光武帝认为河内难于坚守，问邓禹说："众将领中哪一个

注释

①拔：迅速，突然。

②控弦：拉弓持箭，借指士兵。

③详：广泛

④去就：取舍。

⑤图：谋取，对付。

守河内者？”禹曰：“昔高祖任萧何于关中，无复四顾
可以镇守河内？”邓禹说：“过去高祖让萧何镇守关中，就不用再担忧西边的事
之忧，所以得专精山东，终成大业。今河内带河为固，
了，所以能够专心致力于山东的事务，最终成就大业。现在河内拥有黄河的险
户口殷实，北通上党，南迫洛阳。寇恂文武备足，有牧
固，人口众多，北边通往上党，南边临近洛阳。寇恂文武兼备，有管理百姓、驾驭
人御众之才，非此子莫可使也。”乃拜恂河内太守，行
官吏的才略，除了他没有人可以镇守河内了。”于是光武就任命寇恂为河内太守，
大将军事。恂移书属县，讲兵肄[⑥]射，伐淇园之竹，为
履行大将军的职务。寇恂下达文书到各个属县，讲武练兵，演练射箭，砍伐淇园
矢百余万，养马二千匹，收租四百万斛，转以给军。
的竹子，造了一百多万支箭，养了两千匹战马，收了四百万斛的租粮，全部转运给军队。

⑥肄：演习，练习。

朱鲔闻光武北而河内孤，使讨难将军苏茂、副将
朱鲔听说光武北征而河内孤立，就派了讨难将军苏茂、副将贾彊带着
贾彊将兵三万余人，度巩河攻温。檄书至，恂即勒军驰
三万多人，渡过巩河攻打温县。檄文一到，寇恂就率军飞奔出城，并下达文书通
出，并移告属县发兵，会于温下。军吏皆谏曰：“今
告各属县，令发兵到温县集合。军中的官员都劝谏说：“现在洛阳的部队渡过黄
洛阳兵渡河，前后不绝，宜待众军毕集，乃可出也。”
河，队伍前后连绵不绝，应该等我们各路队伍全部集合完毕，才可出击。”寇恂
恂曰：“温，郡之藩蔽[⑦]，失温则郡不可守。”遂驰赴
回答说：“温县是河内郡的屏障，丢掉温县整个郡就守不住了。”于是火速奔赴
之。旦日合战，而偏将军冯异遣救，及诸县兵适[⑧]至，
温县。第二天两军交锋，偏将军冯异派来的援军及各属县的部队适时赶到，步
士马四集，幡旗蔽[⑨]野。恂乃令士卒乘[⑩]城，鼓噪大呼，
卒和骑兵从四面会集，旌旗遍布原野。寇恂就命令士兵登上城头，擂鼓呐喊，高
言曰：“刘公兵到！”苏茂军闻之，阵动，恂因奔击，
呼：“刘公的部队来了！”苏茂的军队听到后，战阵动摇，寇恂趁势追击，把他们
大破之，追至洛阳，遂斩贾彊。茂兵自投河死者数千，
打得大败，一直追到洛阳，杀了贾彊。苏茂的士兵跳到黄河中淹死的有数千人，
生获万余人。恂与冯异过河而还。自是，洛阳震恐，城
被活捉的有一万多人。寇恂与冯异渡过了黄河回到了河内。从此洛阳震动惊恐，
门昼闭。时，光武传闻朱鲔破河内，有顷，恂檄至，大
大白天都紧闭着城门。当时，光武听传闻说朱鲔攻破河内，不一会儿，寇恂的捷
喜曰：“吾知寇子翼可任也！”
报传到了，他非常高兴，说：“我就知道寇子冀是可以胜任的！”

⑦藩蔽：屏障。
⑧适：恰好，正巧。
⑨蔽：遮挡，遮蔽。
⑩乘：登。

建武二年，执金吾贾复在汝南，部将杀人于颍
建武二年，执金吾贾复在汝南郡，他的部将在颍川杀了人，寇恂就把他

⑪系：拘囚。
⑫陷：陷害。
⑬侵怨：受他人侵害而产生的仇怨。
⑭决：决断。
⑮卒：通“猝”突然。
⑯供具：陈设酒食的器具，亦指酒食。
⑰酒醪（láo）：泛指酒。

川，恂捕得系[11]狱。时尚草创，军营犯法，率多相
逮捕关进了监狱。当时政权还处于草创的阶段，军营中的人犯法，一般都宽容，
容，恂乃戮之于市。复以为耻，叹。还过颍川，谓
寇恂却在集市上当众杀了他。贾复以此为耻辱，大为叹息。归途经过颍川，对手
左右曰：“吾与寇恂并列将帅，而今为其所陷[12]，
下的人说：“我和寇恂同为将帅，而现在却被他陷害，大丈夫岂能被人侵害心怀
大丈夫岂有怀侵怨[13]而不决[14]之者乎？今见恂，必手
怨恨却不做决断？今天看到寇恂，一定要亲手用剑杀了他！”寇恂得知了他的计
剑之！”恂知其谋，不欲与相见。谷崇曰：“崇，
谋，不想和他相见。谷崇说：“我是武将，请让我能够带剑陪侍在你身边。一旦
将也，得带剑侍侧。卒[15]有变，足以相当。”恂曰：
有什么变故，我完全可以与他对抗。”寇恂说：“不是这样。过去蔺相如不怕秦
“不然。昔蔺相如不畏秦王而屈于廉颇者，为国也。
王却对廉颇委曲求全，是为了国家。小小的赵国，尚且有这样的重义之人，我怎
区区之赵，尚有此义，吾安可以忘之乎？”乃敕属县
么可以忘记这种大义呢？”于是命令下属各县准备好供应军队的用具，储备好
盛供具[16]，储酒醪[17]，执金吾军入界，一人皆兼二人之
美酒，执金吾的部队一进入边界，让将士们一人就得到了两个人的酒饭的款待。
馔。恂乃出迎于道，称疾而还。
寇恂也出城到大道上迎接，然后又假托生病回去。

人物简析

1. 寇恂目光远大，谋略过人，在王朗起兵时做出了正确的选择，投奔光武；因敌人强大，河内重要，寇恂文武兼备，光武任命他做河内太守；在朱鲔攻打温县时，寇恂凭借果敢与智慧取得了胜利，保卫了河内，深得光武的赞赏。
2. 寇恂不畏强权，具有以国家利益为重、顾大局、识大体的政治远见，他为了国家利益和不激化内部矛盾，才不想和贾复相见甚至放下自己的面子，在他身上充分体现出君子般的风度。

考题举隅

1. 对下列句子中加点词的解释，不正确的一项是（　　）

A. 遣将徇上谷。　徇：巡行。　B. 恂即勒军驰出。　勒：率领。
C. 率多相容。　率：大抵，一般。　D. 度巩河攻温。　度：通“渡”。

2. 下列句均能表现寇恂机智果敢，谋略过人的一项是（　　）

（1）举大郡之资，可以详择去就。　（2）军营犯法，率多相容，恂乃戮之于市。

(3) 恂乃出迎于道，称疾而还。　　(4) 执金吾军入界，一人皆兼二人之馔。

(5) 恂乃令士卒乘城，鼓噪大呼，言曰："刘公兵到！"

(6) 恂还，至昌平，袭击邯郸使者，杀之。

A. (1)(2)(3)　B. (4)(5)(6)　C. (2)(4)(6)　D. (1)(3)(5)

3. 把下列句子翻译成现代汉语

(1) 今河内带河为固，户口殷实，北通上党，南迫洛阳。

(2) 昔蔺相如不畏秦王而屈于廉颇者，为国也。区区之赵，尚有此义，吾安可以忘之乎？

写作点拨

1. 从为人品格的角度：所谓完善的人，就是心胸宽广，富有献身和牺牲精神，寇恂就是这样的人，他放下尊严，放下个性，放下固执，都只是因为心怀国家，而如此以国家利益为重的人恰恰赢得别人的尊重与敬佩，这样的人才拥有真正的尊严，为人所敬仰。

2. 从人与环境的关系角度：寇恂选择光武，事实证明他的选择是对的，这份选择成就了他光辉的一生，而这也恰恰说明了当机遇来临时，虽说凭借的是勇敢与胆识，但更多的是依靠敏锐的眼光和反映的速度，依靠自己的聪明与智慧，所以说机遇青睐有准备的人。

李通传

李通，字次元，南阳宛人也。父守，身长九尺，容貌绝异，为人严毅，居家如官廷。莽末，百姓愁怨，通素[①]闻守说谶云"刘氏复兴，李氏为辅"，私常怀之。且居家富逸[②]，为闾里[③]雄，以此不乐为吏，乃自免归。

李通字次元，南阳宛县人。父亲李守，身高九尺，容貌非常奇异，为人严肃刚毅，在家中就像在官府一样的严肃。王莽新政末年，百姓愁苦怨愤，李通曾经听他父亲李守说过一句谶语是"刘氏再振兴，李氏为辅佐"，心中常记着这句话。况且他家境很富裕，是乡里的首富，因此不乐意在外做个小官，于是自己辞官回家。

及下江、新市兵起，南阳骚动，通从弟轶，亦

后来王常的下江兵和王匡的新市兵兴起，南阳为之动乱，李通的堂弟李

注释

①素：一向，平素。

②逸：安逸。

③闾里：乡里，民间。

④会：恰巧，适逢。
⑤及：等到……的时候。
⑥移日：日影移动，形容时间长。
⑦既：已经。

素好事，乃共计议。会[4]光武避吏在宛，通闻之，即遣轶往迎光武。光武初以通士君子相慕也，故往答之。及[5]相见，共语移日[6]，握手极欢。光武既[7]深知通意，乃遂相约结，定谋议，期以材官都试骑士日，欲劫前队大夫及属正，因以号令大众。乃使光武与轶归舂陵，举兵以相应。

轶，向来也很好事，就共同商议。适逢光武在宛县躲避官兵，李通听说后，就派李轶前往去迎接光武。光武起初认为李通不过是有身份地位的人而相互仰慕而已，所以前去拜会李通。等到见了面，两人谈话投机，一起交谈了很长时间，手拉着手很是亲热。光武深知李通的用意后，于是就互相盟誓结交，定下计策，约定在材官将军在都城考试骑士的这一天，劫持前队大夫和属正，借此来号令大众。李通于是让光武和李轶回到舂陵，起兵来响应自己。

更始立，以通为柱国大将军、辅汉侯。从至长安，更拜为大将军，封西平王。更始使通持节还镇荆州，通因娶光武女弟伯姬，是为宁平公主。光武即位，征通为卫尉。建武二年，封固始侯，拜大司农。帝每征讨四方，常令通居守京师，镇百姓，修宫室，起学宫。五年春，代王梁为前将军。六年夏，领破奸将军侯进、捕虏将军王霸等十营击汉中贼。

更始帝刘玄即位，任命李通为柱国大将军、辅汉侯。跟随刘玄到长安，改任为大将军，封西平王。刘玄派遣李通拿着符节回去镇守荆州，李通因此娶了光武的妹妹刘伯姬为妻，她就是后来的宁平公主。光武登皇位，征召李通做皇宫卫尉。建武二年，封为固始侯，任命为大司农。光武每次征战各地，常常命令李通留守京师，安抚百姓，修建宫室，建造学校。建武五年春，接替王梁为前将军。建武六年夏，率领破奸将军侯进、捕虏将军王霸等十营士兵攻打汉中叛军。

⑧重：重视，敬重。

通布衣唱义，助成大业，重以宁平公主故，特见亲重[8]。然性谦恭，常欲避权势。时，天下略定，以病上书乞身。诏下公卿群臣议。大司徒侯霸等曰：“王莽篡汉，倾乱天下。通怀伊吕之谋，建造大策，辅成圣德，破家为国，忘身奉主，有扶危存亡之义。功德最高，海内所闻。通以天下平定，

李通以平民百姓身份倡议起事，帮助光武成就帝业，再加上因为宁平公主的缘故，特别被光武亲近器重。但李通生性谦虚恭敬，常想避开权势。当时天下基本安定，李通借病重为由上书皇帝请求辞官回家。光武下令将此事交众位大臣讨论，大司徒侯霸等人说：“王莽篡夺汉室皇权，扰乱天下。李通胸怀像伊尹、吕尚一样的谋略，制定大计，扶持您成就帝业，为国家毁了宗族，事奉君主不顾自身，有扶助危难、兴灭继绝的大义，功德最为崇高，天下人都知道。

谦让辞位。夫安不忘危，宜令通居职疗疾。欲就[9]诸侯，不可听。”于是诏通勉致医药，以时视事[10]。其夏，引拜为大司空。通素有消疾[11]，谢病[12]不视事，连年乞骸骨[13]，帝每优宠之。十八年卒，谥曰恭侯。

李通因天下平定了，心怀谦让，坚辞官位。天下安定了不能忘了危难关头的人，可以让李通在职治病。他想求免官返回封地，不能听从。”于是命令李通努力治疗，适时处理公务。这年夏，提升李通为大司空。李通一向有消渴病，推托病重不理政事，连年请求退休，光武每每对他更加恩宠。李通于建武十八年去世，谥号恭侯。

⑨就：就职，赴任。
⑩视事：就职治事。
⑪消疾：消渴病。
⑫谢病：托病引退。
⑬乞骸骨：古代官吏自请退职，意谓使骸骨得归葬故乡。

人物简析

李通是一个胸怀志向的人，听到父亲说过的一句谶语就常记于心，辞官归家，等待时机。当听到光武在宛县躲避官兵，就派李轶前往去迎接光武，慧眼识人，认定光武是一个能成就大业可以一起谋划大事的人。李通以非凡的智慧和超人的才华赢得了更始帝、光武的信赖和百官的爱戴，成就了光辉的一生，为汉室的复兴做出了巨大的贡献。

考题举隅

1. 对下列句中加点词的解释，不正确的一项是（　　）

A. 通从弟轶，亦素好事　　从：堂房（亲属）

B. 期以材官都试骑士日　　期：约定时日

C. 重以宁平公主故　　重：重视，敬重

D. 以病上书乞身　　乞身：请求辞官回家

2. 下列文句中，断句正确的一项是（　　）

A. 领破/奸将军侯进捕虏/将军王霸等/十营击汉中贼

B. 领破奸将军/侯进捕虏将军王霸等/十营击/汉中贼

C. 领破奸将军/侯进捕虏将军/王霸等十营/击汉中贼

D. 领/破奸将军侯进/捕虏将军王霸/等/十营/击/汉中贼

3. 下列句均能表现李通超凡智慧与才华的一项是（　　）

（1）共语移日，握手极欢　　（2）通闻之，即遣轶往迎光武

（3）谢病不视事，连年乞骸骨　　（4）帝每征讨四方，常令通居守京师

（5）以此不乐为吏，乃自免归　　（6）乃使光武与轶归舂陵，举兵以相应

A.（1）（2）（3）　B.（4）（5）（6）　C.（2）（3）（6）　D.（2）（4）（6）

4. 把下列句子翻译成现代汉语

通素有消疾，谢病不视事，连年乞骸骨，帝每优宠之。

写作点拨

1. 更始帝和光武帝在位时都给予了李通封王封侯的高位，任职重要的职位，深得他们的赏识和信赖，从侧面烘托出李通的才华卓著和正直无私的品格。这种手法在写作中运用起来会收到事半功倍的效果。
2. 从为人品格的角度：李通为光武帝成就大业立下汗马功劳，功勋卓著。但他不居功自傲，反而谦恭谨慎，不贪图权力地位和名利，因此赢得光武与同僚的爱戴和敬重。所以说，心灵上的谨慎和行为上的谦恭都是我们为人的美德。
3. 从人与环境的关系角度：常言道时势造英雄，正是由于王莽篡汉，天下大乱，给了李通施展才华，发挥潜能，成就不朽功勋的舞台。同时正是由于光武的慧眼识珠，给予他施展本领的机会，才成就了李通不凡而光辉的人生。

邓禹传

邓禹字仲华，南阳新野人也。年十三，能诵诗，受业长安。时光武亦游学京师，禹年虽幼，而见光武知非常①人，遂相亲附②。

邓禹字仲华，南阳郡新野县人。十三岁时，就能朗诵《诗经》，在长安从师求学，当时光武也在京师求学，邓禹虽年幼，但见到光武后就知道他不是一位普通人，就与他亲近交往。

及汉兵起，更始立，豪杰多荐举禹，禹不肯从。及闻光武安集河北，即杖策③北渡，追及于邺。光武见之甚欢，谓曰：“我得专封拜，生远来，宁④欲仕乎？”禹曰：“不愿也。”光武曰：“即如是⑤，何欲为？”禹曰：“但愿明公威德加于四海，禹得效其尺寸，垂功名

等到汉兵起事，更始帝即位，豪杰们多荐举邓禹，邓禹不肯依从更始帝。后来听说光武在河北安抚士民，邓禹就驱马北渡黄河，追光武到邺县。光武见到邓禹很喜欢，对邓禹说：“我有封拜官吏的特权，你远道而来，难道是想做官吗？”邓禹说：“不愿做官。”光武说：“如果这样，想干什么呢？”邓禹说：“只愿明公威德加于四海，我得为明公效尺寸之力，垂功名

注释

①非常：不同寻常。
②亲附：亲近依附。
③杖策：执马鞭。
④宁：岂，难道。
⑤如是：像这样。

于竹帛⑥耳。”光武笑，因留宿闲语。禹进说曰：“更始虽都关西，今山东未安，赤眉、青犊之属，动以万数，三辅假号，往往群聚。更始既未有所挫，而不自听断，诸将皆庸人屈⑦起，志在财币，争用威力，朝夕自快而已，非有忠良明智，深虑远图，欲尊主安民者也。四方分崩离析，形势可见。明公虽建藩辅⑧之功，犹恐无所成立。于今之计，莫如延揽英雄，务悦民心，立高祖之业，救万民之命。以公而虑天下，不足⑨定也。”光武大悦，因令左右号禹曰邓将军。常宿止于中，与定计议。

于史册罢了。”光武笑了笑，就留他住下私谈。邓禹劝说光武说：“更始虽然定都关西，但现在山东没有安定，赤眉军、青犊军之类，人数动辄以万计，三辅也自立名号，往往聚有兵力。更始既没有挫败过他们，而他们也不听指挥裁决，各将领都是些庸人崛起，志在发财，争用威力，早晚图快乐罢了，并没有忠良明智，深谋远虑，真想尊重主上安抚百姓的。四方分崩离析，形势清楚可见。您虽有辅佐的功劳，但恐怕还是没有能够自立之处。为今之计，不如招揽四方英雄，务必取悦民心，建立高祖的伟业，拯救百姓万民的生命。由您来谋虑天下统一，是不需多久便可平定。”光武帝大悦，因此令左右的人称邓禹为邓将军。让他住宿在帐中，共同商定策略计划。

⑥竹帛：竹简和白绢。引申指书籍、史乘。
⑦屈：通“崛”。
⑧藩辅：辅佐。
⑨不足：不难。

及王郎起兵，光武自蓟至信都，使禹发奔命，得数千人，令自将之，别攻拔⑩乐阳。时任使诸将，多访于禹，禹每有所举者，皆当其才，光武以为知人。

等到王郎起兵，光武帝从蓟县到达信都，派邓禹募集奔命兵，共得到几千人，命令邓禹亲自率领这支队伍，另行攻取乐阳。（光武）当时委任派遣各位将领，大都向邓禹咨询，邓禹每次举荐的人，（职位）都能和才能相当，光武帝认为（邓禹）能够了解人。

⑩攻拔：进攻占领。

邓禹为前将军持节，西征赤眉关。建武元年正月，禹自箕关将入河东，河东都尉守关不开，禹攻十日，破之，获辎重千余乘。进围安邑，数月未能下。更始大将军樊参将数万人，度大阳欲攻禹，禹遣诸将逆击⑪于解南，大破之，斩参首。于是王匡、成丹、刘均等合军十余万，复共击禹，禹军不利，樊崇战死。会日暮，战

邓禹为前将军持节，西征赤眉军。建武元年，邓禹打算从箕关进入河东，但河东郡都尉扼守关卡，邓禹连攻十天破关，缴获辎重一千多车。进而围攻安邑，几个月没能攻下。更始帝的大将军樊参率领数万人，渡过大阳准备进攻邓禹，邓禹派遣诸将在解县南面迎击，大败樊参，斩了樊参的首级。在这时王匡、成丹、刘均等合军十多万，又一起攻打邓禹，邓禹军不利，樊崇战死。正好日暮，战事停止，军师韩歆及诸将看到兵力已受到

⑪逆击：迎击。

⑫穷：终，自始至终的整段时间。
⑬勒：率领，训练。

罢，军师韩歆及诸将见兵势已摧，皆劝禹夜去，禹不听。明日癸亥，匡等以六甲穷⑫日不出，禹因得更理兵勒⑬众。明旦，匡悉军出攻禹，禹令军中无得妄动；既至营下，因传发诸将鼓而并进，大破匡。匡等皆弃军亡走，禹率轻骑急追，获刘均及河东太守杨宝、持节中郎将弭缰，皆斩之，收得节六，印绶五百，兵器不可胜数，遂定河东。禹所止辄停车住节，以劳来之，父老童稚，满其车下，莫不感悦，于是名震关西。帝嘉之，数赐书褒美。

摧残，都劝邓禹乘夜离去，邓禹不听。第二天癸亥，王匡等认为，癸亥属于六甲凶日，整天没有出兵，邓禹因此得以整饬部队。第二天早晨，王匡全军出动，进攻邓禹，邓禹下令军中士卒不得轻举妄动；待王匡军到营下后，邓禹传令诸将擂鼓进击，大败王匡。王匡等都弃军逃走，邓禹率轻骑急追，俘获刘均及河东太守杨宝、持节中郎将弭缰，都斩其首级，收缴符节六个，印绶五百，兵器不可胜数，于是平定了河东郡。邓禹每到之处，常停下车来，拿着符节，慰劳归顺的人，年长的父老和年幼的孩童，站满在他车下，没有人不感激和高兴，于是邓禹名震关西。光武帝嘉奖他，几次写信赞美他。

⑭笃行：力行其事。
⑮闺门：古代称内室的门。这里指家门。

二年春，遣使者更封禹为梁侯，食四县。十三年，天下平定，诸功臣皆增户邑，定封禹为高密侯，食高密、昌安、夷安、淳于四县。帝以禹功高，以特进奉朝请。禹内文明，笃行⑭淳备，事母至孝。天下既定，常欲远名势。有子十三人，各使守一艺。修整闺门⑮，教养子孙，皆可以为后世法。资用国邑，不修产利。帝益重之。

建武二年春，光武派遣使者改封邓禹为梁侯，食邑四县。建武十三年，天下平定，各功臣都增加了户邑，封邓禹为高密侯，食高密、昌安、夷安、淳于四县的赋税。光武帝认为邓禹功高，按特进朝见皇帝。邓禹内尚文明，行为忠厚淳朴而且周密，服侍母亲非常孝顺。天下已经平定，常常想远离名位权势。有子女十三人，让他们各掌握一门技艺。他整治门庭，教养子孙，都可以成为后世的楷模。资财用于国事，不积攒家产。因此帝更加尊重他。

【人物简析】

邓禹年少聪慧，才识过人，少有知人之明，见到光武之后就认定他是非常之人；邓禹通晓文韬武略，美名远扬，所以得到多人争相荐举；邓禹知人荐贤，凡是经他推荐的人才都能各尽其职，各尽其才；邓禹能文能武，为光武谋划未来大计，深得光武赞赏，可见邓禹不仅是一位善于运筹帷幄的谋士，同时他也是一员勇于冲锋陷阵，从容镇定，有指挥才能的将军，先后平定河东、河北，在建立东汉政权的过程中发挥了重要的作用。

考题举隅

1. 对下列句子中加点的词的解释，不正确的一项是（　　）

A. 更始虽都关西　　都：建都

B. 诸将皆庸人屈起　　屈：委屈。

C. 起莫如延揽英雄　　延：邀请

D. 皆可以为后世法　　法：标准，规范

2. 以下各组句子中，全都表现邓禹才气过人的一组是（　　）

①闻光武安集河北，即杖策北渡，追及于邺。　②笃行淳备，事母至孝。

③禹所止辄停车住节，以劳来之。　④常宿止于中，与定计议。

⑤禹每有所举者，皆当其才。　⑥既至营下，因传发诸将鼓而并进。

A. ①②④　B. ②③⑥　C. ①④⑤　D. ④⑤⑥

3. 把下列句子翻译成现代汉语。

（1）但愿明公威德加于四海，禹得效其尺寸，垂功名于竹帛耳。

（2）有子十三人，各使守一艺。修整闺门，教养子孙，皆可以为后世法。

写作点拨

1. 从为人心态的角度：王匡十万大军进攻邓禹军，使之受挫，但邓禹并未因此而变得急躁冒进，而是冷静分析敌情，制定战术，抓住战机，一鼓作气，取得胜利。从中告诉我们，失败不可怕，可怕的是你失去面对失败的沉着的心态，其实，人与人之间并无太大的区别，真正的区别在于心态。所以，一个人成功与否，主要取决于他的心态。

2. 从人与环境的关系角度：邓禹在长安从师求学时，见到光武后就知道他不是一位普通人，虽如此，但光武对未来信心并不足，正是邓禹的及时到来和激励以及对未来大计的筹划给了光武极大的希望与力量，从而勇敢前进，开创了历史新的一页。由此可见，人的发展既要有内在的推动力，也要有外在环境的作用。

曹褒传

曹褒字叔通，鲁国薛人也。父充，持《庆氏礼》，建武中为博士。褒少笃志[①]，有大度，结发[②]传充业，博雅疏通，尤好礼事。常感朝廷制度未备，慕叔孙通为汉礼仪，昼夜研精，沉吟专思，寝则怀抱笔札，行则诵习文书，当其念至，忘所之适[③]。

曹褒字叔通，是鲁国薛地人。他的父亲曹充，掌握《庆氏礼》，建武中期任博士。曹褒年少志向专一，很豁达，成年时期就开始继承曹充的学业，渊博儒雅通达，尤其喜好礼仪之事。常常感叹朝廷制度没有完备，仰慕叔孙通为汉制定礼仪，经常不分白天黑夜地钻研，聚精会神地思索，睡觉时怀抱着笔和记录本，走路则背诵文章，由于心思太过专一，常常忘记该去的是什么地方。

初举孝廉[④]，再迁圉令，以礼理人，以德化俗。时它郡盗徒五人来入圉界，吏捕得人，陈留太守马严闻而疾恶，风[⑤]县杀之。褒敕吏曰："夫绝人命者，天亦绝之。皋陶不为盗制死刑，管仲遇盗而升诸公。今承旨而杀之，是逆天心，顺府意也，其罚重矣。如得全此人命而身坐之，吾所愿也。"遂不为杀。严奏褒耎弱[⑥]，免官归郡，为功曹。

曹褒最初被推举为孝廉，又迁升为圉令，用礼仪治理百姓，用恩德转化习俗。当时别的郡有五名盗贼进入圉境内，被官吏捕捉到，陈留太守马严听说后非常痛恨这些盗贼，劝说圉县令杀了他们。曹褒告诫官吏说："杀人命的人，上天也会杀他。皋陶不给盗贼制定死刑，管仲遇见盗贼而把他们迁升为公臣。现在听从太守旨意杀人，是违背天意，顺从官府的心意，那惩罚太重了，假如能保全这些人性命而我受到连累，这也是我情愿的。"于是官吏没有杀他们。马严上奏说曹褒软弱，因而他被免官回到薛，担任功曹。

帝知群僚拘挛[⑦]，难与图始，朝廷礼宪，宜时刊立，明年复下诏曰："朕以不德，膺[⑧]祖宗弘烈。朕夙夜祗畏[⑨]，上无以彰于先功，下无以克[⑩]称灵物[⑪]。汉遭[⑫]秦余[⑬]，礼坏乐崩，且因循故事[⑭]，未可观省，有知其

帝知道群臣之间相互制约，很难与他们商议初始之举，而朝廷礼仪宪法，应该即时制定确立，于是第二年又下诏说："朕凭不才，继承祖宗功业。朕日夜恐惧担心，上没有什么彰显先帝的功绩，下没有什么能够称颂的灵物。汉继承秦朝遗存，礼仪败坏乐仪残损，而且因循守旧，不值得借鉴察看，如有知道这方面

注释

①笃（dǔ）志：一词出自《论语·子张》。笃志，坚定的志向。

②结发：束发，扎结头发，古人男二十岁束发而冠，女子十五岁束发而笄，表示成年。

③适：到……去。

④举孝廉：古时举孝廉，秀才，都是指被推荐当官入仕途。孝廉是汉武帝时设立的察举考试的一种科目，后采纳董仲舒的建议，每年郡国察举孝者、廉者各一人。后来这种察举就通称为举孝廉，称为汉代察举制中最主要的科目，也是汉代政府官员的重要来源。

⑤风：通"讽"，有暗示、劝告意。

⑥耎（ruǎn）弱：软弱，懦弱。

⑦拘挛（luán）：拘束；拘泥。

⑧膺（yīng）：接受，承当。

⑨祇畏（zhī wèi）：敬畏。

⑩克：能够。

⑪灵物：祥瑞之物。

⑫遭：逢，遇。

⑬秦余：指秦代的遗迹。

⑭故事：前例，旧事。

说者，各尽所能。”褒省[15]诏，乃叹息谓诸生曰：“昔奚斯颂鲁[16]，考甫咏殷[17]。夫人臣依义显君，竭忠彰主[18]，行之美也。当仁不让，吾何辞哉！”遂复上疏，具陈礼乐之本，制改之意。

事情的人，各尽所能帮助朕。”曹褒察看诏书后，对诸生叹息说：“从前奚斯颂扬鲁，考甫咏赞殷。大臣依据礼义彰明君主的功德，竭尽忠心显示君主的德行，是大臣的美好行为。当仁不让，我还有什么可推辞的呢？”于是又一次上疏，具体陈述礼乐的根本，制定修改的意义。

褒在射声[19]，营舍有停棺不葬者百余所，褒亲自履行，问其意故。吏对曰：“此等多是建武以来绝无后者，不得埋掩。”褒乃怆然，为买空地，悉葬其无主者，设祭以祀之。迁城门校尉、将作大匠[20]。时有疾疫，褒巡行病徒，为致医药，经理饘粥[21]，多蒙济活。七年，出为河内太守。时春夏大旱，粮谷踊贵。褒到，乃省吏并职，退去奸残，澍雨数降[22]。其秋大孰，百姓给足，流冗皆还[23]。后坐上灾害不实免。有顷征，再迁，复为侍中。

曹褒担任射声校尉时，营房里有一百多口棺材停放在那里没下葬，曹褒亲自巡视，并问其中的原因。吏回答说：“这些多数是建武以来没有后代的人，因而得不到掩埋。”曹褒十分悲伤，为他们购买空地，将无人管者全部埋葬，并设祭坛进行祭祀。迁城门校尉、将作大匠。当时疾病、瘟疫流行，曹褒巡视有病之人，为他们寻医买药，料理病人提供稀饭，许多人因受到他的救济而活了下来。七年，出任河内太守。当时春夏大旱，粮食越来越贵。曹褒到任，便精简官吏合并职官，辞退奸邪凶残之人，及时雨降下多次。这年秋天粮食大丰收，百姓自给自足，流离失所的人全都回来了。后来因上报灾害不确实获罪而被免职。不久又被征召，再次迁升，又任侍中。

褒博物识古，为儒者宗。十四年，卒官。作《通义》十二篇，演经杂论百二十篇，又传《礼记》四十九篇，教授诸生千余人，庆氏学遂行于世。

曹褒知识广博熟知历史，成为学者宗师。十四年，死在任上。他曾作《通义》十二篇，演义经史及杂论一百二十篇，又为《礼记》作传四十九篇，教授学生一千多人，庆氏学于是流行于世。

⑮省：察看。

⑯奚斯：人名。公子鱼之子。见《左传·闵公二年》：“共仲曰：‘奚斯之声也。’”

⑰考甫：正考甫，孔子之先也，作商颂十二篇。

⑱竭忠彰主：竭忠，竭尽忠诚。彰，表明，显扬。竭尽忠心显示君主的德行。

⑲射声：汉代武官。射声校尉的简称。汉武帝初置八校尉之一。

⑳将作大匠：官名，秦代称将作少府。西汉时改称将作大匠，掌管宫室、宗庙、陵寝等的土木营建。

㉑饘（zhān）粥：稀饭。

㉒澍雨：大雨；暴雨。

㉓流冗（rǒng）：流散；流离失所。

人物简析

1. 曹褒勤奋研习汉朝的礼仪之事，他想通过礼仪治国，振兴汉王朝。
2. 曹褒为人善良，在处置盗贼，探望病人，为病人求医问药等事上都能体现出其善良的品格。

3. 曹褒是一个勤政爱民的好官，在其身上体现了忠君爱国的民本思想。

【考题举隅】

1. 下列句子中对加点词的解释，不正确的一项是（　　）

A. 粮谷踊贵　　踊：物价上涨

B. 今承旨而杀之　　承：秉承

C. 其秋大孰　　孰：通“熟”

D. 时有疾疫，褒巡行病徒　　时：有时

2. 加点词的意义和用法不相同的一组是（　　）

① 以礼理人/以德化俗。

②皋陶不为盗制死刑/太常巢堪以为一世大典，非褒所定，不可许。

③悉葬其无主者/以公之与民已悉矣。

④复为侍中/不远而复，先典攸高。

3. 下列对原文有关内容的概括和分析，不正确的一项是（　　）

A. 曹褒从小就是一个勤奋好学，志向专一的人，后来成为一个博古通今的儒者宗师。

B. 曹褒认为不能机械地奉迎上级的意图，应根据实际情况灵活处理问题。

C. 曹褒两次上疏主张修改汉朝礼仪的意见都没有被采纳，还因此受到惩罚。

D. 曹褒在任期间曾因谎报地方的灾情而被免官。

【写作点拨】

1. 从写作手法角度：在处理盗贼一事时对他既有正面描写，也有通过马严对他处罚的对比衬托。

2. 从塑造人物品格的角度：勤奋好学，达到忘我的境界；积极进取，倡导以礼仪治理百姓，用德操改变风俗，多次上疏进谏制定汉朝的礼仪；勤政爱民，能深入群众中去，为百姓办实事，了解百姓疾苦，救民于水火之中，使百姓安居乐业自己却因夸大灾情而被免官，是清官好官的典型形象。

郑玄传

郑玄字康成，北海高密①人也。八世祖崇②，
郑玄字康成，是北海郡高密县人。八世祖郑崇，在汉哀帝时任尚书仆射。
哀帝时尚书仆射。玄少为乡啬夫③，得休归，常诣
郑玄年轻时任乡啬夫，离任后，便常常到当地的学校去学习，不愿意做官为吏，他
学官④，不乐为吏，父数怒之，不能禁。以山东无
的父亲多次为此恼怒，也不能阻止他。由于在崤山以东地区感到没有值得求问
足问者，乃西入关，因涿郡卢植，事扶风马融。
的人了，郑玄便西行进入关中，通过涿郡卢植的介绍，尊奉扶风郡马融为师。

融门徒四百余人，升堂进者⑤五十余生。融素
马融的门徒有四百多人，登堂入室的有五十多位。马融素来对人傲慢自
骄贵，玄在门下，三年不得见，乃使高业⑥弟子
负，郑玄待在他的门庭之下，三年都不能见到他一面，只是让他身边学业优秀的
传授于玄。玄日夜寻诵⑦，未尝怠倦。会融集诸生
弟子给郑玄传授学问。郑玄日夜诵读经籍，不曾有丝毫松懈倦怠。正好马融召
考论图纬⑧，闻玄善算，乃召见于楼上，玄因从质
集门徒考查论证图谶和纬书的象理，听说郑玄善于算学，便将郑玄召到楼上去
诸疑义，问毕辞归。融喟然⑨谓门人曰："郑生今
见他，郑玄便趁机向他问询自己不能理解的疑难义理，问完之后就向他告辞回
去，吾道东矣。"⑩
家去了。马融感慨地对门人说："这位郑生现在离开了，我的教义就向东方传播了。"

玄自游学，十余年乃归乡里。家贫，客耕东
郑玄自从外出游学，十多年后才回到乡里。家庭贫困，便在东莱郡租种别
莱⑪，学徒相随已数百千人。初，中兴⑫之后，范
人的田地，跟随他的学徒已有数百甚至上千人。起初的时候，光武帝中兴汉朝之
升、陈元、李育、贾逵之徒争论古今学⑬，后马融
后，范升、陈元、李育、贾逵这些人为古文、今文经学争辩不休，后来马融回答了
答北地太守刘瓌及玄答何休，义据通深⑭，由是古
北地郡太守刘瓌，加上郑玄与何休的对答，释义与考据都通达精深，从此古文
学遂明⑮。
经学便彻底兴盛起来了。

灵帝末，党禁解，大将军何进闻而辟⑯
灵帝末年，限制列名党籍人士活动的禁令被解除后，大将军何进听说了郑

注释

①高密：今山东高密县。
②崇：郑崇，字子游，哀帝时官至尚书仆射，为人刚正不阿，后受佞臣诬陷，惨死狱中。
③啬夫（sè fū）：汉代掌管诉讼与收取赋税的人。《汉书》中曰："乡有啬夫，掌听讼收赋税。"
④休：休假。学官：指学校或主管学务的官员。
⑤升堂进者：（升堂入室：古代宫室，前为堂，后为室。比喻学识或技能由浅入深，循序渐进，逐步达到很高的成就。）这里指学问达到一定高度，能登堂入室的人。受业：跟从老师学习。
⑥高业：学业优秀。
⑦寻诵：寻绎诵读。寻，指"寻绎"（抽引推求）。
⑧考论：考查论证。图纬：图谶（chèn）和纬书。
⑨喟（kuì）然：叹气的样子。
⑩吾道东矣：《前书》曰："田何授《易》于丁宽，学成，宽东归，何谓门人曰：'《易》东矣。'"

之。州郡以进权戚[17]，不敢违意，遂迫胁
玄的贤名便派人前去征召他。州郡长官因为何进是极有权势的外戚，不敢违抗

玄，不得已而诣之。进为设几杖[18]，礼待甚
他的意旨，于是便迫胁郑玄，郑玄迫于无奈而去了朝廷。何进为他准备了坐几和

优。玄不受朝服，而以幅巾[19]见。一宿逃
手杖，对他以礼相待，待遇优厚。郑玄不接受何进所赐予的朝服，而是头裹整幅

去。时年六十，弟子河内赵商等自远方至
头巾去见何进。住了一宿便逃奔而去。此时郑玄已经六十岁，他的弟子河内郡赵

者数千。后将军袁隗表为侍中[20]，以父丧不
商等从远道而来的有数千之多。后来将军袁隗上表推荐他担任侍中，郑玄也借

行。国相孔融深敬于玄，屣履造门[21]，告高
父亲去世而不赴任。北海国国相孔融深深敬佩郑玄，急匆匆地拖着鞋子上门拜

密县为玄特立一乡[22]。
访郑玄，并且告诉高密县要为郑玄特设一乡。

董卓迁都长安，公卿举玄为赵相，道断
董卓将都城迁到长安后，公卿大臣举荐郑玄任赵国的国相，因道路被阻

不至。会黄巾寇青部，乃避地徐州，徐州牧
断没有到达。正好遇上了黄巾军进犯青州部，于是转道到徐州去躲避战祸，徐州

陶谦接以师友之礼。建安元年，自徐州还高
牧陶谦以师友的礼节接待了他。建安元年，郑玄从徐州返回高密县的时候，在路

密，道遇黄巾贼数万人，见玄皆拜，相约不
上遇到了黄巾贼军数万人，他们见到了郑玄都一齐下拜，互相约定并表示不敢侵

敢入县境。
入高密县境内。

时大将军袁绍总兵[23]冀州，遣使要玄[24]，
当时大将军袁绍在冀州统领军队，派遣使者邀请郑玄，规模盛大地招待

大会宾客，玄最后至，乃延升上坐。绍客多豪
宾客，郑玄最后到达，袁绍便延请他就上座。袁绍的宾客有很多都是豪俊之

俊，并有才说，见玄儒者，未以通人[25]许之，
士，都很善才辩，见到郑玄是儒者，并不认为他是学识渊博通达之人，竞相提出

竞设异端[26]，百家互起。玄依方辩对，咸出问
种种不经的见解，各家纷纷起身向他发难。郑玄依照儒家经籍进行申辩对答，

表，皆得所未闻，莫不嗟服。时汝南应劭亦归
每一对答都超出了问题本身，并且都是以前没有听说过的，座中没有谁不嗟叹

于绍，因自赞曰："故太山太守应中远，北面
心服。此时汝南郡应劭也归依袁绍，趁机自我引荐道："我是以前的泰山郡太守

称弟子何如？"玄笑曰："仲尼之门考以四科[27]，
应中远，愿北面拜师自称弟子行不行？"郑玄笑着说："孔子以（德行、言语、政

⑪客耕：租种别人的田地。东莱：郡名，治所黄县，在今山东掖县。
⑫中兴：由衰落而重新兴盛起来。
⑬古今学：古文经学和今文经学。
⑭义据：释义与考据。
⑮遂明：彻底兴盛。遂，尽，完全。
⑯辟：征召。
⑰权戚：有权势的外戚。
⑱几杖：坐几和手杖，皆老者所用。汉制，年七十以上有德行的长者授几杖。此处指给郑玄以特殊的待遇。
⑲幅巾：古代男子以全幅细绢裹头的头巾。
⑳侍中：秦始置，原为正规官职外加官，因侍从皇帝左右，渐变为亲信贵重之职。
㉑屣履：拖着鞋子走路，言急切见贤。造门：登门。
㉒《后汉书·齐语》"昔齐置'士乡'，越有'君子军'，皆异贤之意也。"此孔融为郑玄设乡，以表彰其贤德之意。
㉓总兵：统领军队。
㉔要："要"通"邀"。
㉕通人：指学识渊博的人。
㉖异端：悖于伦常之说。
㉗四科：谓德行、言语、政事、文学。

回、赐之徒不称官阀[28]。”劭有惭色。绍乃举

事、文学）四科考查学生，颜回、子贡这些人不称引自己的官阶门第。”应劭听后

玄茂才，表为左中郎将，皆不就。公车征为大

感到很惭愧。袁绍于是便举荐郑玄为“茂才”，上表推荐他任左中郎将。但他都

司农，给安车一乘，所过长吏送迎。玄乃以病

没有前去就任。公车署征召他任大司农，赐给他一辆四马安车，所经过地方的

自乞还家。

郡县都派长吏接送。到朝廷后，郑玄就以生病为借辞自求回家。

五年六月卒，年七十四。遗令薄葬。自郡守

建安五年六月病逝，享年74岁。留下遗嘱要求薄葬。从郡守以下曾经跟随

以下尝受业者，缞绖[29]赴会千余人。

他学习的人中，披麻戴孝参加丧会的有一千多人。

㉘官阀：官阶、门第。

㉙缞绖（cuī dié）：披麻戴孝。缞，古代用粗麻布制成的丧服。绖，古代丧服上的麻带子。

人物简析

1. 郑玄一生潜心学问、淡泊名利、有着清醒的人生定位与恒久的价值追求。
2. 郑玄以其安贫乐道、高洁傲岸的节操和渊博的学识受到世人的敬仰和尊重。众多弟子的追随，数万黄巾军的跪拜，何进为其准备坐几和手杖，孔融为其特设一乡，去世后披麻戴孝人数之多等处无不体现人们对他的敬仰和尊重。

考题举隅

1. 下列句子中对加点词的解释，不正确的一项是（　　）

A. 得休归，常诣学官　　诣：到……去

B. 遂造太学受业　　造：去，往，到

C. 以山东无足问者　　以：由于

D. 见玄儒者，未以通人许之　　通：普通

2. 用斜线（/）给下面文言文断句。

时大将军袁绍总兵冀州遣使要玄大会宾客玄最后至乃延升上坐绍客多豪俊并有才说见玄儒者未以通人许之竞设异端百家互起。

写作点拨

1. 衬托写作手法：素来对人傲慢自负的马融面对郑玄发出感慨“郑生今去，吾道东矣”，以此衬托出郑玄学识的不平凡；在袁绍所请宴席上舌战群雄及对应劭一问的机智应答，亦衬托出郑玄的卓越才能。

2. 从为人品格的角度：郑玄能够安贫乐道，在外出游学十多年回来后，能在生活贫困的时候一边租种别人的田地一边施教于人，在处于受监禁的处境时还暗暗地修习儒家经籍；他淡泊名利，何进的征召，袁绍的推荐，朝廷的征召等多次机会可以令他步入仕途，可郑玄却不为所动，并且想方设法远离官场。

张霸传

张霸字伯饶，蜀郡成都人也。年数[1]岁而知孝让[2]，虽[3]出入饮食，自然合礼，乡人号为“张曾子”。七岁通《春秋》，复欲进余经[4]，父母曰：“汝小未能也”，霸曰“我饶[5]为之”，故字曰“饶”焉。后就长水校尉樊鯈[6]受《严氏公羊春秋》，遂博览《五经》。诸生孙林、刘固、段著等慕之，各市宅其傍[7]，以就[8]学焉。举[9]孝廉光禄[10]主事，稍迁，永元中为会稽太守，表[11]用郡人处士顾奉、公孙松等。奉后为颍川太守，松为司隶校尉，并有名称。其余有业行[12]者，皆见擢[13]用。郡中争厉志节[14]，习经者以千数，道路但闻诵声。

张霸字伯饶，蜀郡成都人。年龄很小就知道孝顺和谦让，即使出入饮食，自然合乎礼节，乡里人称他叫“张曾子”。七岁时就通晓《春秋》，又想进修其他经书，父母说“你年纪小不能学那么多”，张霸说“我多学几次”，所以又取名叫“饶”。后来跟长水校尉樊鯈学习《严氏公羊春秋》，于是博览《五经》。当时青年人孙林、刘固、段著等羡慕他，各人在张霸住室旁边买房子住下，以便向张霸学习。张霸被推举为孝廉光禄勋之主事，不久又有升迁，永元年间做了会稽太守，上表录用郡人处士顾奉、公孙松等。顾奉后来做了颍川太守，公孙松做了司隶校尉，并且都很著名。其余有学业和德行的人，都被提拔录用。郡中人从此都争相磨炼志向和节操，学习经书的上千人，道路上只听见诵读声。

霸始到越，贼未解，郡界不宁，乃移书[15]开购[16]，明用[17]信赏[18]，贼遂束手[19]归附，不烦[20]士卒之力。童谣曰：“弃我戟，捐我矛，盗贼尽，吏皆休。”视事[21]三年，谓掾[22]史曰：“太守起自孤生[23]，致位郡守。盖[24]日中则

张霸最初到越地，贼人尚未清除，郡界不安宁，于是张霸便发布公文公开悬赏招降，明确给予赏赐的资财，贼人就束手归附，不烦劳士卒之力。童谣说：“弃我戟，捐我矛，盗贼尽，吏皆休。”张霸任职三年，对椽史说：“我从一介书生起家，官至郡守。大概太阳正中就要西移，月亮满后就要缺损。老子曾说过：‘知

注释

①数：几。
②孝让：孝顺和谦让。
③虽：即使。
④余经：余，剩下的。余经在这里指张霸所没读的其他的经典。
⑤饶：多。
⑥鯈：鯈(tiáo)古同“鲦”。
⑦傍：用作名词，旁边，侧面。
⑧以就：以，用来。就，靠近。
⑨举：推荐，推举。
⑩光禄：光禄勋，官名。秦汉负责守卫宫殿门户的宿卫之臣，后逐渐演变为专掌宫廷杂务之官。本名郎中令，秦已设置。汉武帝太初元年(前104年)，改名光禄勋。
⑪表：这里指上奏章。
⑫业行：学业和德行。
⑬擢(zhuó)：提拔，选拔。
⑭争厉志节：厉，磨炼。志节，志向和节操。
⑮移书：发送公文；布告。
⑯开购：公开悬赏招降。
⑰明用：明，明确。用，资财。
⑱信赏：必定给予的赏赐。
⑲束手：捆绑双手。

移，月满则亏。老氏有言：‘知足不辱[25]。’”遂上病。
足不辱’。”于是上书托病辞职。

后征，四迁为侍中。时皇后兄虎贲中郎将邓骘，
后来又被征用，四次升迁做到侍中。这时皇后之兄虎贲中郎将邓骘，是当

当朝贵盛[26]，闻霸名行[27]，欲与为交，霸逡巡[28]不答。
朝贵盛，听到张霸的名气，想与他交朋友，张霸退避，不予回答。

后疾卒，年七十。遗赖诸子曰：“昔延州[29]使
后来生病而死，年七十。临终前写遗书给儿子们说：“从前延州季子出使

齐，子死嬴、博，因坎路侧，遂以葬焉。今蜀道
齐国，儿子死在嬴、博之间，就在坎坷的路边安葬。现在蜀道阻隔遥远，不宜运

阻远，不宜归茔[30]，可止此葬，足藏发齿而已。
归乡里，可埋在此处，能够掩埋身体就行了。务必遵照薄葬的原则，符合我的心

务遵速朽[31]，副[32]我本心。人生一世，但当畏敬于
愿。人生一世，只该敬畏别人，如果有不好的事加在自己身上，用自己的正直来

人，若不善加己，直为受之。”
承受它。”

⑳烦：烦劳，相烦。
㉑视事：指官吏到职办公。
㉒掾（yuàn）史：官名。掾与史的合称。汉衙署分曹办事。曹有掾与史，掾为长而史次之。
㉓孤生：孤陋的人。常用为自谦之词。
㉔盖：大概。
㉕知足不辱：知足的人不蒙受耻辱。
㉖贵盛：高贵显赫。
㉗名行：名声与品行。
㉘逡巡（qūn xún）：因为有所顾虑而徘徊不前。
㉙延州：在这里指季札。
㉚归茔（guī yíng）归葬。
㉛速朽：本谓迅速腐朽，后用以指薄葬。
㉜副：符合。

人物简析

1. 张霸是一个能赏识人才任用人才的伯乐。在他施政期间能够重用人才，任人唯贤，推动了一心向学良好社会风气的形成。
2. 他正直不阿，不依附权贵。当朝权贵想和他交友他也不予回答。

考题举隅

1. 下列句子中加点的词的解释，不正确的一项是（　　）

   A. 我饶为之　　饶：多

   B. 各市宅其傍，以就学焉。　　市：买

   C. 务遵速朽，副我本心 。　　副：帮助。

   D. 其余有业行者，皆见擢用。　　擢（zhuó）：提拔，选拔。

2. 把下面句子翻译成现代汉语。

   （1）霸始到越，贼未解，郡界不宁，乃移书开购，明用信赏，贼遂束手归附，不烦士卒之力。

   （2）太守起自孤生，致位郡守。盖日中则移，月满则亏。

【写作点拨】

1. 从人与环境的角度：面对盗贼，张霸所采取的办法及其在政绩斐然时的急流勇退体现出人物能够审时度势，有着清醒的政治头脑。

2. 从人物思想精神角度：张霸临终时对自己后世的安排和对儿子的如何做人的叮嘱，能体现出其明事理，深谙为人处世之道，超然的精神境界。

丁鸿传

丁鸿字孝公，颍川定陵人也。
丁鸿字孝公，颍川定陵人也。

鸿年十三，从桓荣受《欧阳尚书》，三年而明章句，善论难①，为都讲②，遂笃志精锐③，布衣荷担，不远千里。
丁鸿年十三岁时，跟从桓荣学习《欧阳尚书》，三年便明晓章句，善于议论辩难，任都讲，于是便立志精心锐思，穿着布衣挑着担子，不远千里去求学。

初，綝④从世祖⑤征伐，鸿独与弟盛居，怜盛幼小而共寒苦。及綝卒，鸿当袭封⑥，上书让国于盛，不报。既葬，乃挂缞绖⑦于冢庐而逃去，留书与盛曰："鸿贪经书，不顾恩义，弱而随师，生不供养，死不饭⑧，皇天先祖，并不祐助，身被⑨大病，不任茅土⑩。前上疾状，愿辞爵仲公，章寝⑪不报，迫且当⑫袭封。谨⑬自放弃。逐求良医。如遂不瘳⑭，永归沟壑。"
当初，丁綝跟从世祖去征伐，丁鸿独自与他的弟弟丁盛住在一起，怜爱丁盛年纪幼小而共度寒冷困苦日子。到丁綝死后，丁鸿应当继承封号，他却上书将封地让给丁盛，但没有得到回复。埋葬丁綝之后，他便将丧服挂在坟前房子上，然后逃跑。他留给丁盛一封信说："丁鸿贪恋经书，不顾恩情礼义，少年时跟从老师，父亲活着没有供养他，死后没有奉守丧礼，皇天先祖，全都不保佑帮助，身遭大病，不可接受封爵。我已上书报告病状，愿意辞让爵位给你。但奏章被按下没给我回复，迫使我暂且继承封号。我郑重表示自愿放弃爵位，去寻求好的医生。如果最终疾病不愈，愿永远被埋在山沟之中。"

鸿初与九江人鲍骏同事桓荣，甚相友善，及鸿
丁鸿当初与九江人鲍骏共同侍奉桓荣，相互十分友好，到丁鸿逃避封

注释

①论难：争论焦点问题辩论诘难。
②都讲：掌管寺院讲经之人。
③笃志精锐：笃志：志向专一。在这里指立下志向。精锐：在这里指向更高层次发展。
④綝：丁鸿的父亲，曾任河南太守，后封为陵阳侯。
⑤世祖：光武帝刘秀。
⑥袭封：袭：因循，沿袭。这里指继承封号。
⑦缞绖（cuī dié）古代用粗麻布制成的丧服。
⑧饭：将珠、玉，米等放在死人的口中。这里指奉守丧礼。
⑨被：遭受。
⑩茅土：指王、侯的封爵。
⑪寝：扣住不发。
⑫当：占着，把着。
⑬谨：严，严格。
⑭不瘳（chōu）：疾病不愈。

亡封，与骏遇于东海，阳狂[15]不识骏。骏乃止而让[16]之曰："昔伯夷[17]、吴札[18]乱世权行[19]，故得申其志耳。《春秋》之义，不以家事废王事。今子以兄弟私恩而绝父不灭之基，可谓智乎？"鸿感悟，垂涕叹息，乃还就国，开门教授。鲍骏亦上书言鸿经学至行[20]，显宗甚贤之。

号时，在东海遇到鲍骏，假装疯癫不认识鲍骏。鲍骏便拦住他责备说："昔日伯夷、吴札是因为乱世才审时度势，变通而行，所以得以舒展他们的志气。《春秋》之义，不能因家事废弃帝王之事。如今你因为兄弟之间的私人的恩惠而断绝父亲的不灭基业，能说是聪明的吗？"丁鸿感触而醒悟，流泪叹息，于是便回到封国，开设讲坛教授学生。鲍骏也上书说丁鸿经学优秀，有绝卓的品行，显宗非常赏识他。

永平十年诏征，鸿至即召见，说《文侯之命篇》，赐御衣及绶[21]，禀食公车[22]，与博士同礼。顷之，拜侍中。十三年，兼射声校尉[23]。建初四年，徙封[24]鲁阳乡侯。

永平十年皇帝征召丁鸿，他一到即受到召见，让他讲解文章《文侯之命篇》，赐给他御衣和绶带，由公车署负责伙食，享受博士的礼遇。不久，拜为侍中。十三年，兼任射声校尉。建初四年，改封为鲁阳乡侯。

肃宗诏鸿与广平王羡及诸儒楼望、成封、桓郁、贾逵等，论定《五经》同异于北宫白虎观，使五官中郎将魏应主承制[25]问难，侍中淳于恭奏上，帝亲称制临决。鸿以才高，论难最明，诸儒称之，帝数嗟美焉。时人叹曰："殿中无双丁孝公。"数受赏赐，擢徙[26]校书，遂代成封为少府。门下由是益盛，远方至者数千人。彭城刘恺、北海巴茂、九江朱伥皆至公卿。元和三年，徙封马亭乡侯。

肃宗诏令丁鸿与广平王刘羡及诸儒生楼望、成封、桓郁、贾逵等人在北宫白虎观讨论《五经》同异，让五官中郎将魏应负责秉承皇帝旨意提问，侍中淳于恭呈奏皇帝，帝亲自进行裁决。丁鸿凭借才智高超，辩论诘难最为高明，诸儒生都称赞他，皇帝也多次感慨赞美他。当时的人感叹说："殿中无双丁孝公。"丁鸿多次受到赏赐，被提拔为校书，接着代替成封为少府。丁鸿门下从此更加兴盛，从远方到此的有数千人。彭城刘恺、北海巴茂、九江朱伥都官至公卿。元和三年，丁鸿迁升为马亭乡侯。

⑮阳狂：假装疯癫。也作"佯狂"。

⑯让：责备，责怪。

⑰伯夷：是殷商时期契的后代。初，孤竹君欲以三子叔齐为继承人，及父已死，叔齐让位于伯夷。伯夷以为逆父命，遂逃之，而叔齐亦不肯立，亦逃之。

⑱吴札：吴季子（前576年—前484年），姬姓，名札，春秋吴公子，即吴札。传为避"弃其室而耕"于常州武进焦溪的舜过山下。季札不仅品德高尚，而且是具有远见卓训的政治家和外交家。广交当世贤士，对提高华夏文化作出了贡献。

⑲权行：审时度势，变通而行。

⑳至行：卓绝的品行。

㉑绶：丝带，常用来拴玉和印。

㉒禀食：官家给食。汉代官署名。公车，汉代官署名，为卫尉的下属机构，设公车令，掌管宫殿司马门的警卫。天下上事及征召等事宜，经由此处受理。后以指此类官署。

㉓射声校尉：官名。汉武帝置。八校尉之一。

㉔徙封：是指古代有爵位者，从原封地改封为其他地区。

㉕主承制：主：掌管。承：捧着。制：帝王的命令。

㉖擢徙：擢：提拔。徙：调职。

人物简析

1. 丁鸿从小就是一个有理想有追求的人，长大后他也不甘当坐享其成的官二代，在父亲去世后想方设法甚至离家出走，假装疯癫来拒绝继承爵位，同时也表现出他是一个注重亲情的人。
2. 鲍骏是使丁鸿的人生发生转折的关键性人物。他对丁鸿的劝导和举荐对丁鸿后来的发展起到了关键性的作用。交友要交鲍骏这样的朋友。

考题举隅

1. 下列各组句子中，加点的词的意义和用法相同的一组是（　　）

   A. 与骏遇于东海／或重于泰山

   B. 皇天先祖，并不祐助／渔者得而并擒之。

   C. 乃还就国／不见子都，乃见狂且

   D. 故得申其志耳／微君言，臣故将谒之。

2. 下列句子中对加点词的解释，不正确的一项是（　　）

   A. 上书让国于盛，不报。　　国：侯王的封地。

   B. 章寝不报，迫且当袭封。　　寝：扣住不发。

   C. 骏乃止而让之　　让：责备，责怪。

   D. 显宗甚贤之　　贤：以……为贤

3. 用斜线（／）给下面文言文中的画线部分断句。

   鸿贪经书不顾恩义弱而随师生不供养死不饭皇天先祖并不祐助身被大病不任茅土前上疾状愿辞爵仲公章寝不报迫且当袭封谨自放弃逐求良医如遂不瘳永归沟壑。

写作点拨

1. 从运用语言的角度："殿中无双丁孝公"一句，在对丁鸿才智的评价方面起到了画龙点睛的作用。
2. 从塑造人物形象的角度：丁鸿留给弟弟的书信，体现出其注重亲情，为了弟弟宁可自己流落他乡，可见其人格的伟大。后来经鲍骏的劝导其改变做法，又给其高尚的人格添加了靓丽的色彩，使人物形象更加丰满。

法雄传

法雄字文强，扶风郿人也，齐襄王法章之后。秦灭齐，子孙不敢称田姓，故以法为氏。宣帝时，徙三辅，世为二千石①。雄初仕郡功曹②，辟③太傅张禹府，举雄高第④，除⑤平氏长。善政事，好发擿奸伏⑥，盗贼稀发，吏人畏爱之。南阳太守鲍得上其理状，迁宛陵令。

法雄，字文强。扶风郿县（今陕西眉县东北）人，战国齐襄王田法章的后代。秦灭齐之后，齐国王室的子孙不敢再用田姓，便改姓“法”。迁居到三辅，西汉宣帝（前73—前49年）时迁居关中，世代为太守。法雄起初担任郡功曹，后被太傅张禹召入府中，之后因法雄才华出众，推举他担任平氏（今河南唐河县东南）县长。他在任善于处理政务，喜好揭露举发隐秘的奸人和坏事。县中很少发生盗贼，官吏和百姓既怕他又爱他。南阳太守鲍得上书奏明他的政绩，法雄转任宛陵（今安徽宣城）县令。

永初三年，海贼张伯路等三千余人，寇⑦滨海九郡，杀二千石令长。初，遣侍御史庞雄督州郡兵击之，伯路等乞降，寻复屯聚⑧。明年，伯路复与平原刘文河等三百余人称“使者”，攻厌次城，杀长吏，转入高唐，烧官寺⑨，出系囚⑩，党众浸⑪盛。乃征雄为青州刺史，与王宗并力讨之。连战破贼，斩首溺死者数百人，余皆奔走，收器械财物甚众。会赦诏到，贼犹以军甲⑫未解，不敢归降。于是王宗召刺史太守共议，皆以为当遂⑬击之。雄曰：“不然，兵，凶器；战，

永初三年（公元109年），海贼张伯路等三千多人，攻打海滨九郡，杀郡守县令。起初朝廷派遣御史宠雄率领州郡兵马将攻打。张伯路等请求投降，不久海盗又聚集起来。第二年，张伯路又与刘文河等三百余人，自称使者，攻下厌次城（今山东惠民东），杀死县令等官吏，转入高塘（今山东禹城西南）地区，烧毁官寺，释放囚犯，盗贼势力不断扩大。朝廷于是征召法雄为青州刺史，与王宗一同征讨，接连击败贼军，被杀死、溺死的盗贼有几百人，剩下的盗贼都逃跑了。收缴了大量的财物和器械。恰逢赦罪的诏书到达，盗贼尚且因为朝廷尚未罢兵，不敢归降。于是王宗召集刺史、太守讨论对策，都认为应该前往剿灭。法雄说：“不能这样。军械，是杀人的武器；战争，是危险的事情，勇猛不可依靠，胜利

注释

①三辅：西汉时本指治理京畿地区的三位官员，京兆尹、左冯翊、右扶风为三辅，后指这三位官员管辖的地区。二千石：汉官秩，又为郡守（太守）的通称。

②仕：通“事”。做事，在这可译为担任。郡功曹：就是给州郡长官担任助理、从事、秘书等辅助职能的官名。大约相当于今天的省委秘书长、办公室主任等。

③辟：征召。

④第：次序，等第。

⑤除：任命，授职。

⑥发擿奸伏：既擿奸发伏（tī jiān fā fú）：揭露举发隐秘的奸人和坏事。

⑦寇：劫掠，入侵。

⑧寻：副词，随即，不久。屯聚：聚集。

⑨官寺：寺院按监督管理权属划分的一种，指由政府敕设，或接受政府封赐食禄等经济上的援助，且由国家管理、监督的寺院。为‘私寺’之对称。

⑩系（xì）囚：在押的囚犯。

⑪浸：渐渐，逐渐。
⑫军甲：武器、军备。
⑬遂：前往。
⑭及：趁着。
⑮图：设法对付。
⑯善：认为是好的。

危事。勇不可恃，胜不可必。贼若乘船浮海，深入远
不是必然会取得的。如果他们乘船漂浮海上，深入远方海岛，就不容易攻打了。

岛，攻之未易也。及[14]有赦令，可且罢兵，以慰诱其
趁着朝廷有赦命，可暂且退兵，以便安慰诱惑他们，这样他们一定会解散，然后

心，势必解散，然后图[15]之，可不战而定也。”宗善[16]
设法对付他们。可以不战而平定。”王宗认为法雄的建议好，立即退兵。盗贼得

其言，即罢兵。贼闻大喜，乃还所略人。
知后很高兴，就送还抓去的人。

⑰行部：巡行所属部域，考核政绩。
⑱录：审查记录囚犯的罪状。
⑲解印绶：解下印绶。谓辞免官职。
⑳暴：欺凌，侵害。
㉑移书：发送公文；布告。
㉒稔（rěn）：庄稼成熟。

雄每行部[17]，录囚徒[18]，察颜色，多得情伪，
法雄每次巡行所属部域，考核政绩，审查记录囚犯的罪状，观察个人的

长吏不奉法者皆解印绶[19]去。
表情，大多能清楚事情的真相，那些不奉法的长吏都辞免官职离开。

在州四年，迁南郡太守，断狱省少，户口益增。郡
法雄在青州四年，后他转任南郡太守，需要审理判断的案件减少，人口日

滨带江沔，又有云梦薮泽，永初中，多虎狼之暴[20]，前
增。南郡临近江沔，又有云梦薮泽。永初年间，多虎狼的侵害。前任太守悬赏招

太守赏募张捕，反为所害者甚众。雄乃移书[21]属县曰：
募张网捕捉，反而被虎狼所伤害的人更加多了。法雄于是下令所属各县：“凡

“凡虎狼之在山林，犹人之居城市。古者至化之世，猛
虎狼居住的山林，如同人民之居城市。古时最开化的时代，猛兽不侵扰，都由

兽不扰，皆由恩信宽泽，仁及飞走。太守虽不德，敢忘
于普施恩德信义，仁德遍及飞禽走兽。太守虽然不够仁德，但不敢忘记这种意

斯义。记到，其毁坏槛阱，不得妄捕山林。”是后虎害
义。文件到达后，毁坏那些捕捉野兽的机具和陷坑，不得到山林乱捕野兽。”

稍息，人以获安。在郡数岁，岁常丰稔[22]。元初中卒官。
从此虎害略微停止，百姓得到安居。在郡几年，连年丰收。元初年间死于官位。

人物简析

1. 法雄初入仕途就以其精明强干，擅长政事管理的能力而政绩斐然。
2. 法雄在征剿盗贼中，他意识到对盗贼不能竭泽而渔，否则盗贼必铤而走险。只有在强化统治的同时，采取“恩信宽泽”，在心理上瓦解他们，给他们以生存的活路，才能保护社会的安宁。他的策略实施后效果很好。
3. 他具有环保意识，任南郡太守时，法雄用可持续发展的环保理念来指导除虎狼之患的工作，消除了虎患。

【考题举隅】

1. 下列语句中加点的字解释不正确的一项是（　）

A. 除平氏长　除：任命　　B. 寻复屯聚　寻：不久

C. 宗善其言　善：友好　　D. 岁常丰稔　稔：庄稼成熟

2. 以下能够体现法雄"善政事"的一组是（　）

①好发擿奸伏，盗贼稀发　②烧官寺，出系囚

③连战破贼　④雄每行部，录囚徒，察颜色，多得情伪

⑤记到，其毁坏槛阱，不得妄捕山林

A. ①②③　B. ②④⑤　C. ①④⑤　D. ②③④

3. 把下列句子翻译成现代汉语。

A. 善政事，好发擿奸伏，盗贼稀发，吏人畏爱之。

B. 雄每行部，录囚徒，察颜色，多得情伪，长吏不奉法者皆解印绶去。

【写作点拨】

从人与环境的角度：文中所述法雄面对社会环境：贼寇猖獗采取的不要"竭泽而渔"而要"恩信宽泽"的措施。以及面对自然环境："多虎狼之暴"而采取的"毁坏槛阱，不得妄捕山林"的办法，都体现出了法雄深谙生命存在和发展的规律。也为我们要宽以待人，保护动物生存的环境上了很好的一课。

刘平传

刘平字公子，楚郡彭城人也。王莽时为郡吏，政教[①]大行。其后每属县有剧贼[②]，辄[③]令平守之，所至皆理[④]，由是一郡称其能。

刘平字公子，是楚郡彭城人。王莽时担任郡吏，政令规章普遍推行。那以后，每当下属的县里有强悍的贼寇，郡守就让刘平去守卫，他所到的地方都能平定，因此全郡的人都称赞他的能力。

更始时，天下乱，平弟仲为贼所杀。其后贼复忽然而至，平扶侍其母，奔走逃难。仲遗

更始年间，天下大乱，刘平的弟弟刘仲被贼人杀害。后来贼人又突然到来，刘平搀扶侍候着母亲，奔走逃难。刘仲的遗腹女儿才一岁，刘平抱着刘仲

注释

①政教：政令规章等。

②剧贼：大盗，强悍的贼寇。

③辄：就。

④理：治理的安定。

⑤顾：顾念，顾惜。
⑥亨：通“烹”，煮。
⑦旷：广大，空阔。这里指野地。
⑧食：使……食。
⑨讫：终了，完毕。
⑩白：下对上告诉，陈述。
⑪属：刚才。
⑫诣：到……去。
⑬烈士：此指忠勇正直，坚忍不屈的人。

腹女始一岁，平抱仲女而弃其子。母欲还取之，平不听，曰：“力不能两活，仲不可以绝类。”遂去不顾⑤，与母俱匿野泽中。平朝出求食，逢饿贼，将亨⑥之。平叩头曰：“今旦为老母求菜，老母待旷⑦为命，愿得先归，食⑧母毕，还就死。”因涕泣。贼见其至诚，哀而遣之。平还，既食母讫⑨，因白⑩曰：“属⑪与贼期，义不可欺。”遂还诣⑫贼。众皆大惊，相谓曰：“常闻烈士⑬，今乃见之。子去矣，吾不忍食子。”于是得全。

的女儿而抛弃了自己的儿子。刘平的母亲想回去抱刘平的孩子，刘平不同意，说：“凭我们现有的力量不能同时使两个孩子活下来，刘仲不能断绝后人。”于是离开而不再顾惜自己的孩子，和母亲一块躲藏在野地中。刘平早晨出去寻找食物，遇到了饥饿的贼人，贼人将要煮杀他。刘平叩头说：“今天早晨替老母亲找点野菜充饥，老母亲还在野地里等我的食物活命，希望能先放我回去，等到让母亲吃完饭，回来再受死。”于是流泪哭泣。贼人见他极为真诚，同情他就放走了他。刘平回去，等到让母亲吃完饭后，就告诉母亲说：“我刚才跟贼人约定好了，根据道义不能欺骗他们。”于是就回去找到贼人。贼人都大惊，互相说：“经常听说忠勇正直之人，今天才见到，你走吧，我们不忍心吃掉你。”于是刘平得以保全性命。

⑭白刃：锋利的刀。

建武初，平狄将军庞萌反于彭城，攻败郡守孙萌。平时复为郡吏，冒白刃⑭伏萌身上，被七创，困顿不知所为，号泣请曰：“愿以身代府君。”贼乃敛兵止，曰：“此义士也，勿杀。”遂解去。萌伤甚气绝，有顷苏，渴求饮，平倾其创血以饮之。后数日萌竟死，平乃裹创，扶送萌丧，至其本县。

建武初年，平狄将军庞萌在彭城造反，打败了郡守孙萌。刘平当时又在担任郡吏，顶着刀剑趴在孙萌身上（为他遮挡），身上遭受七处刀伤，身陷困境不知道如何是好，大声哭泣着请求说：“我愿意用自身代郡守。”贼兵于是收起兵器停止作恶，说：“这个人是义士，不要杀害他。”就散去了。孙萌伤势很重，气息断绝，过了一会儿苏醒过来，口渴要喝水。刘平就竭尽伤口的血让他喝。过了几天，孙萌终于死了，刘平才包扎好自己的伤口，为孙萌发丧，并护送孙萌的遗体回到他的家乡。

⑮服阕：指服丧完毕，古代，父母死后，子女按礼须持丧三年。汉代任官者遭父母亡必须离职。

后举孝廉，拜济阴郡丞，太守刘育甚重之。任以郡职，上书荐平。会平遭父丧去官。服阕⑮，

后来刘平被推举为孝廉，拜为济阴郡丞，太守刘育十分器重他。任命他以郡吏职务，并上书推荐刘平。正赶上刘平遇上父亲去逝而辞官。守孝之后，担任

拜全椒长。政有恩惠，百姓怀感。刺史，太守行部[16]，狱无系囚[17]，人自以得所。不知所问，唯班[18]诏书而去。后以病免。

全椒县令。他执政期间对百姓很有恩惠，百姓都怀念感激他。刺史太守巡视到此，县狱中没有囚犯，百姓各得其所，他们不知道该问些什么，只好颁布诏书后离去。刘平后来因病被免官。

显宗初，尚书仆射钟离意上书荐平及琅邪王望，东莱王扶。至皆拜议郎，并数引见。平再迁侍中。在位八年，以老病上疏乞骸骨[19]，卒于家。

显宗初年，尚书仆射钟离意上书推荐刘平及琅邪王望，东莱王扶。他们到朝廷后都被拜为议郎，并多次受到引见。刘平再次迁升为侍中。刘平在位八年，以年老有病为由上书请求退职，后在家中去逝。

⑯行部：下来视察。
⑰系囚（xì qiú）：在押的囚犯。
⑱班：颁布。
⑲乞骸骨：辞官。

人物简析

刘平是典型的儒家知识分子的代表人物，为官以德役民，政治清明，百姓感恩；养弟女，弃己子；荒野遇贼，俟母食毕，如约诣贼；太守遭难，舍己为人。在他身上集中体现了中华民族源远流长的传统美德：推至诚，明信义，奉孝养，行德政。

考题举隅

1. 对下列句子中加点词的解释，不正确的一项是（　　）

A. 常闻烈士　此指忠勇正直，坚忍不屈的人。　B. 食母毕　食：使……食。

C. 属与贼期　属：聚集。　D. 太守行部　行部：下来视察。

2. 下列各组句子中，加点的词的意义和用法相同的一组是（　　）

A. 仲为贼所杀／困顿不知所为

B. 平狄将军庞萌反于彭城／以老病上疏乞骸骨，卒于家

C. 常闻烈士，乃今见之／以其乃华山之阳名之

D. 愿以身代府君／以其境过清，不可久居，乃记之而去。

3. 用斜线（／）给下面文言文断句。

政有恩惠百姓怀感刺史太守行部狱无系囚人自以得所不知所问唯班诏书而去

写作点拨

从环境对人的影响的角度：刘平的至诚至信至忠，使贼人为之感动，不忍伤害他。使暴徒放下屠刀，称其为义士。文中对作恶之人言行的描述一方面从侧面突出了刘平的品格，另一方面也告诉我们，即使是穷凶极恶的人也有被感化的可能。孟母三迁

是为了寻找适应的环境，当我们无法选择必须面对目前对你不利的环境的时候，就应直面并且努力去改变对你不利的因素。

班固传

固字孟坚，年九岁，能属文①诵诗赋。及长，遂博贯载籍②，九流百家③之言，无不穷究。性宽和容从，不以才能高人，诸儒以此慕之。

班固字孟坚，九岁时能著文诵诗赋。长大后，就博览古籍，诸子百家的言论，没有不深入研究的。他性情宽厚温顺从容，不因为自己的才能而高人一等，许多儒生因此而仰慕他。

父彪卒，归乡里。固以④彪所续前史未详，乃潜精研思，欲就其业。既而有人上书显宗，告固私改作国史者。有诏下郡，收固系⑤京兆狱。尽取其家书。固弟超恐固为郡所覆考⑥，不能自明，乃驰诣阙⑦上书。得召见，具言固所著述意，而郡亦上其书。显宗甚奇之，召诣⑧校书部，除⑨兰台令使。帝乃复使终成前所著书。

父亲班彪去世，班固回到家乡。班固以为班彪先前续写的《史记》还不够详备，于是潜心精思，研究史料，想成就父亲的事业。不久有人上书给显宗皇帝，告班固私自改作国史，有诏书下至郡署，收捕班固系押在京兆狱中，又把班固家中的史书全部取来。班固的弟弟班超恐怕班固被郡署审讯拷打，而不得自我表明，于是急驰至京都向皇上上书，得到皇帝的召见。（班超）全面细致地说明了班固所著书的内容意义，而这时郡府也把班固所写之书呈上。显宗阅后感到非常惊奇，召班固到校书部工作，任命为兰台史令。皇帝就又命令他继续往下写，完成先前所著之书。

自为郎后，遂⑩见亲近。时京师修起宫室，浚缮⑪城隍⑫，而关中耆老⑬犹望朝廷西顾⑭。固乃上《两都赋》，盛称洛邑制度之美，以折西宾淫侈⑮之论。

班固自从任郎官后，就渐渐被皇帝所亲近。当时京都正修建宫殿，修缮城墙，疏通护城河。可是关中年老而有地位的老年人还希望朝廷迁都至长安。班固于是献上了《两都赋》，赋中盛赞东都洛阳规模建制之美，以此回击主张西迁者不符合实际的、浮夸的论调。

注释

①属文：做文章。
②载籍：书籍；典籍。常用以形容人学识广博。
③九流百家：泛指各种学术流派。
④以：认为，以为。
⑤系：押在。
⑥覆考：审察。这里指审讯拷打。
⑦诣阙：指赴京都。
⑧诣：到……去。
⑨除：任命，授职。

⑩遂：于是，就。
⑪浚缮：疏浚修缮。
⑫城隍：城墙和护城河。
⑬耆（qí）老：指在社会上有名望的老年人。
⑭西顾：指迁都长安。
⑮淫侈：极度浪费。

时北单于遣使贡献，求欲和亲，诏问群
当时北单于派遣使者来纳贡，要求和汉和亲，皇帝下诏讯问众官。参与议
僚。议者或以为“匈奴变诈之国，无内向之
论的人，有人认为“匈奴是多变善诈之国，没有归向汉朝之心，不能答应匈奴的
内，不可”。固议曰：“汉兴已来，临世历
要求。”班固发表议论说：“汉朝建立以来，历经数世，经历多年，总是和夷狄
年，兵缠夷狄，尤事匈奴。绥御⑯之方，其涂
有兵戈纠缠，尤为突出的是用兵匈奴。安抚抵御的方法途径也不一样，或者行
不一，或修文以和之，或用武以征之，或卑
文道来与他们和好，或者用武力来征伐他们，或者以谦卑的态度来迁就他们，
下以就之，或臣服而致⑰之。虽屈中无常，所
或者使他们臣服然后招来他们。虽然屈申没有定规，所凭借的只是时势不同，
因时异，然未有拒绝弃放，不与交接者也。
但是从来没有拒绝放弃，不和他们打交道的。匈奴使者来两次，然后我们派使
虏命名再来，然后一往，既明中国主在忠
者去一次，这样既向他们表明了我汉朝持旨在于忠信，而且又让他们知道圣朝
信，且知圣朝礼义有常，绝之未各其利，通
礼义是有常规的。拒绝他们，（我）不知道这样做的利（在哪里），和他们打交道
之不闻其害。设后北虏稍强，能为风尘⑱，方
（我）也未听说它有什么害处。假设匈奴逐渐强大，能够发动战乱了，在那时再
复求为交通⑲，将何所及？不若因⑳今施惠，
想同他们交好来往，将怎么来得及呢？不如趁现在就对他们施以恩惠，是兼顾
为策近长。”
了眼前和长远的计策。”

⑯绥御：安定抵御。
⑰致：招引，引来。
⑱风尘：战乱。
⑲交通：交往。
⑳因：趁着。

固不教学诸子，诸子多不遵法度，吏人苦
班固不教育诸子，他的子孙们多不遵守法度，让官吏很苦恼。当初，洛阳
之。初，洛阳令种兢尝行，固奴干㉑其车骑，
令种兢曾在街上行进，班固家的奴仆冒犯种兢的车马，吏卒吆喝槌打了奴仆，奴
吏椎呼之，奴醉骂，兢大怒，畏宪不敢发，心
仆醉酒谩骂，种兢大怒，但因畏惧窦宪而不敢发作，心中记下仇恨。等到窦氏家
衔㉒之。及窦氏宾客皆逮考，兢因此捕系固，
族及门下宾客都被逮捕拷问之时，洛阳令种兢趁此机会逮捕关押了班固，致使
遂㉓死狱中。
班固最终死在狱中。

㉑干：冒犯，冲犯。
㉒衔：怀恨。
㉓遂：终。

人物简析

1. 班固性情谦和，年少有才，博学多知，善写文章，受人景仰。子继父业，私续“前史”，虽经坎坷，终成父前所著书。
2. 班固富有远见，遇事能够权衡利弊，善于进谏，以理服人。

考题举隅

1. 下列各句中加点词的解释，不正确的一项是（　　）

   A. 召诣校书部，除兰台令史　　除：铲除

   B. 畏宪不敢发，心衔之　　衔：怀恨

   C. 方复求为交通　　交通：沟通和交流

   D. 固奴干其车骑　　干：冲撞、冒犯

2. 下列语句括号中是补出的文字，补出后语句的意思不符合文意的一项是（　　）

   A.（班固）自为郎后，遂见亲近

   B. 乃驰诣阙上书，（班超）得召见

   C. 畏宪不敢发，（种兢）心衔之

   D. 时北单于遣使贡献，求欲和亲，（北单于）诏问群僚

3. 下列各组词语中，加点的词意义、用法都相同的一组是（　　）

   A. 告固私改作国史者　　此数四者，用兵之患也

   B. 固以彪所续前史未详　　其各举所知，勿有所遗

   C. 或臣服而致之　　天或启之，必将为君

   D. 兢因此捕系固　　因人之力而敝之

写作点拨

从为人处世的角度：班固可谓是一位有智慧的人，他富有知识和才智，可他自己却因为对后代管教不力而身死人手，有才智也不能保全自己，不只是班固，史上为人处世这门学问不精通而为之送命的大有人在。

第五伦传

第五伦字伯鱼，京兆长陵人也。二十九年，从淮阳王朝京师，随官属得会见，帝问以政事，伦因此[①]酬对[②]政道，帝大悦。拜[③]会稽太守。会稽乱淫祀[④]，好卜筮。民常以牛祭神，百姓财产以之困匮。伦到官，移书[⑤]属县，晓告百姓，其巫祝[⑥]有托鬼诈怖愚民，皆案论[⑦]之。有妄屠牛者，吏辄行罚。民初颇恐惧，或祝诅妄言，伦案之愈急。后遂断绝，百姓以安。

第五伦，字伯鱼，京兆长陵人。（建武）二十九年，跟随淮阳王到京师，同属吏一起得到会见的机会。光武帝（刘秀）用治政之事向他询问，第五伦趁机回答为政的见解，光武帝听后非常高兴。委任他担任会稽太守。会稽地区滥设寺庙频繁祭祀，喜欢占卜，百姓常常用牛来祭祀鬼神，因此财产匮乏。第五伦上任后，向所属各县发出文书，明白告知百姓，那些借托鬼神来敲诈恐吓愚弄百姓的巫祝，都要审查判罪。如果有胡乱杀牛的人，官吏就给予处罚。民众开始很害怕，有的巫祝加以诅咒胡言乱语，第五伦却追查得更紧，后来这类事终于断绝，百姓因此安定下来。

永平五年，坐法[⑧]征[⑨]，老小攀车，啼呼相随，日裁行数里，不得前，伦乃伪止亭舍，阴乘船去。

永平五年，第五伦因触犯法律被追究。郡中的老人小孩牵拉着车子，哭喊着跟随，一天才能走几里路，不能前行。第五伦于是假装在驿站里住下，暗中乘船离开。

迁蜀郡太守。蜀地肥饶，人吏富实，掾史家赀多至千万，皆鲜车怒马[⑩]，以财货自达。伦悉简[⑪]其丰赡[⑫]者遣还之，更选孤贫志行之人以处曹任。于是争赇抑绝[⑬]，文职修理。所举吏多至九卿、二千石，时以为知人。

后调任蜀郡太守。蜀郡田地肥沃，官民富裕，掾史家中的资财多至千万，都乘坐漂亮的车子，用高头大马驾车，凭借财产得以担任上官职。第五伦选择那些家境丰足的官吏把他们全部遣送回家，改选孤弱贫寒有节操的人担任属吏。从此争相贿赂之风被禁绝了，官员的职守得到整饬。他所举荐的人大多官至九卿或二千石的官位，当时人们都认为他善于识别人才。

注释

①因此：因：趁着。此：这。因此在这里是趁着这个机会的意思。

②酬对：指应酬答对。

③拜：授给官职。

④淫祀：指不合礼制的祭祀，不当祭的祭祀，妄滥之祭。

⑤移书：发送公文；布告。

⑥巫祝：古代称事鬼神者为巫，祭主赞词者为祝；后连用以指掌占卜祭祀的人。

⑦案论：案：考察，核实。论：判罪。

⑧坐法：犯法获罪。

⑨征：追究，追问。

⑩鲜：鲜艳，鲜明。怒：形容气势强盛。

⑪简：选择。

⑫丰赡：丰富；充足。

⑬赇（qiú）：贿赂。抑绝：断绝。

⑭擢：提拔，选拔。
⑮赴趣：钻营；迎合。
⑯抑损：贬低；贬损。
⑰马防：马廖之弟。
⑱废：罢官。
⑲系：拘囚。
⑳论：判罪。
㉑事望：名声，声望。

肃宗初立，擢[14]自远郡，代牟融为司空。帝以明德太后故，尊崇舅氏马廖，兄弟并居职任，冠盖之士争赴趣[15]之。伦以后族过盛，欲令朝廷抑损[16]其权，上疏。及马防[17]为车骑将军，当出征西羌，伦又上疏曰："闻马防请杜笃为从事中郎。笃为乡里所废[18]，客居美阳，女弟为马氏妻，恃此交通，在所县令苦其不法，收系[19]论[20]之。今来防所，议者咸致疑怪，况乃以为从事，将恐议及朝廷。今宜为选贤能以辅助之，不可复令防自请人，有损事望[21]。"并不见省用。

肃宗刚继位，第五伦被从远郡提拔，代替牟融作司空。皇帝因为明德太后的缘故，尊崇皇舅马廖，马家兄弟都居于要职，官员们都争着去迎合投靠他们。第五伦认为皇后的亲族势力过大，想让朝廷削减他们的权利，于是上疏。等到马防担任车骑将军，准备出兵征讨西羌时，第五伦又上疏说："听说马防请杜笃任从事中郎。杜笃被乡里人鄙弃，在美阳寄居，妹妹是马氏的妻子，依凭这种关系，他所在县的县令深为他的不守法令所苦，将其收捕论罪。如今到了马防那里，议论的人都疑虑奇怪，何况竟然让他担任从事，我恐怕人们将会因此议论朝廷。如今应该选拔贤德有能力的人来辅助马防，不能再让马防自己请人，以免有损于声望。"他的意见都没有被省察采纳。

㉒依违：顺从和违背，指犹豫不决。
㉓奏记：汉制，下官言事于上级用奏记。
㉔便宜：指有利国家，合乎时宜之事。
㉕蕴藉：就是藏在其内，隐藏而不外露的意思，多形容君子气质。

伦奉公尽节，言事无所依违[22]。诸子或谏止，辄叱遣之。吏人奏记[23]及便宜[24]者，亦并封上，其无私若此。然少蕴藉[25]，不修威仪，亦以此见轻。或问伦曰："公有私乎？"对曰："昔人有与吾千里马者，吾虽不受，有三公有所选举，心不能忘，而亦终不用也。吾兄子常病，一夜十往，退而安寝；吾子有疾，虽不省视而竟夕不眠。若是者，其可谓无私乎？"

第五伦一心奉公，尽守节操，上书论说政事从不犹豫不决。他的儿子们有时劝他不要这样，他就予以训斥；吏员们上奏有利国家，合乎时宜之事，他也都封好上报，第五伦就是这样公正无私。然而他缺少涵养，不注重修饰威仪，他也因此而被人轻视。有人问第五伦说："你有私心吗？"他回答说："先前有人送我一匹千里马，我虽然没有接受，但后来每逢三公选拔举荐官员时，我内心总是不能忘记他，只是最终没有重用他。我哥哥的儿子常常生病，我一夜里十次去探望，回来就安心就寝。我儿子有病，即使不去探望，却整夜不能成眠。像这样，怎么能说没有私心呢？"

人物简析

1. 第五伦敢于直言进谏，言事不阿附，任官以贞洁著称，当时人也比作西汉的贡禹。
2. 第五伦敢于向迷信宣战，敢于反贪反腐，是一位公正廉洁，有魄力的人。第五伦任会稽太守时，大刀阔斧坚决制止有损民生的迷信活动的延续，使百姓能安居乐业。任蜀郡太守时，不以贫富而以志行任免官吏，这样就禁绝了竞相行贿的现象，整肃了吏治，选拔了人才。

考题举隅

1. 下列句中加点词语的解释，不正确的一项是

   A. 伦案之愈急，后遂断绝　　案：案件

   B. 永平五年，坐法征　　坐：触犯

   C. 伦悉简其丰赡者遣还之　　简：选择

   D. 擢自远郡，代牟融为司空。　　擢：提拔

2. 把下面的句子翻译成现代汉语。

   A. 老小攀车，啼呼相随，日裁行数里，不得前，伦乃伪止亭舍，阴乘船去。

   B. 蜀地肥饶，人吏富实，掾史家赀多至千万，皆鲜车怒马，以财货自达。伦悉简其丰赡者遣还之，更选孤贫志行之人以处曹任。

写作点拨

从心理描写的角度：第五伦在回答自己是否有“私心”这一问题的言语，是对其从内心深处进行挖掘，用反面衬托的手法突出人物性格，用第五伦自己承认有“私心”来衬托他的真无私，真正的公正廉洁。使这个人物形象更加丰满，真实可信。使人扪心自问，促使人们挖掘自己内心深处的私心杂念，在现代社会仍有极其深刻的教育意义。

钟离意传

钟离意字子阿，会稽山阴人也。建武十四年，

钟离意字子阿，会稽山阴人。建武十四年，会稽瘟疫大爆发，病死的人以

会稽大疫，死者万数，意独身自隐亲①，经②给医

万计数，钟离意只身赴疫区亲自抚恤难民，治理分发医药，所管辖地区的百姓多

注释

①隐亲：亲自抚恤。

②经：治理。

③济：帮助。
④辟（bì）：征召。
⑤移：官方文书。
⑥闻：上报。
⑦掾：属官，属员。
⑧诚：确实，的确。
⑨遂：前进。
⑩恣：任凭。
⑪克期：限定日期。

药，所部多蒙全济[3]。
因他才得以保全并渡过难关。

举孝廉，再迁，辟[4]大司徒侯霸府。诏部送徒诣河内，时冬寒，徒病不能行。路过弘农，意辄移[5]属县使作徒衣，县不得已与之，而上书言状，意亦具以闻[6]。光武得奏，以视霸，曰："君所使掾[7]何乃仁于用心？诚[8]良吏也！"意遂[9]于道解徒桎梏，恣[10]所欲过，与克期[11]俱至，无或违者。
钟离意被举荐为孝廉，再次升迁，应召到大司徒侯霸公府供职。朝廷下令让大司徒府派属下押送囚犯到河内府，时值冬寒，囚徒患病不能行走。路过弘农县时，钟离意便传下文书让县里替囚徒制作衣服，县里不得已给囚徒制作了衣服，但上书朝廷奏明此事，钟离意也将全部情况上报皇帝。光武帝见到奏章后，拿给侯霸看，并说："你所派的属下怎么如此尽心仁义呢？的确是良吏。"前进时钟离意在路上解除囚徒的枷锁，任凭他们选择到达目的地的路径，约定在规定的日期都要到达（目的地），没有人违约。

⑫除：任命，授职。
⑬听：允许。
⑭争：规劝。
⑮敛：通"殓"。
⑯论：判罪。

后除[12]瑕丘令。吏有檀建者，盗窃县内，意屏人问状，建叩头服罪，不忍加刑，遣令长休。建父闻之，为建设酒，谓曰："吾闻无道之君以刃残人，有道之君以义行诛。子罪，命也。"遂令建进药而死。二十五年，迁堂邑令。防广为父报仇，系狱，其母病死，广哭泣不食。意怜伤之，乃听[13]广归家，使得殡敛。丞掾皆争[14]，意曰："罪自我归，义不累下。"遂遣之。广敛[15]母讫，果还入狱。意密以状闻，广竟得以减死论[16]。
后来，钟离意被授职任瑕丘县令。有个叫檀建的县吏，偷窃县衙里的东西，钟离意屏退左右悄悄地询问情形。檀建叩头认罪，钟离意不忍心施以刑罚，就让他长期休假。檀建的父亲了解（真相后），为檀建安排了酒席，对他说："我听说无道之君用刀杀人，有道之君用义罚人。你犯这样的罪，这是命啊！"于是让檀建服药而死。建武二十五年，钟离意调任堂邑县令。县民防广为父报仇，被囚禁在狱中，他的母亲病亡，防广哭泣不进饮食。钟离意怜悯他，于是允许防广回家，使他能为母亲办丧事。属下都规劝钟离意，钟离意说："如果获罪，由我一人承担；我坚守信义，决不连累大家。"于是就把防广放走了。防广安葬母亲后，果然回来坐牢。钟离意暗中将此情形上报，防广最终被免除死罪。

⑰坐：因犯……罪或错误。臧："赃"的古字。
⑱征：追究。

显宗即位，征为尚书。时交趾太守张恢，坐臧[17]千金，征[18]还伏法，以资物簿入大司农，
显宗即位，钟离意被征拜为尚书。这时交趾太守张恢因贪赃千金，被追究押回京师伏法。（贪贿的）钱物等记录在案没收，交予大司农。朝廷下诏将这

诏班[19]赐群臣。意得珠玑，悉以委地而不拜

些财物分赐给群臣。钟离意得到珠宝，将它们全部放到地上而不接受赏赐。显

赐。帝怪而问其故。对曰：“臣闻孔子忍渴于

宗感到奇怪，便问他这样做的原因。钟离意回答说：“我听说孔子厌恶‘盗泉’

盗泉之水。此赃秽之宝，诚不敢拜。”帝嗟叹

的名称，在盗泉边宁可忍耐干渴也不喝泉水。这些东西是贪赃受贿得到的宝

曰：“清乎尚书之言！”乃更以库钱三十万赐

物，（我）确实不敢接受。”显宗感叹道：“尚书的话真清正啊！”于是改将库钱

意。转为尚书仆射。

三十万赐给钟离意。调任他做尚书仆射。

时诏赐降胡子缣[20]，尚书案事[21]，误以十为

当时，皇帝下诏赐予投降的胡人后代细绢，尚书办理其事，把细绢数量的

百。帝见司农上簿，大怒，召郎将笞之。意因

十误写为百，皇帝看到司农呈上的文案，大怒，召来尚书郎，准备杖打他。钟离

入叩头曰：“过误之失，常人所容，若以懈慢[22]

意于是进来叩头说：“失误，常人都能够容忍，如果把怠慢大意当作过失，那么

为愆[23]，则臣位大罪重，郎位小罪轻，咎皆在

我的职位高，罪责应较重，尚书郎职位低，罪责应轻一些，错误全在我一人，我

臣，臣当先坐。”乃解衣就格[24]。帝意解，使

应当首先被判罪。”于是脱去衣服准备接受杖责。皇帝怒意消除，让钟离意戴好

复冠而贳[25]郎。

帽子并赦免了尚书郎。

意视事[26]五年，以爱利为化，人多殷富。以久

钟离意做官五年，用仁爱恩德感化人，百姓多富足，后因长期卧病死于任

病卒官。

职期间。

⑲班：分开。

⑳缣（jiān）：细绢。

㉑案事：办理其事。

㉒懈慢：懈怠轻慢。

㉓愆（qiān）：罪过。

㉔就：靠近。格：树木的长枝条。就格：这里指准备接受杖责。

㉕贳（shì）：赦免，宽免。

㉖视事：旧时指官吏到职办公。

人物简析

1. 钟离意是一个仁义良吏，为官清廉，以民为本，利用手中的权力为百姓着想，是一个当官就为民做主的典范。押解囚徒时敢于打开囚徒枷锁，听任他们随意走动；不给盗窃犯擅建加刑，遣送他长期回家休假；把罪犯防广放回家去给母亲办理丧事等。他的仁爱和宽容，使罪犯受到了感化，治民以教化为先，民本思想在他身上得以彰显。
2. 一身正气，皇帝要责罚尚书郎时他敢于据理力争，勇于承担责任。显宗下诏把没收的钱物赏赐给群臣，钟离意非但不谢皇恩，反而把所赏放在地上不予接受，有“宁渴不饮盗泉之水”，“宁饿不吃美国救济粮”的风骨。中国古代社会在司法审判中非常重视天理人情，钟离意在案件审理和对待犯人中就体现了这一点。

考题举隅

1. 对下列句子中加点的词的解释，不正确的一项是（　　）

A. 诏部送徒诣河内　　诣：前往，到……去

B. 诚良吏也　　诚：确实

C. 坐臧千金　　坐：因犯……罪

D. 帝怪而问其故　　怪：责怪，不满

2. 以下各组句子中，全都直接表现钟离意"仁于用心"的一组是

①意独身自隐亲，经给医药　　②意遂于道解徒桎梏，恣所欲过

③路过弘农，意辄移属县使作徒衣　　④不忍加刑，遣令长休

⑤遂令建进药而死　　⑥意得珠玑，悉以委地而不拜赐

⑦听广归家，使得殡敛。

A. ①②⑤⑥　　B. ②③⑤⑦　　C. ①③④⑦　　D. ①③⑤⑥

3. 把下列句子翻译成现代汉语。

（1）意密以状闻，广竟得以减死论。

（2）时交趾太守张恢，坐臧千金，征还伏法，以资物簿入大司农，诏班赐群臣。

写作点拨

从塑造人物形象的角度：文中在塑造人物品格时着眼于他是怎样对待犯错之人及不受皇帝所赏的官府没收的别人贪赃之物。选材可谓别具匠心，给人留下想象的空间，人物形象在读者的品味中会更加高大。试想：一个对待有错之人尚能这样仁慈之人，他对待别人又会如何呢？连曾经被贪官占有的物品皇帝赏赐给他他都不要的人，他还会去贪吗？

宋均传

宋均字叔庠，南阳安众人也。以父任为郎，

宋均，字叔庠，南阳安众人。他凭借父亲的官职被任命为郎官，当年正好

时年十五，好经书，每休沐日①，辄受业②博士，

十五岁，喜好儒家经典，每当到了休假的日子，他就跟从博学之人学习经传。他

通《诗》《礼》，善论难③。至二十余，调补辰阳

通晓《诗经》、《礼》，擅长论辩和质疑。到了二十岁的时候，被调任辰阳做长

注释

①休沐日：休假日。汉代官吏五日一归家休息沐浴，故称。

②受业：跟随老师学习。

③论难：辩论诘难。

长。其俗少学者而信巫鬼，均为立学校，禁绝淫祀，人皆安之。

官。那里的风俗是很少有求学的人却相信巫术和鬼神，宋均给百姓建立了学校，禁止和杜绝一切过分的不合理的祭祀，百姓很安定。

迁上蔡令，时禁人丧葬不得侈长，均曰："夫送终逾制，失之轻者。今有不义之民，尚未循化，而遽[4]罚过礼，非攻之先。"竟[5]不肯施行。迁九江太守，郡多虎暴，数[6]为民患，常募设槛阱而犹多伤害。均曰："夫虎豹在山，鼋鼍[7]在水，各有所托。且江淮之有猛兽，犹北土之有鸡豚也。今为民害，咎在残吏，而劳勤张捕，非忧恤之本也。其务退奸贪，思进忠善，可一去槛阱，除削课制[8]。"其后传言虎相与东游渡江。中元元年，多蝗，其飞至九江界者，辄[9]东西散去，由是名称远近。浚道县有唐、后二山，民共祠之，众巫遂取百姓男女，岁岁改易，既而不敢嫁娶，前后守令莫敢禁。均乃下书曰："自今以后，为山娶者皆娶巫家，勿扰良民。"于是遂绝。

后来宋均升任上蔡县县令，当时朝廷下禁令，规定百姓丧葬时不得多加浪费，宋均说："丧葬逾越礼制，犯的是小错。现在有不懂礼仪的百姓，还没有教化好，就仓促因为他们逾越礼制而惩罚他们，这并不是施政的首要做法。"他最终不肯实施这个政策。升任九江太守，那里有很多凶暴的老虎，屡次成为百姓的祸患，官府常常招募人设立捕兽的栅栏、陷阱却仍然有很多人被伤害。宋均说："虎豹在山上，龟和鳄鱼在水里，它们各自有生活的处所。况且江淮之地有猛兽，就如同北方有鸡、猪一样。现在成为百姓的祸患，罪过在于残杀，不辞辛劳地张网捕捞，这不是忧恤的根本做法。一定要斥退奸邪、贪婪的人，考虑提拔忠诚、善良的人，可以全部去掉栅栏、陷阱，免除赋税。"这件事过了以后有传言说老虎都相互结伴向东边渡过长江了。中元元年，有很多蝗虫（闹蝗灾），它们一起飞到九江的边界，就向东西两个方向散去，由于这件事宋均的名声被远近的人们称颂。浚道县有唐、后两座山，百姓共同祭祀它，所有的巫神都要为山神娶百姓的女儿为妻，每年都要更换，百姓于是就不敢进行嫁娶之事，前后几任太守都不敢禁止。宋均于是下达命令说："从现在开始，给山神娶的妻子都要从事巫术的人家中选娶，不要打扰良民百姓。"于是，这种恶俗就断绝了。

显宗以其能，七年，征拜尚书令。每有驳议[10]，多合上旨。均尝删剪疑事，帝以为有

显宗帝认为他贤能，永平七年，征召他担任尚书令。每当反驳别人的意见，他的话大多符合皇上的心意。宋均曾经删减一些有疑问的事（没有向皇上汇

④遽（jù）：急，急速，仓促。

⑤竟：最终。

⑥数：多次，屡次。

⑦鼋鼍（yuán tuó）：是指巨鳖和猪婆龙（扬子鳄）。

⑧课制：指赋税。

⑨辄：就。

⑩驳议：古时臣属向皇帝上书的名称之一。就他人所论而予以辩驳。

奸，大怒。诸尚书惶恐，皆叩头谢罪。均顾厉色曰：“盖忠臣执义，无有二心。若畏威失正，均虽死，不易志。”帝善其不挠，迁均司隶杜尉。

报），皇帝认为他有私邪之心，十分生气，各尚书都很害怕，个个磕头告罪。宋均回头看着他们，脸色严厉地说：“忠臣坚守道义，（对皇上）没有二心。如果害怕皇上的威势因而失去公正，（那就错了）。我宁可死，也不改变志向。”皇帝喜欢他不屈服的性格，调任他做司隶校尉。

均尝寝病，百姓耆老为祷请，旦夕问起居，其为民爱若此。以疾上书乞免，帝使中黄门慰问，固留养疾。司徒缺，帝以均才任宰相，召入视其疾，令两驺扶之。均拜谢曰：“天罚有罪，所苦浸笃，不复奉望帷幄！”因流涕而辞。帝甚伤之，召条扶侍均出，赐钱三十万。

宋均曾卧病在家，百姓中的老年人为他祈祷请求，早晚前来问候起居情况，他就是这样受到百姓的爱戴。宋均因为有病上书请求免去官职，皇帝派中黄门来慰问，顺便留下他养病。司徒职位缺人，皇帝因为宋均的才干可以担任宰相，便召他入朝看望他的病情，让两名养马人扶着他。宋均拜谢说：“上天处罚有罪的人，我的病如今十分严重，不能再在朝廷来侍奉陛下了！”于是流着泪告辞。皇帝十分悲伤，召宋条扶侍宋均出去，赐给他钱三十万。

均性宽和，不喜文法，常以为吏能弘厚[11]，虽贪污放纵，犹无所害；至于苛察[12]之人，身或廉法，而巧黠刻削[13]，毒加百姓，灾害流亡所由而作。及在尚书，恒欲叩头争之，以时方严切[14]，故遂不敢陈。帝后闻其言而追悲之。建初元年，卒于家。

宋均性格宽厚温和，不喜欢法令条文，常认为官吏能够宽容敦厚，即使贪婪放纵，也还没有大害处；至于有些严酷而明察秋毫的人，自己或许表面能廉洁守法，但对待百姓机巧奸猾、严酷刻薄，百姓常被他所侵害，百姓遭受灾难、流离失所都是由这个原因而产生的。等到他做了尚书，常想要向皇帝叩头争谏此事，因为当时的环境严酷，所以不敢陈奏。皇帝后来听说了他的话，对他更有追念和悲伤之情。建初元年，宋均在家中去世。

⑪弘厚：宽大忠厚。
⑫苛察：指苛刻烦琐，显示精明。
⑬巧黠刻削：狡黠苛刻。
⑭严切：严峻；严厉。

人物简析

1. 宋均是一个破除封建迷信的先锋战士，同时也是一个智者。他一边禁止一些不合理的祭祀一边创建学校，他清醒地意识到，人们之所以信奉鬼神和巫术，是因为人们愚昧无知，用知识把人们的头脑武装起来，人们就会对鬼神之说有清醒的认识。在处理给山神娶妻问题上体现了宋均的智慧，既惩治了恶势力，又让其有苦难言。不禁让我们想起《西门豹治邺》的故事。

2. 宋均是儒家思想的倡导和践行者。“仁以处人，有序和谐”是儒家思想的核心，宋均在其施政的过程中充分体现出了这一点。是我们创建和谐社会值得借鉴的施政策略。

考题举隅

1. 对下列句子中加点的词的解释，不正确的一项是（　　）

A. 辄东西散去　　辄：就。

B. 常募设槛阱而犹多伤害　　募：招求。

C. 有唐、后二山，民共祠之　　祠：祭祀。

D. 帝善其不挠，迁均司隶校尉　　挠：阻碍。

2. . 下列对原文有关内容的分析和概括不正确的—项是（　　）

A. 宋均早年任郎官时好读经书，常用休息日从师学习，精通《诗》《礼》二经，长于论辩。任上蔡令时执政平稳，不做偏激之事，体现了宽厚的风格。

B. 宋均任九江太守时，认为虎豹鼋鼍所以为害，在于未能善待它们，应屏除贪欲，撤除槛阱；对于共祠唐、后二山的习俗，主张不应当因此肆扰百姓。以其智慧制止了恶习。

C. 宋均在尚书令任上正直敢言，任地方官又有治绩，故而深受皇帝赏识。他因病请求辞职时，皇帝给他优厚待遇。

D. 宋均认为烦苛的人，可能廉洁守法，而那些狡诈刻毒的人，却会带来灾祸；早年任尚书令时即想以此向上陈告，只是限于当时形势，因而未敢上奏。

3. 把下列句子翻译成现代汉语。

（1）今为民害，咎在残吏，而劳勤张捕，非忧恤之本也。

（2）盖忠臣执义，无有二心。若畏威失正，均虽死，不易志。

写作点拨

1. 从人与环境的角度：面对巫术和鬼神恶俗盛行的人文环境，宋均能审时度势，眼光长远，从思想意识去根治，建学校，用知识武装人们的头脑，救民于愚昧之中，还民以安居乐业。

2. 从为人品格的角度：宋均是一位有主见，做事有原则的人。

寒朗传

注释

①谒者：官名。春秋战国时国君左右掌传达等事的近侍，已用此称。秦、汉属郎中令（汉改光禄勋）。西汉定员七十人，东汉减半，以谒者仆射为主官。

②掾属（yuàn shǔ）：佐治的官吏。汉代自三公至郡县，都有掾属。人员由主官自选，不由朝廷任命。隋统一以后，改由吏部任免。考案：审处。楚狱：汉光武帝刘秀儿子刘英为楚王。汉明帝刘庄在位时，楚王因谋逆被废自杀，因这一案件受牵连而被处罚的人"以千数"。

③显宗：汉明帝刘庄。

④陷入：落在不利的境地。

⑤物色：指形貌、模样。

⑥错愕：仓促间感到惊愕。

寒朗字伯奇，鲁国薛人也，永平中，以谒[①]者守侍御史，与三府掾属共考案楚狱[②]。

寒朗字伯奇，鲁国薛人。永平年间，寒朗以谒者身份代理侍御史，与太尉、司徒、司空属官共同审理楚王谋反案。

颜忠、王平等辞连及隧乡侯耿建、郎陵侯藏信、护泽侯邓鲤、曲成侯刘建。建等辞未尝与忠、平相见。是时显宗[③]怒甚，吏皆惶恐，诸所连及，率一切陷入[④]，无敢以情恕者。朗心伤其冤，试以建等物色[⑤]独问忠、平，而二人错愕[⑥]不能对。朗知其诈，乃上言建等无奸，专为忠、平所诬，疑天下无辜类多如此。帝乃召朗入，问曰："建等即如是，忠、平何故引入。"朗对曰："忠、平自知所犯不道，故多有虚引，冀以自明。"帝曰："即如是，四侯无事，何不早奏，狱竟而久系至今耶？"朗对曰："臣虽考之无事，然恐海内别有发其奸者，故未敢时上。"帝怒骂曰："吏持两端，促提下！"左右方引去，朗曰："愿一言而死，小臣不敢欺，欲助国耳。"帝问曰："谁与共为章？"对曰："臣自知当必族灭．不敢多

颜忠、王平等供词牵连到隧乡侯耿建、朗陵侯藏信、护泽侯邓鲤、曲成侯刘建。刘建等人的供词说没有与颜忠、王平见过面。当时显宗大怒，官吏害怕，众多被牵连的人，一律被牵扯进来，没有人敢以实情宽大处理。寒朗同情他们的冤屈，就试着要颜忠、王平，将刘健等人的形貌说出，而二人仓促间说不出来。寒朗知其中有诈，于是上书说刘建等没有涉入案件，纯粹是颜忠、王平二人所诬陷，并怀疑天下无辜受牵连的大多如此。显宗就召寒朗进宫，问道："刘建等即便如此，颜忠、王平等人为什么要牵连他们？"寒朗答道："颜忠、王平自知所犯的是大逆不道之罪，所以牵连的人很多，希望表明自己无罪。"显宗道："即使如此，四位大臣没有犯罪，为什么不早些上奏，案子审理完了，还（把他们）长久地关押到现在呢？"寒朗答道："我虽考察他们没有事，但是担心国内还有别人揭发他们的奸情，所以不敢按时上报。"显宗发怒骂道："竟这样模棱两可，快拿下去！"左右的侍卫正要将寒朗拉下去，寒朗说："希望讲一句话后死。小臣不敢欺君，只是想帮助国家罢了。"显宗问道："谁和你一起写的奏章？"寒朗回答道："臣自知必遭灭族，不敢多连累别人，只诚恳地希望陛下醒

污染人。诚冀陛下一觉悟而已。臣见考囚在事者，咸共言妖恶大故[⑦]，臣子所宜同疾，今出之[⑧]不如入之。可无后责，是以考一连十，考十连百。又公卿朝会，陛下问及得失，皆长跪言，旧制大罪祸及九族，陛下大恩，裁[⑨]止于身，天下幸甚。及其归舍，口虽不言，而仰屋窃叹，莫不知其多冤，无敢忤陛下者。臣今所陈，诚死无悔。”帝意解，诏遣朗出。后二日，车驾[⑩]自幸洛阳狱录[⑪]囚徒，理出千余人。

悟罢了。我看到考囚在案里，都说谋逆造反是天大的罪恶，臣子都应该痛恨，拷问无罪放出不如按供词抓捕进去，可以不承担责任。因此拷问一个连累十个，拷问十个连累百个。又公卿朝会时，陛下问及得失，都是长跪在地下说，旧制叛逆大罪祸及九族，陛下大恩，裁决只限于罪人自身。天下人都感到非常幸运。等到回到家里，口里尽管不说，却仰头暗自叹息，没有哪个不知道下狱者很多是冤枉的，只是没有敢忤逆陛下的人。我现在把要说的说了出来，的确是死而无悔。”显宗怒意消解，下诏叫寒朗出去。两天后，显宗亲自到洛阳狱中审查记录囚犯的罪状，释放出千余人。

⑦大故：大事。

⑧出之：古代称有罪不判，重罪轻判为出罪；称无罪判刑，轻罪重判为入罪。

⑨裁：裁决。

⑩车驾：帝王所乘的车。

⑪录：审查记录囚犯的罪状。

人物简析

寒朗能言善辩，敢于直言进谏，富有仁者的情感和舍己为人的精神，为了使无端蒙冤者冤情得雪，他冒着可能被砍头的危险在皇帝面前直言进谏，使一千多无辜的人得以获释出狱。

考题举隅

1. 对下列句子中加点词语的解释，不正确的一项是（　　）

A. 专为忠、平所诬　　诬：诬陷

B. 左右方引去　　引：拉

C. 冀以自明　　冀：希望

D. 帝意解　　解：解释

2. 下列句子中加点词的意义和用法，不相同的一组是（　　）

A. ①口虽不言，而仰屋窃叹　　②视其左右，来而记之者已少

B. ①乃上言建等无奸　　②陈胜、吴广乃谋曰

C. ①陛下大恩，裁止于身　　②于其身也，则耻焉

D. ①试以建等物色独问忠、平　　②（屠）以刀劈狼首

3. 把下列句子翻译成现代汉语。

(1)吏皆惶恐，诸所连及，率一切陷入，无敢以情恕者。

(2)臣见考囚在事者，咸共言妖恶大故，臣子所宜同疾，今出之不如入之。

写作点拨

从修辞的角度：文中在陈述寒朗进谏的时候采用了对比的修辞手法，把皇帝在惩治罪犯时不祸及九族而只惩治犯罪者自身，民感谢圣恩和文中所述因楚王谋逆一事而多人无辜受到牵连人们的反映进行对比，经此对比，利民害民，民心所向，一目了然。方法可谓巧妙至极，从而达到进谏的目的。

朱晖传

注释

①孤：幼年死去父亲。
②白刃：锋利的刀。
③略：掠夺，夺取。
④昆弟：同昆仲，指兄和弟。
⑤母：女性长辈。
⑥候：问候。
⑦遂：就。

朱晖字文季，南阳宛人也。晖早孤①，年十三，王莽败，天下乱，与外氏家属从田间奔入宛城。道遇群贼，白刃②劫诸妇女，略③夺衣物。昆弟④宾客皆惶迫，伏地莫敢动。晖拔剑前曰："财物皆可取耳，诸母⑤衣不可得。今日朱晖死日也！"贼见其小，壮其志，笑曰："童子内刀。"遂舍之而去。初，光武与晖父岑俱学长安，有旧故。及即位，求问岑，时已卒，乃召晖拜为郎。晖寻以病去，卒业于太学。性矜严，进止必以礼，诸儒称其高。

朱晖字文季，是南阳宛城人。朱晖幼年父亲就去世了。十三岁时，王莽败亡后，天下大乱，跟着外氏家属，从田间奔逃到宛城。路上遇到一群贼寇，持刀劫掠随行的妇女，抢夺她们身上的衣物。兄弟宾客们都惊惶失措，趴在地上吓得不敢动弹。朱晖拔剑走上前说："财物你们都可以拿走，各位女长辈的衣物你们不能动一下，否则，今天就是朱晖的死日！"贼人见他年纪小，志气不小，笑着说："小孩子还是收起刀吧。"于是丢下他离开了。当初，光武帝刘秀和朱晖的父亲朱岑一起在长安求学，两人有老交情。等到刘秀即皇帝位后，访求朱岑，他已经死了，于是召来朱晖授他郎官。朱晖不久因病离职，在太学完成了学业。朱晖性格端庄严肃，举止行动一定依照礼仪，众位儒生都称赞他的高尚品德。

永平初，显宗舅新阳侯阴就慕晖贤，自往候⑥之，晖避不见。复遣家丞致礼，晖遂⑦闭门不受。就闻，叹曰："志士也，勿夺其节。"后为郡吏，太守

永平初，显宗的舅舅新阳侯阴就仰慕朱晖的贤能，亲自前往问候他，朱晖躲避不见，阴就又派家丞给他送礼，朱晖就闭门不接受。阴就听说后，赞叹说："真是志士啊，还是不要改变他的气节吧。"后来做郡吏，太守阮况曾经想买朱

阮况尝欲市晖婢，晖不从。及况卒，晖乃厚赠送其家。人或讥焉，晖曰："前阮府君有求于我，所以不敢闻命，诚恐污君令名。今而相送，明吾非有爱[8]也。"骠骑将军东平王苍闻而辟之，甚礼敬焉。正月朔旦[9]，苍当入贺。故事，少府给璧。是时阴就为府卿，贵骄，吏慠[10]不奉法。苍坐朝堂，漏且尽，而求璧不可得，顾谓掾属[11]曰："若之何？"晖望见少府主簿持璧，即往绐[12]之曰："我数闻璧而未尝见，试请观之。"主簿以授晖，晖顾[13]召令史奉之。主簿大惊，遽以白[14]就。就曰："朱掾义士，勿复求。"苍既罢，召晖谓曰："属者掾自视孰与蔺相如？"帝闻壮之，以晖为卫士令。再迁临淮太守。数年，坐法免。

晖的婢女，朱晖不答应。等到阮况死了，朱晖才厚赠给他家。有人为此讥讽朱晖，他说："以前阮府君有求于我，之所以不敢听命，实在是怕玷污府君的好名声，现在相送，表明我并非有所吝惜呀。"骠骑将军东平王苍听说朱晖的事后，就征召他做官，对他的礼节很是恭敬。正月初一，王苍应当入朝庆贺。按照惯例，少府应该送璧。当时阴就做府卿，位尊骄纵，府吏傲慢不奉行法令。王苍坐朝堂上，沙漏将要滴尽（时间很久），所要的璧还没有得到，回头问掾属说："怎么办？"朱晖望见少府主簿拿着璧，就前去哄骗他说："我多次听说这块璧，却不曾见到，请让我瞧一瞧。"主簿把璧交给了他，他回头叫令史捧着璧给刘苍。主簿非常吃惊，立即把这件事禀告阴就。阴就说："朱掾属是个义士，不要再去要了。"王苍等事情结束后，召朱晖对他说："你认为你和蔺相如比怎么样？"皇帝听说了这事很后认为朱晖很勇敢，让朱晖做了卫士令。后来又升任临淮太守。几年后，因犯罪被免官。

晖刚于为吏，见[15]忌于上，所在多被劾。自去临淮，屏居野泽，布衣蔬食，不与邑里通，乡党讥其介[16]。建初中，南阳大饥，米石千余，晖尽散其家资，以分宗里故旧之贫羸者，乡族皆归焉。

朱晖做官很刚直，被上司忌恨，所任职之处，他时常被人弹劾。离开临淮后，隐居于田野荒泽中，穿布衣吃粗食，不和邑里的人交往，乡党讥讽他的刚直。建初年间，南阳发生了大的饥荒，米价一石，涨到千余钱，朱晖散尽家产，来分给宗族故旧中贫弱的人，乡族的人心都顺服他了。

后迁为尚书令，以老病乞身。

后来官升到尚书令，因年老多病而乞求退休。

⑧爱：吝惜，舍不得。
⑨朔旦：旧历每月初一。
⑩慠：通"傲"。
⑪掾属：佐治的官吏。
⑫绐：哄骗，欺骗。
⑬顾：回头看。
⑭白：下对上告诉，陈述。
⑮见：表示被动，相当于"被"。
⑯介：耿介。

人物简析

1. 在强盗们拿着刀挟持众人的危急时刻，朱晖挺身而出，用自己的羸弱之力保护他人，人小胆强，勇敢无畏，不惧强势。“今日朱晖死日也”体现他的誓死保护众人的决心。就连强盗也被他的勇气与胆识所触动而就此罢手。
2. 朱晖性情端庄严肃，行为举止遵循礼仪，是个品德高尚的人。显宗舅舅新阳侯阴亲自拜访，送礼物上门，朱晖都拒之于门外而不就。可见朱晖不为物累，行为光明磊落，富贵不能淫的大义气节。
3. “主簿以授晖，晖顾召令史奉之。”在为刘苍争取宝璧这件事上，朱晖不畏强权，临危不乱，以智取胜，以勇成事。
4. 在南阳发生饥荒，南阳米贵时，朱晖拿出家里所有的财物，分给同宗亲友，故旧之交中贫穷老弱的人，体现他的为人大度，豁达正直，扶危济困，体恤百姓，有一颗仁爱之心。

考题举隅

1. 对下列句子中加点词的解释，不正确的一项是（　　）
   A. 苍坐朝堂，漏且尽　　漏：本义：漏壶的简称。古代滴水计时的仪器。
   B. 以分宗里故旧之贫羸者　　羸：瘦弱。
   C. 太守阮况尝欲市晖婢　　市：集市。
   D. 晖望见少府主簿持璧　　持：拿。
   E. 顾谓掾属曰：“若之何？”　　谓：对……说。
2. 以下六句话，分别编为四组，全部直接表明朱晖“不畏强权”的句子是（　　）
   ①性矜严，进止必以礼，诸儒称其高。
   ②财物皆可取耳，诸母衣不可得。今日朱晖死日也。
   ③就闻，叹曰：“志士也，勿夺其节。”
   ④显宗舅新阳侯阴就慕晖贤，自往候之，晖避不见。
   ⑤骠骑将军东平王苍闻而辟之，甚礼敬焉。
   ⑥太守阮况尝欲市晖婢，晖不从。
   A. ①②⑤　　B. ②③④　　C. ②③⑥　　D. ②④⑥
3. 下列对原文有关内容的分析和概括，不正确的一项是（　　）
   A. 在南阳发生饥荒、南阳米贵之时，朱晖重义轻财，散尽资财救助宗族中的贫穷体弱者，由此获得乡亲信赖。

B. 光武帝与朱晖的父亲朱岑一起在长安求学，有故交之情。等到光武帝即位，知道朱岑的已死，就召来朱晖授予他郎中职位。朱晖就职不久就托病离开官位，在太学府完成学业。

C. 太守阮况曾经想买下朱晖的奴婢，但朱晖没有允许；等到阮况死后，朱晖不但赠给他家大批钱财助丧。还把奴婢送到他家，来表明自己当初怕玷辱了大人的美好名声才不答应的心声。

D. 按旧例，少府要给予出行官宝璧。但阴就做府卿时位尊骄横。刘苍坐在朝堂上很长时间也得不到宝璧，朱晖凭借自己的智慧与胆识，从令史那将璧给了刘苍。阴就因朱晖是义士，不但不怪罪朱晖，反而封他为临淮太守。

【写作点拨】

1. 写法的积累与学习：衬托的写法。在强盗们拿着刀挟持众人，选文中用“朱晖的兄弟及随从们都惊慌害怕，伏在地上不敢动”的胆小与懦弱，反衬危急时刻朱晖的挺身而出。将朱晖人小胆强、勇敢无畏、不惧强势的性格体现得鲜活而立体。

2. 人格的魅力与品性的修养：显宗帝的舅舅新阳侯阴就位高权重，亲自去他家拜访；阴就又派家臣带着礼物给朱晖；甚至朱晖用诡诈的方法为刘仓骗取美玉，阴就也没有追究。都是因为朱晖的贤能与高尚的人格使阴就折服。可见，一个人要想在社会立足，品德的修养至为重要。同学们要注重品行的修养，做品学兼优的学生。

朱穆传

朱穆字公叔。年五岁，便有孝称。父母有病，辄[①]不饮食，差[②]乃复常。及壮耽[③]学，锐意讲诵，或时思至，不自知亡失衣冠。初举孝廉。顺帝末，江淮盗贼群起，州郡不能禁。或说[④]大将军梁冀曰：“朱公叔兼资文武，海内奇士，若以为谋主，贼不足平也。”冀

朱穆，字公叔。五岁时，他便有孝顺的名声。父母有病时，他便不吃不喝，父母病好后他才恢复正常饮食。等到长大后矢志向学，集中精力读书背诵，有时注意力太集中，连自己的衣帽丢失都不知道。最初他被推举为孝廉。顺帝末年，江淮地区盗贼群起，州郡官府禁止不住。有人就劝说大将军梁冀说：“朱公叔文武才能兼备，是天下奇士，如果能让他担任谋主，盗贼会被平定的。” 梁冀

注释

①辄：就。
②差（chài）：病好了。
③耽：沉溺，爱好而沉浸其中。
④说（shuì）：劝说，说服。

⑤典：主管。
⑥见：表示被动，相当于“被”。
⑦浇薄：社会风气浮薄，不淳朴敦厚。
⑧悛（quān）：改过，悔改。
⑨交通：勾结。

亦素闻穆名，乃辟之，使典⑤兵事，甚见⑥亲任。
平常也听说过朱穆的名声，于是便征召他，让他主管军事，很被信任和重用。

常感时浇薄⑦，慕尚敦笃，乃作《崇厚论》。穆又著《绝交论》，亦矫时之作。梁冀骄暴不悛⑧，朝野嗟毒，穆以故吏，惧其衅积招祸，复奏记谏。冀不纳，而纵放日滋，赂遗左右，交通⑨宦者，任其子弟、宾客以为州郡要职。穆又奏记极谏，冀终不悟。穆言切，然亦不甚罪也。
朱穆时常感慨时俗不厚道，羡慕崇尚敦厚世风，于是便写作了《崇厚论》。朱穆又写了《绝交论》，也是用以矫正时俗的作品。梁冀骄横暴虐不知悔改，朝廷内外叹息痛恨，朱穆因为是（梁冀）从前的下属，害怕梁冀罪过太多招来祸患，再次上奏记劝谏。梁冀没有接受他的意见，反而一天天更加放纵，并又贿赂赠送物品给皇帝身边的人，与宦官勾结，将他的子弟、宾客安插在州郡的重要职位上。朱穆又上奏记极力劝谏，但梁冀始终没有悔悟。朱穆言辞虽然恳切激烈，但梁冀也不是很怪罪他。

⑩荒馑（jǐn）：饥荒。
⑪擢（zhuó）：提拔。
⑫檄：书信。
⑬济：过河，渡。
⑭解印绶：这里指辞职。印绶（yìn shòu），旧时称印信和系印的丝带。古人印信上系有丝带，佩带在身。
⑮僭（jiàn）：超越本分，古代指地位在下的冒用在上的名义或礼仪、器物。

永兴元年，河溢，漂害人庶数十万户，百姓荒馑⑩，流移道路。冀州盗贼尤多，故擢⑪穆为冀州刺史。州人有宦者三人为中常侍，并以檄⑫谒穆。穆疾之，辞不相见。冀部令长闻穆济⑬河，解印绶⑭去者四十余人。及到，奏劾诸郡，至有自杀者。以威略权宜，尽诛贼帅。举劾权贵，或乃死狱中。有宦者赵忠丧父，归葬安平，僭⑮为玉匣、偶人。穆闻之，下郡案验。吏畏其严明，遂发墓剖棺，陈尸出之，而收其家属。帝闻大怒，下穆廷尉狱。太学书生刘陶等数千人上书，帝览其奏，乃赦之。
永兴元年，黄河泛滥，受害者将近十万户，百姓庄稼被毁陷入饥饿，流亡迁移在路上到处都是。冀州盗贼尤其多，所以朝廷提拔朱穆为冀州刺史。冀州当宦官的有三个是中常侍，他们一起致书求见朱穆。朱穆恨他们，因而推辞不与他们相见。冀州官吏听说朱穆渡过黄河，有四十多人辞官逃离。等到朱穆到任，上奏弹劾诸郡官吏，以致使有些人畏罪自杀。他凭着威严计谋权变，杀尽贼兵首领。检举弹劾权贵，有的竟死在狱中。有个叫赵忠的宦官死了父亲，回到安平埋葬，赵忠超越本分，用了只有皇帝使用的玉匣、偶人为他父亲下葬。朱穆听说此事，命令郡吏查办此案。郡吏害怕他的严明，便挖开坟墓打开棺材，搬出尸体取出葬品，并收捕赵忠一家。皇帝听说后大怒，将他关押在廷尉狱。太学生刘陶等数千人上书为朱穆辩护，皇帝看了他们的奏章，就赦免了朱穆。

穆居家数年，在朝诸公多有相推荐者，于是征拜
朱穆在家居住了数年，在朝廷的许多大臣竞相推举他，于是征拜他为尚

尚书。穆既深疾宦官，及在台阁，旦夕共事，志欲除
书。朱穆本已深深痛恨宦官，等到在尚书府时，整天与他们共事，立志清除他
之。乃上疏言可悉罢省[16]，遵复往初，率由旧章，更
们。于是便上书说可以全部罢免他们，遵循恢复从前的办法，使用过去的典章
选海内清淳之士，明达国体者，以补其处。帝不纳。
制度，重新选拔天下清白淳厚之士，明白通晓国家体制的人，用以填补他们的空
后穆因[17]进见，口复陈常侍、小黄门宜皆罢遣，博选
位。皇帝没有采纳。后来趁着觐见皇帝的机会亲口又陈述说常侍、小黄门应该
耆儒[18]宿德[19]，与参政事。帝怒，不应。穆伏不肯起。
全部罢免遣散他们，广泛选取年老有威望和道德的儒士，参与政事。皇帝大怒，
自此中官[20]数因事诋毁之。穆素刚，不得意，居无
不采纳。朱穆伏在地上不肯起来。从此，宦官多次借着事由诋毁他。朱穆平素
几，愤懑发疽。延熹六年，卒，时年六十四。禄仕数
刚直，不得志，没多久，心中愤懑引起毒疮发作，延熹六年，去世，时年六十四
十年，蔬食布衣，家无余财。
岁。为官数十年，他吃粗食穿布衣，家中没有多余的财产。

⑯罢省：废除。
⑰因：趁着。
⑱耆儒（qí rú）：指年高德重的儒者。
⑲宿德：年老有德者。
⑳中官：在这里指宦官。

人物简析

1. “百善孝为先”朱穆从小就是一个行孝之人。父母有病时，朱穆就不吃不喝，父母病好后他才恢复正常饮食。朱穆自幼善思好学、用心专一。精力专注，有时丢失衣冠，亦不自知；朱穆为人耿直有韬略，二十岁举孝廉，后拜冀州刺史、尚书侍郎，被人称为“兼资文武，海内奇士”。
2. 梁冀骄横暴虐，朝廷内外叹息痛恨于他，朱穆害怕梁冀罪过太多招徕祸患，一而再再而三的上书劝谏，可见其一心为梁冀谋划、着想，为人正直磊落，不负梁冀之前对他的信任与亲近。
3. 冀州盗贼甚多，朱穆为冀州刺史时，斩杀了贼兵首领，可见他的胆识过人，智勇双全，是一个不畏权势，胸有韬略之人。
4. 朱穆羡慕崇尚敦厚世风，于是便写作了《崇厚论》。见到不公正的集团毁坏了时俗，便立志要抑制朋党交往的私情，于是便写下《绝交论》。可见他为人敦厚，不愿随波逐流，遗世独立，洁身自好。
4. “蔬食布衣，家无余财。”为官十年的朱穆，吃粗食穿布衣，家中没有多余的财产。生活节俭，为官清正廉明，不以权谋私，不追名逐利，死后留下一片清明之美誉。

考题举隅

1. 对下列句子中加点词的解释，正确的一项是（　　）

A. 遵复往初，率由旧章　　大抵

B. 梁冀骄暴不悛　　阻止

C. 赂遗左右，交通宦者　　交流、沟通

D. 乃辟之，使典兵事　　掌管、主管

2. 下列各组句子中，加点词的意义和用法都相同的一组是（　　）

A. 穆以冀亲重/以威略权宜，尽诛贼帅。

B. 举劾权贵，或乃死狱中/帝览其奏，乃赦之。

C. 望有以扶持王室，因推灾异/后穆因进见，口复陈常侍、小黄门宜皆罢遣。

D. 奏劾诸郡，至有自杀者/更选海内清淳之士，明达国体者，以补其处。

3. 对下列句子中加点词的解释，不正确的一项是（　　）

A. 辄不饮食，差乃复常　　差，通"瘥"，病愈。

B. 赂遗左右，交通宦者　　交通：交错相通。

C. 乃上疏言可悉罢省　　悉：全，都。

D. 州人有宦者三人为中常侍，并以檄谒穆　　檄：古代官府用以征召或声讨的文书。

4. 下列各组句子中，加点词的意义和用法都相同的一组是（　　）

A. a. 赂遗左右，交通宦者。　　b. 阡陌交通，鸡犬相闻。

B. a. 旦夕共事，志欲除之。　　b 予除右丞相兼枢密使，都督诸路军马。

C. a. 不得意，居无几 。　　b. 自吾氏三世居是乡。

D. a. 冀亦素闻穆名，乃辟之。　　b. 而五人生于编伍之间，素不闻诗书之训。

5. 下列对原文有关内容的分析和概括，不正确的一项是（　　）

A. 朱穆从小就是一个行孝之人。父母有病时，朱穆就不吃不喝，父母病好后他才恢复正常饮食。朱穆自幼善思好学、用心专一。精力专注，有时帽子丢掉了，自己都不知道。

B. 朱穆羡慕崇尚敦厚世风，于是便写作了《崇厚论》。见到不公正的集团毁坏了时俗，便立志要抑制朋党交往的私情，于是便写下《绝交论》。

C. 梁冀骄横暴虐，朝廷内外叹息痛恨于他，朱穆害怕梁冀罪过太多招徕祸患，一而再再而三的上书劝谏，言辞恳切激烈。梁冀不但没有听他的劝告。反而怪罪于他。

D. 朱穆平素刚直，郁郁而不得志，没多久，心中愤懑引起毒疮发作。虽为官数十年，他吃粗食穿布衣，死后，家中没有多余的财产。

写作点拨

从为人品格的角度：俗话说得好，识时务者为俊杰，朱穆品格中有其优秀的一面，但他缺少审时度势，机智灵活，致使其理想抱负无法得以实现抑郁而终。这告诉我们，想施展才华要为自己搭建好平台。

张禹传

张禹字伯达，赵国襄人也。禹性笃厚节俭。父卒，汲吏人赙送前后数百万，悉无所受。又以田宅推与①伯父，身自寄止②。

张禹字伯达，赵国襄地的人。张禹生性忠厚节俭。父亲死了，汲地的官吏和百姓送来给他父亲办丧事的财物前后达数百万之多，张禹都没有接受。还把家里的田地住宅让给伯父，自己寄居在伯父家里。

永平八年，举孝廉，稍迁；建初中，拜扬州刺史。当过江行部③，中土人皆以江有子胥之神，难于济步。禹将度，吏固④请不听。禹厉言曰："子胥如有灵，知吾志在理察枉讼⑤，岂危我哉？"遂鼓楫而过。历行⑥郡邑，深幽之处莫不毕⑦到，亲录⑧囚徒，多所明举⑨。吏民希见使者，人怀喜悦，美德怨恶，莫不自归焉。

汉明帝永平八年，张禹被推举为孝廉，不久就升迁；汉章帝建初年中，张禹被授予扬州刺史。任职后应当渡江巡行所属郡县，中原的人都认为江中有伍子胥的魂魄，很难成功渡过去。张禹准备渡江，官吏坚决请求，张禹不听。张禹严厉地说："伍子胥如果在天有灵，知道我立志要审理冤案错案，难道会危害我吗？"张禹于是就挥动船桨，成功过了江。张禹走遍所属的郡县，一些偏僻的地方也都全部去过。亲自核查记录囚犯的罪状案卷，多数察其情，明其冤。官吏和老百姓都希望见到他，人们心怀喜悦，称颂美好，抱怨丑恶，（好事坏事）都主动说给他听。

元和二年，转兖州刺史，亦有清平称。三年，迁下邳相。徐县北界有蒲阳坡，傍多良

汉章帝元和二年，张禹调任兖州刺史，也有清廉公正的口碑。元和三年，升为下邳国相。徐县北部边界有个蒲阳坡，附近有许多良田，可是都淤塞荒废，

注释

①推与：让与。
②寄止：寄居。
③行部：巡行所属部域，考核政绩。
④固：坚持。
⑤枉讼：冤案，错案。
⑥历行：遍行，走遍。
⑦毕：都，全部。
⑧录：审查记录囚犯的罪状。
⑨明举：察其情，明其冤。

⑩种粮：谷类的种子。
⑪相属：相接连；相继。
⑫故：就有的，原来的。
⑬掾（yuàn）：原为佐助的意思，后为副官佐或官署属员的通称。
⑭谴：责备。在这里指过失。
⑮震肃：因慑于威猛之政而风气肃然。

田，而堙废莫修。禹为开水门，通引灌溉，遂成孰田数百顷。劝率吏民，假与种粮⑩，亲自勉劳，遂大收谷实。邻郡贫者归之千余户，室庐相属⑪，其下成市。后岁至垦千余顷，民用温给。功曹史戴闰，故⑫太尉掾⑬也，权动郡内，有小谴⑭，禹令自致徐狱，然后正其法。自长史以下，莫不震肃⑮。

没有人修整。张禹带领百姓修建水闸，疏通沟渠，引水灌溉，于是开垦出几百顷常年耕种的水田。劝励率领官吏和百姓，借给他们种子，并亲自参加劳动，于是田地大丰收。邻近郡县贫穷的人，投靠张禹的有一千多户。屋子一栋接一栋，蒲阳坡的下面成了一个城镇。后来一年多，开垦的田地达一千多顷，老百姓解决了温饱，能自给自足。功曹戴闰，是前太尉的属官，在郡内很有权势，有小的过失，张禹命令他主动到徐县的狱中去，然后依法治他的罪。自长史以下的官吏，没有不感到震惊收敛的。

⑯车驾：帝王所乘的车。亦用为帝王的代称。
⑰会：正好。
⑱回舆：回车。

永元十五年，南巡祠园庙，禹以太尉兼卫尉留守。闻车驾⑯当进幸江陵，以为不宜冒险远，驿马上谏。诏报曰："祠谒既讫，当南礼大江，会⑰得君奏，临汉回舆⑱而旋。"及行还，禹特蒙赏赐。

永元十五年，汉和帝南巡祠园庙，张禹凭借太尉兼卫尉的身份留守。张禹听说皇上准备到江陵，他认为不应该冒险到远地去。张禹用驿马送去劝谏的奏章。皇上下诏回复说："巡视祠园庙已经完成，准备到南方祭祀长江，恰好得到你的奏章，临近汉水又马上回来了。"等到和帝回来以后，张禹凭借这得到了皇上特别的赏赐。

⑲录：总领。
⑳定策：亦作"定册"。古时尊立天子，书其事于简策，以告宗庙，因称大臣等谋立天子为"定策"。

延平元年，迁为太傅，录⑲尚书事。邓太后以殇帝初育，欲令重臣居禁内，乃诏禹舍宫中。给帷帐床褥，太官朝夕进食，五日一归府。每朝见，特赞，与三公绝席。及安帝即位，数上疾乞身。

延平元年，张禹升为太傅，总领尚书事务。邓太后因为殇帝年幼，想让重要职位的大臣居住在皇宫中，于是下诏让张禹住在宫中。赐给帷帐和被褥，让太官每天早晚送饭，五天回一次家。每次朝见，太后特别赞赏张禹，不与三公同席（独坐一席）。等到安帝即位后，多次上书请求病退。

永初元年，以定策⑳功封安乡侯，食邑千二百户。五年，以阴阳不和策免。七年，卒于家。

永初元年，凭借尊立天子的功劳被封为安乡侯，食邑一千二百户。永初五年，因君臣不和，皇上用策书免去了他安乡侯的爵位，永初七年，张禹死在家中。

人物简析

1. “数百万，悉无所受”“以田宅推与伯父”在张禹淳厚节俭的性情背后，可见其视金钱为粪土、不贪图钱财、不为物累的性格特征。
2. 张禹任职扬州刺史时，不听劝阻“过江行部”可见其不被封建迷信思想所左右，为人胸怀坦荡，光明磊落；“莫不毕到”“多所明举”可见其行动果敢，雷厉风行；恪尽职守，一心为公。
3. “假与种粮，亲自勉劳”张禹为下邳国相时，兴修水利，开垦农田，使荒地变成沃土，变废为宝，使老百姓能温饱自给，百姓生活富足和美；并亲力亲为，与百姓一起劳作。真正爱民如子，清正廉明的典范。
4. “令自致徐狱，然后正其法”在处理前任太尉的属官戴闰时，能奉公执法，依法办事，毫不偏私，不畏权势，得到人们的敬畏。在皇帝南巡时，直言敢谏，以天下江山社稷为己任。是值得称颂的贤臣的形象。

考题举隅

1. 选出解释有误的一项是（　　）

A. 吏固请不听　　固：坚持　　B. 室庐相属　　属：连接

C. 有小谴，禹令自致徐狱　　谴：斥责　　D. 乃诏禹舍宫中　　舍：离开

2. 下列句子中加点词的意义和用法，相同的一组是（　　）

A. 傍多良田，而堙废莫修 / 吾所以为此者，以先国家之急而后私仇也。

B. 邻郡贫者归之千余户 / 明道德之广崇，治乱之条贯。

C. 禹以太尉兼卫尉留守 / 欲以棺椁之大夫礼葬之。

D. 乃诏禹舍宫中 / 乃三顾亮于草庐之中。

3. 对下列句中加点的词语的解释，不正确的一组是（　　）

A. 又以田宅推与伯父，身自寄止。　　寄：依靠，依附。这里是寄居的意思。

B. 深幽之处莫不毕到　　莫不：无不；没有一个不。

C. 及安帝即位，数上疾乞身　　乞身：告老还乡。

D. 闻车驾当进幸江陵　　幸：皇帝到某地。

4. 下列对原文有关内容的分析和概括不正确的一项是（　　）

A. 张禹为人忠厚，别人送来的为他父亲办丧事的财物，他一概不收。他把田地房屋

都给了他的伯父，自己寄居在伯父家里。

B. 张禹任职扬州刺史时，欲渡江巡行所属郡县，当地百姓都认为长江中有伍子胥的魂魄，很难成功渡过去。不听百姓的劝阻亲自挥动船桨，成功过了江。并亲自核查记录囚犯的罪状案卷，秉公执法，受到百姓的爱戴。

C. 元和二年，张禹调任兖州刺史时，亲自带领百姓兴修水利，开垦农田，使荒地变成沃土，变废为宝，使老百姓过上自给自足，幸福和美的生活。使邻县一千多户贫穷的人投靠于此。

D. 永元十五年，汉和帝南巡祭祀祖庙园陵，张禹认为不应该冒险到远地去，所以听说皇上准备到江陵，他用驿马送去劝谏的奏章。致使和帝临近汉水就回来了。张宇的直言敢谏得到皇上特别的奖赏。

5. 下列句子中，能表现张禹“爱民如子”的性格的句子是（　　）

①父卒，汲吏人赙送前后数百万，悉无所受。

②禹为开水门，通引灌溉，遂成孰田数百顷。

③假与种粮，亲自勉劳，遂大收谷实。

④有小谴，禹令自致徐狱，然后正其法。自长史以下，莫不震肃。.

⑤后岁至垦千余顷，民用温给。

⑥闻车驾泊进幸江陵，以为不宜冒险远，驿马上谏。

A. ①②④　　B. ①⑤⑥　　C. ②③⑤　　D. ③④⑥

写作点拨

1.从为人品格的角度：张禹为人轻财轻利，不为物累，将别人送的用来办丧事的多达数百万的财务拒之门外，在物欲横流的今天，在太多人为了钱财蝇营狗苟的当代，张禹这种“富贵不能淫”的坦荡磊落的行为，值得我们学习与效仿。

2. 写法的角度：汉和帝南巡的特殊的奖赏；邓太后的“诏禹舍宫中”，每日的朝夕相处，别于三公的特殊待遇；安帝即位后的丰厚赏赐等，无不体现对张禹的厚爱与信任。侧面描写的手法将张禹作为贤臣的形象凸显得淋漓尽致，使人物形象丰满而鲜活。

袁安传

袁安字邵公，汝南汝阳人也。安为人严重有威，见敬于州里。初为县功曹，奉檄诣从事①，从事因②安致书于令。安曰："公事自有邮驿，私请则非功曹所待。"辞不肯受，从事惧然而止。

袁安字邵公，汝南汝阳人。袁安为人严肃庄重有威望，受到当地人尊敬。起初任县功曹，遵令到从事那去，从事想由袁安送信给县令。袁安说："公事有邮驿办理，私下请求则不是功曹所应做的。"推辞而没有接受，从事因害怕而没再请托。

永平十三年，楚王英谋为逆，事下郡复考。明年，三府举安拜楚郡太守。是时英辞所连及系③者数千人，显宗怒甚，吏按④之急，迫痛自诬⑤，死者甚众。安到郡，不入府，先往按狱⑥，理其无明验者，条上⑦出之。府丞掾史皆叩头争，以为阿附反虏，法与同罪，不可。安曰："如有不合，太守自当坐之，不以相及也。"遂分别具奏。帝感悟，即报许，得出者四百余家。

永平十三年，楚王刘英阴谋叛乱，此事交由郡审理。第二年，三府推举袁安任命他为楚郡太守。此时刘英供词所牵连并拘囚的有数千人，显宗十分愤怒，官吏考察十分急迫，被捕的人因痛苦不堪而屈招，惨死的人很多。袁安到郡后，不进官府，先去巡视监狱，查出那些没有明确证据的犯人，上奏要求放他们出狱。府丞、掾史都叩头力争，认为这是偏袒附和反叛之人，在法律上是同罪，不同意他的做法。袁安说："如果有不符合实情的，我自当承担罪责，不会因此连累你们。"于是分条详细上奏。皇帝醒悟了，立即批复同意，因此有四百多家得以出狱。

建初八年，迁太仆。元和二年，武威太守孟云上书："北虏既已和亲，宜还其生口⑧，以安慰之。"诏百官议朝堂。公卿皆言夷狄谲诈⑨，求欲无厌，既得生口，当复妄自夸大，不可开许⑩。安独曰："北虏遣使奉献和

建初八年，升任太仆。元和二年，武威太守孟云上奏："北虏既然已经和亲，我们应该将俘虏归还他们，以此来安抚他们。"皇帝召百官在朝堂上商议。公卿都说夷狄奸诈，贪心从不满足，得到我们归还的俘虏之后，又会狂妄自大，因而不能同意。惟独袁安说："北虏遣使奉献贡礼和亲，在边境抓到了人，便把

注释

①奉檄：遵令。诣：到……去。从事：官名。

②因：由。

③系：拘囚。

④按：考察。

⑤自诬：自行承认妄加于己的不实之词。

⑥按狱：巡视监狱。

⑦条上：备文向上陈述。

⑧生口：指俘虏。

⑨谲（jué）诈：奸诈。

⑩开许：允许。

亲，有得边生口者，辄以归汉，此明其畏威，而非先违
他们交还我方，这是表明他们畏惧汉朝威严，而不是首先违背誓约。不应该对

约也。不宜负信于戎狄，还之足示中国优贷[11]，而使边人
戎狄失信，放俘虏回去足以显示我们中原的优待和宽容，又使边境百姓得到安

得安，诚便[12]。”司徒桓虞改议从安。太尉郑弘恨[13]之，
定，确实是有利的。”司徒桓虞改变看法而依从袁安。太尉郑弘不满，说：“各位

曰：“诸言当还生口者，皆为不忠。”司隶校尉举奏，
说应当归还俘虏的，都是不忠之人。”司隶校尉也上奏，袁安等人都上交印绶谢

安等皆上印绶谢。肃宗诏报曰：“久议沉滞，各有所
罪。肃宗下诏回复说：“议而不决，各持己见。凡政策都由众人决定，你有什么

志。盖策由众定，君何尤而深谢？”帝竟从安议。
过错而深深谢罪？”皇帝最终听从了袁安的建议。

⑪优：优待。贷：宽恕；宽免。

⑫诚便：诚：确实。便：有利。

⑬恨：不满意。

章和元年，代桓虞为司徒。和帝即位，窦太后
章和元年，代桓虞任司徒。和帝即位，窦太后掌管朝政，太后兄车骑将军

临朝，后兄车骑将军宪北击匈奴，安与九卿诣朝堂上
窦宪北击匈奴，袁安与九卿到朝廷上书劝谏，认为匈奴不犯边塞，而我们却无

书谏，以为匈奴不犯边塞，而无故劳师远涉，损费
故兴师远途跋涉，浪费国家财用，到万里之外去求取功劳，这不是为国家考虑的

国用，徼功万里，非社稷之计。书连上辄寝[14]。诸卿
上策。然而接连几次上书总是被搁置不发。九卿也都渐渐不再上奏。惟有袁安

稍自引止[15]，惟安独守正不移，至免冠朝堂固争者十
坚持正道不肯改变，直至摘下官帽在朝廷上争论了十几次。太后不听从，众人都

上。太后不听，众皆为之危惧，安正色自若。
为他感到危险恐惧，然而袁安神色自若。

⑭辄：总是。寝：搁置。

⑮引止：停息。

窦宪既出，而弟执金吾景专威权，公于京师
窦宪出征之后，他的弟弟执金吾窦景专掌大权，公然在京师派门客拦路

使客遮道[16]夺人财物。有司[17]畏惮，莫敢言者。
抢夺百姓财物。有关主管官员害怕，不敢上报。袁安便弹劾窦景使官民不安，应

安乃劾景惊惑吏人，当伏显诛，寝不报。窦氏大
当受到公开的处罚。奏章被搁置没有回音。窦氏家族十分不满意。但袁安平素

恨。但安素行高，亦未有以害之。
行为高尚，因此也找不出什么陷害他的把柄。

⑯遮道：拦路。

⑰有司：指官吏。古代设官分职，各有专司，故称有司。直译：“有”即“有……的权利”；“司”即“主管、管理”。

人物简析

袁安具有高洁傲岸情操。起初任县功曹时，就拒绝了从事的私请。在处理楚王谋反案时不顾个人的安危得失，使四百多家得以洗清冤情。再后来弹劾窦景，尽管窦氏家族对他十分不满。在是否归还匈奴俘虏问题上坚持自己的主张，据理力争。在窦氏一族

专政时面对强权依然不随波逐流，坚守自己的节操。

考题举隅

1. 对下列句子中加点的词的解释，不正确的一项是（　）

A. 楚王英谋为逆，事下郡复考　　考：刑讯

B. 安到郡，不入府，先往按狱　　按：查办

C. 帝感悟，即报许　　报：报告

D. 公于京师使客遮道夺人财物　　遮：拦阻

2. 下列各组句子中，加点词的意义和用法都相同的一组是（　）

A. ①安为人严重有威，见敬于州里　　②或脱身以逃，不能容于远近

B. ①奉檄诣从事，从事因安致书于令　　②不如因而厚遇之，使归赵

C. ①理其无明验者，条上出之　　②以乱易整，不武。吾其还也

D. ①众皆为之危惧，安正色自若　　②如姬为公子泣

3. 把下列句子翻译成现代汉语

(1)如有不合，太守自当坐之，不以相及也。

(2)不宜负信于戎狄，还之足示中国优贷，而使边人得安，诚便。

写作点拨

从修辞的角度：文中为了突出袁安的坚持己见，不随波逐流的高贵品格，几处运用了衬托的写法。如：诸卿稍自引止，惟安独守正不移，至免冠朝堂固争者十上；府丞掾史皆叩头争，以为阿附反虏，法与同罪，不可。安曰："如有不合，太守自当坐之，不以相及也。"

冯鲂传

冯鲂字孝孙，南阳湖阳人。王莽末，四方溃畔[①]，

冯鲂字孝孙，南阳湖阳人。王莽末年，天下叛乱离散，冯鲂便召聚宾客，

鲂乃聚宾客，招豪杰，作营堑，以待所归。是时湖

招养豪杰，建造营垒壕堑，来应对形势所趋。这时湖阳大姓虞都尉据城拥兵而

阳大姓虞都尉反城[②]称兵[③]，先与同县申屠季有仇，

反，（他）以前就跟同县申屠季家有仇，就杀了申屠季之兄，想要灭了申屠家族。

注释

①溃畔：溃畔亦作"溃叛"，叛乱离散。

②反城：献城投敌。

③称兵，指兴兵，采取军事行动。

④素故：旧交。
⑤穷：困窘。
⑥俱：一起。
⑦悉：全部。
⑧作色：脸上变色。指神情变严肃或发怒。
⑨相与：一起。
⑩何云：云何的倒装，意思是说什么？
⑪拥兵：掌握、聚集军队。矫称：诈称。
⑫行在所：专指天子巡行所到之地。
⑬弩：弩是古代的一种冷兵器，是古代兵车战法中的重要组成部分。是步兵有效克制骑兵的一种武器。弩也被称作“窝弓”、“十字弓”。古代用来射箭的一种兵器。它是一种装有臂的弓，主要由弩臂、弩弓、弓弦和弩机等部分组成。
⑭案行：巡视。
⑮嘉：赞美，嘉奖。
⑯髡剔（kūn tī）：亦作“髡薙”。谓剃去头发。
⑰铁锧（fū zhì）：古代腰斩时所用刑具。
⑱聚落：是人类各种形式的聚居地的总称。
⑲让：责备，责怪。
⑳行：执行，实行。

而杀其兄，谋灭季族。季亡归鲂，鲂将季欲还其
申屠季逃亡归附于冯鲂，冯鲂带着申屠季打算回自己营垒，路上遇到了虞都尉的
营，道逢都尉从弟长卿来，欲执季。鲂叱长卿曰：
堂弟虞长卿，（长卿）想抓走申屠季。冯鲂怒斥长卿说：“我与申屠季虽不是老
“我与季虽无素故[4]，士穷[5]相归，要当以死任之，
相识，但他走投无路来归附我，我自当用生命来担保，你还有什么说的？”就和
卿为何言？”遂与俱[6]归。季谢曰：“蒙恩得全，
申屠季一起回去了。申屠季感谢地说：“蒙您大恩得以保全，没有用来报答的方
死无以为报，有牛马财物，愿悉[7]献之。”鲂作色[8]
法，家中的牛马财物，我愿全部都献给您。”冯鲂气愤地说：“我年迈的父母和
曰：“吾老亲弱弟皆在贼城中，今日相与[9]，尚无
幼弱的弟弟都在贼人占据的城里，今日一起（回来），尚且无所顾忌，说什么牛马
所顾，何云[10]财物乎？”季惭不敢复言。鲂自是为
财产？”申屠季惭愧，不敢再说什么。冯鲂从此受地方上所崇敬、信任，所以能
县邑所敬信，故能据营自固。时天下未定，而四
据守营垒（保全并）巩固自己。 当时天下还没有平定，但四方之士聚集军队诈
方之士拥兵矫称[11]者甚众，唯鲂自守，兼有方略。
称王的特别多，只有冯鲂仅求自卫，而且很有心计谋略。光武帝听说后赞赏他，
光武闻而嘉之，建武三年，征诣行在所[12]，见于云
建武三年，征聘他来到自己的临时住地，在云台见面，任命他为虞县县令。（冯
台，拜虞令。为政敢杀伐，以威信称。迁郏令。后
鲂）治理敢于杀伐决断，凭借威严信誉著称。改任郏县令。不久光武帝向西征
车驾西征隗嚣，颍川贼群起，郏贼延褒等众三千
讨隗嚣，颍川一带盗贼群起，郏县强盗延褒等拥众三千多人，围攻县府，冯鲂带
余人，攻围县舍，鲂率吏士七十许人，力战连日，
领官吏随从七十多人，力战好几天，弓箭射光了，城池沦陷了，冯鲂才逃跑离开。
弩[13]矢尽，城陷，鲂乃遁去。帝闻郡国反，即驰赴
光武一听郡国反叛，立刻奔赴颍川，冯鲂到光武帝临时住地拜见。光武帝巡查
颍川，鲂诣行在所。帝案行[14]斗处，知鲂力战，乃
冯鲂战斗的地方，知道冯鲂是尽力作战的，就表扬他说：“这可是一位强有力的
嘉[15]之曰：“此健令也。所当讨击，勿拘州郡。”
县令。所该讨伐的（反贼），不要拘于州郡界限（一律追讨）。”延褒等人知道
褒等闻帝至，皆自髡剔[16]，负铁锧[17]，将其众请罪。
光武帝来了，都自己剃去头发，背着斧头铡刀，带着部下来请罪。光武帝暂且先
帝且赦之，使鲂转降诸聚落[18]，县中平定，诏乃悉
宽恕了他们，派冯鲂转巡各地收降各聚落，县中平定下来，光武便下诏把延褒
以褒等还鲂诛之。鲂责让[19]以行[20]军法，皆叩头曰：
等统统交给冯鲂惩罚。冯鲂严厉斥责他们，要执行军法，（他们）都叩头说：“今

"今日受诛，死无所恨[21]。"鲂曰："汝知悔过伏

日受到严惩，死了也没有什么不满。"冯鲂说："你们知道认罪悔过，现在可以全

罪，今一切相赦，听[22]各反农桑，为令作耳目[23]。"

部赦免你们，听任你们各自回家去种田务农，替县令做耳目。"他们齐呼万岁。

皆称万岁。是时每有盗贼，并为褒等所发，无有敢

从这时起，这一带只要一有盗贼，都被延褒等人告发，没有人敢任意作乱，县内

动者，县界清静。鲂性矜严公正，在位数进忠言，

很清静。 冯鲂性格矜持威严而公正，在职屡次进献忠言，大多数被采用。(章

多见纳用。建初三年，以老病乞身[24]，肃宗许之。

帝)建初三年，用年老多病(的理由)请求辞职，肃宗同意请辞一事。元和二年，

元和二年，卒，时年八十六。

(冯鲂)去世，当时的年纪是八十六岁。

㉑恨：遗憾，不满意。

㉒听：判决。

㉓耳目：指侦察消息的人。

㉔乞身：(古代官吏)请求退职。

【人物简析】

1. 冯鲂是一个重义气的人，在申屠季逃亡到他那里避难时，明知道收留保护他会危及到自己亲人的安全，但他仍甘愿冒着生命危险保护他。他的高贵品格得到了人们的崇敬与信任。
2. 冯鲂是一个有方略的人，在别人盲目称王的时候他只求自保，在惩处反叛人士时，他让他们臣服之后帮自己做事，既保全了那些人的性命又为自己增添了帮手，有利于自己的统治。
3. 光武帝是个明辨是非的明君，在冯鲂所守的颍川失守时他能实地考察，肯定冯鲂的政绩并能重用他。

【考题举隅】

1. 下列句子中加点的词解释不正确的一项是(　　)

　A. 鲂将季欲还其营　　将：带领

　B. 蒙恩得全　　全：全部

　C. 诏乃悉以褒等还鲂诛之　　悉：全，都

　D. 并为褒等所发　　发：告发

2. 把下列句子翻译成现代汉语

　(1)为政敢杀伐，以威信称。

　(2)鲂性矜严公正，在位数进忠言，多见纳用。

写作点拨

从人与环境的角度：在天下大乱的环境下冯鲂能够据守营垒，保全自己，靠的是他重信义，使得别人信任而归顺他，愿意和他共进退。面对各方割据势力纷纷称王，他保持冷静的头脑，辨明形势，只求自保。在治理盗贼是他善用驭人之术，使所治理的境内没人敢任意作乱。审时度势，注重方略，这是面对错综复杂的环境我们应从冯鲂身上学习的可贵之处。

郑弘传

郑弘，字巨君，会稽山阴人也。从祖[①]吉，宣帝时为西域都护。弘少为乡啬夫[②]，太守第五伦行春[③]，见而深奇之，召署督邮，举孝廉。弘师同郡河东太守焦贶。楚王英谋反发觉，以疏引[④]贶，贶被收捕，疾病于道亡没，妻子闭系诏狱[⑤]，掠考[⑥]连年。诸生故人惧相连及，皆改变名姓，以逃其祸，弘独髡头负铁锧[⑦]，诣阙[⑧]上章，为贶讼罪[⑨]。显宗觉悟，即赦其家属，弘躬送贶丧及妻子还乡里，由是显名。拜为驺令，政有仁惠，民称苏息[⑩]。迁淮阳太守。四迁，建初初，为尚书令。后出为平原相，征拜侍中。建初八年，代郑众为大司农。旧交阯[⑪]七郡贡献转运，皆从东冶泛海而至，风波

郑弘，字巨君，是会稽山阴人。祖父的堂兄弟郑吉，宣帝时做西域都护。弘年轻时做过乡啬夫，太守第五伦在春天到下面视察，看见郑弘，认为他是奇才，召见他让他代理督邮之职，推举他为孝廉。郑弘拜同郡河东太守焦贶（kuàng）为师。楚王刘英谋反的事情败露，朝廷下书召引焦贶，焦贶被拘捕，在（押往京城的）路上得重病而死，焦贶的妻子儿女被囚禁在关押钦犯的牢狱里，连续多年被笞击拷问。各个门生和老友害怕牵连自己，都改变名姓，来逃避这场灾祸，只有郑弘一个人剃去头发，背着腰斩人用的刑具，到朝廷去上奏章，为焦贶解辩罪过。显宗醒悟，马上赦免焦贶的家属，郑弘亲自护送焦贶的遗体和妻子儿女回到乡里，从此名声显扬。（郑弘）被授予驺令之职，施政仁慈惠爱，百姓称赞这是休养生息之道。升官做淮阳太守。又升了四次，建初初年，做尚书令。出任平原相，皇帝召见他授予他侍中之职。建初八年，代替郑众做大司农之职。以前交阯七郡贡品的运输，都从东冶乘船过海才可以到达，海上风浪很大，

注释

①从祖：指的是祖父的亲兄弟。

②乡啬夫（xiāng sè fū）：古代乡官之一，主役赋等。

③行春：官吏春日出巡。

④引：召引。

⑤闭系：囚禁。诏狱：是中国古代的高等监狱，罪犯多属九卿、郡守等一级高官，需皇帝亲自下诏书定罪的案子。

⑥掠考：指笞击拷问。考，通“拷”。

⑦髡（kūn）头：剃去头发。铁锧（fū zhì）：古代腰斩时所用刑具。

⑧诣：至、前往。阙：借指皇宫、朝廷。

⑨讼罪：解辩罪过。

⑩苏息：休养生息。

⑪交阯：泛指五岭以南，辖境相当于今广东广西大部和越南的北部中

艰阻，沉溺相系。弘奏开零陵、桂阳峤道[12]，于是
一路艰难险阻，沉船之事相继发生。郑弘给皇帝上书要求开辟零陵、桂阳岭的
夷[13]通，至今遂为常路。在职二年，所息省三亿万
道路，于是（从交阯到京城的道路）平坦了，通畅了，到现在就成为常用的道路
计。时岁天下遭旱，边方有警，人食不足，而帑
了。在职两年，省下的费用共三亿万。当时天下遭了旱灾，边疆有紧急情况，人吃
藏殷积[14]。弘又奏宜省贡献，减徭费，以利饥人。
不饱，而国库收藏大量聚集。郑弘又上书提议应该减少贡品，减少劳役费用，
帝顺其议。
来给饥民带来好处。皇帝听从了他的提议。

元和元年，代邓彪为太尉。时举将第五伦
元和元年，（郑弘）代替邓彪做太尉。当时推举第五伦做司空，第五伦的官职品
为司空，班次在下，每正朔[15]朝见，弘曲躬而
次在郑弘的下面，每年正月初一，大臣拜见皇帝时，郑弘（对第五伦）恭顺而自谦。皇帝
自卑。帝问知其故，遂听[16]置云母屏风，分隔
知道了其中的原因，于是允许摆放云母屏风，把他们分隔在屏风两边，从此把这作为
其间，由此以为故事。在位四年，奏尚书张
定例。在位四年，上书进言尚书张林依附侍中窦宪，而且张林一向有贪污等秽行，又上
林阿附侍中窦宪，而素行臧秽[17]，又上洛阳令
书（进言）洛阳令杨光、窦宪的门客，为官贪婪凶残，并不适合做这个官职。奏章献上
杨光，宪之宾客，在官贪残，并不宜处位。
去以后，皇帝身边的官员和杨光是老朋友，于是就把（郑弘弹劾杨光、张林的事）告诉
书奏，吏与光故旧，因[18]以告之。光报宪，宪
了杨光。杨光报告给窦宪，窦宪向君王进言郑弘身为大臣却泄露机密之事。皇帝斥责
奏弘大臣漏泄密事。帝诘让[19]弘，收上印绶。
郑弘，并且收回印信。郑弘亲自到廷尉府去（让廷尉把自己关起来），皇帝下令放他出
弘自诣廷尉[20]，诏敕[21]出之。因乞骸骨[22]归，未
去。（郑弘）于是自请退职回家，（皇帝）不允许。（郑弘）病重，上书辞谢，并且陈述窦
许。病笃，上书陈谢，并言窦宪之短[23]。帝省[24]
宪陷害自己一事。皇帝看了奏章，（明白了事情的真相），就派御医察看郑弘的病情，等
章，遣医占[25]弘病，比至已卒。临殁悉还赐物，
到（御医）到了，（郑弘）已经去世了。临死前（郑弘）退还皇帝赏赐的全部东西，吩咐妻
敕妻子褐巾布衣素棺殡殓，以还乡里。
子儿女头戴粗布巾、身穿麻布衣，用不加装饰的棺材入殓和出殡，回到故乡。

部。
⑫峤道：山路。
⑬夷：平坦。
⑭帑（tǎng）：古时收藏钱财的府库。殷积：大量聚积。
⑮正朔：农历正月初一。
⑯听：允许。
⑰臧秽：贪污等秽行。
⑱因：于是。
⑲诘让：诘问斥责。
⑳廷尉：官名，掌刑狱。
㉑敕（chì）：帝王的诏书、命令。
㉒乞骸（hái）骨：自请退职，意为请求使骸骨归葬故乡。
㉓短：陷害，说别人的坏话。
㉔省：察看。
㉕占：预测。

人物简析

1. 郑弘尊师爱师，冒死上书为焦贶解辩罪过。

2. 勤政为民，施政有方，关心百姓疾苦，直言进谏，谦恭待人。

考题举隅

1. 下列句子中，加点的词的解释不正确的一项是（　　）

A. 诣阙上章，为贶讼罪。　　拜访

B. 于是夷通，至今遂为常路。　平坦

C. 帝诘让弘，收上印绶。　　责备

D. 帝省章，遣医占弘病。　　察看

2. 下列各组语句中，加点的词意义、用法都相同的一组是（　　）

A. 皆改变名姓，以逃其祸／以其求思之深而无不在也。

B. 为贶讼罪　／为国者无使为积威之所劫哉。

C. 旧交阯七郡贡献转运，皆从东冶泛海而至／吾尝跂而望矣，不如登高之博见也。

D. 因乞骸骨归，未许／不如因而厚遇之。

3. 把下面的句子翻译成现代汉语。

（1）弘又奏宜省贡献，减徭费，以利饥人。

（2）旧交阯七郡贡献转运，皆从东冶泛海而至，风波艰阻，沉溺相系。

写作点拨

从为人品格的角度：文中虽没有写郑弘和老师之间是如何相处的，但在其他门生和老友避之唯恐不及之时，他却能挺身而出，冒险上奏，足以体现其重情重义，有一颗感恩之心。在他所上的一系列奏章中，体现他不谋私利一心为民的高贵品格。

樊宏传

樊宏，字靡卿，南阳湖阳人也，世祖之舅。父重，字君云，世善农稼，好货殖①。

樊宏，字靡卿，南阳郡湖阳人，是世祖（汉光武帝）刘秀的舅舅。父亲樊重，字君云，继承了祖上传统，（既）善于经营农业，（又）善于做买卖。樊重

注释

①货殖：利用货物的生产与交换，进行商业活动，从中生财求利。

重性温厚，有法度[②]，三世共财，子孙朝
性格温和宽厚，有法度，一家三代共同享有家产，子孙早晚都向长辈问候请安，
夕礼敬，常若公家。其营理产业，物无所
（一家人有规有矩）常常像在公府里照章办事一样。他经营产业，没有一件可丢
弃，课役童隶[③]，各得其宜[④]，故能上下
弃的财物，都能各尽其用，督促役使奴仆，也各得其宜，人尽其才，所以上上下
戮力，财利岁倍，至乃开广田土三百余
下能同心合力，所获财利每年都成倍增长，以至广开田产达三百多顷。他曾经想
顷。尝欲作器物，先种梓漆，时人嗤之，
做家用器具，就预先种下了梓树和漆树，当时的人都嗤笑他。但过了几年，（成
然积以岁月，皆得其用，向之笑者咸求
材了的梓树和漆树）都派上了用场，先前嘲笑过他的人都向他借用（梓木、油
假[⑤]焉。资至巨万，而赈赡宗族，恩加乡
漆）。家产积以万计，（而他从不吝惜，总是）赈济赡养同族的人，施恩于乡间邻
闾[⑥]。外孙何氏兄弟争财，重耻之，以田
里。他的外孙何氏兄弟争夺财产，樊重感到羞耻，拿出二顷田给他们，平息了这
二顷解其忿讼。县中称美，推为三老。年
场纠纷。县里的人无不称赞他的美德，尊推他为三老。他在八十多岁时去世。临
八十余终。遗令焚削[⑦]文契。责家[⑧]闻者皆
终时，他嘱咐家人将借贷文契削去姓名，统统烧掉。借贷的人听说了这件事，都很
惭，争往偿之，诸子从敕，竟不肯受。
惭愧，争先恐后到樊家还债，而他的儿子们遵从父亲的遗嘱，始终不肯接受。

②法度：指法令制度；法则，秩序，行为的准则。
③课役：役使督促。童隶：童仆。
④各得其宜：指人或事物都得到适当的安置。
⑤假：借。
⑥乡闾：家乡；故里。
⑦焚削：销毁。
⑧责家：负债人。

宏少有志行。王莽末，义兵起，刘伯升与族
樊宏年轻时便有高尚的志向和优秀的品质。王莽末年，义兵起事，刘伯升
兄赐俱将兵攻湖阳。赐女弟[⑨]为宏妻，湖阳由是
与族兄刘赐都带兵攻打湖阳，刘赐的妹妹是樊宏的妻子，湖阳县府因此便把樊
收系宏妻子，令出譬伯升，宏因留不反。湖阳军
宏的妻子儿女抓了起来（做人质），让樊宏出城叫刘伯升退兵，而樊宏却留在了
帅欲杀其妻子。会汉兵日盛，湖阳惶急，未敢杀
刘伯升军中。湖阳的军帅想杀死樊宏的妻子儿女。此时汉朝兵力日益强大，湖阳
之，遂得免脱。更始立，欲以宏为将，宏叩头辞
军帅非常害怕，不敢杀他们，这样才免于一死。更始帝即位，想用樊宏做大将，
曰：“书生不习兵事。”竟得免归。与宗家亲属
樊宏叩头推辞说：“书生不熟习用兵打仗的事。”终于得以免职回乡。回乡后，樊
作营堑自守，老弱归之者千余家。时赤眉贼欲攻
宏和宗族家人亲属修筑营垒壕堑自己坚守，老弱的百姓归附他的有一千多家。当
宏营，宏遣人持牛酒米谷，劳遗[⑩]赤眉。赤眉长
时赤眉军想攻打樊家营垒，樊宏派人送去牛、酒和米谷，慰劳赤眉军。赤眉军中

⑨女弟：妹妹。
⑩劳遗：犒劳，馈赠。

⑪畏慎：戒惕谨慎。
⑫辄：总是。
⑬便宜：意思是斟酌事宜，不拘陈规，自行决断处理；给以好处，使得到某种利益。
⑭寿张：光武帝即位后，封樊宏为寿张侯。

老先闻宏仁厚，皆称曰："樊君素善，且今见待如此，何心攻之。"引兵而去，遂免寇难。

的长老以前听说过樊宏仁厚，都称赞道："樊宏向来行善，而且现在如此礼待我们，我们怎能忍心去攻打他呢？"于是撤兵而去，樊家这才免于一场寇乱。

宏为人谦柔畏慎⑪，不求苟进。常戒其子曰："富贵盈溢，未有能终者。天道恶满而好谦，前世贵戚皆明戒也。"每当朝会，辄⑫迎期先到，俯伏待事，时至乃起。宏所上便宜⑬及言得失，辄手自书写，毁削草本，帝甚重之。及病困，车驾临视，留宿，问其所欲言。宏顿首自陈："无功享食大国，诚恐子孙不能保全厚恩，愿还寿张⑭，食小乡亭。"帝悲伤其言，而竟不许。

樊宏为人谦恭和顺，谨慎戒惧，不苟且谋取功名利禄。他经常告诫他的孩子说："大富大贵财禄盈溢的人家，没有几个能有好结果的。天理憎恶骄满而喜好谦恭，以前那些贵戚的下场都是明显的警诫啊。"每逢上朝，他总是提前到达，俯伏在地听从上面交代要办的事情，等上面交代完了才敢起来。樊宏上书陈述应办的事情和议论朝政得失，总是亲手书写，并将草稿毁掉，光武帝很尊重他。等到樊宏病重，光武帝亲临问候，并在樊家留宿，问他还有什么话要说。樊宏叩头说："我没有建立功劳却享受大国的食邑，实在担心子孙不能保全陛下大恩，希望能归还寿张，改换小乡亭作食邑。"光武帝听后很悲伤，最终没有答应。

人物简析

1. 樊宏治家有方，善于经营管理，对后辈的教育严格。樊重的巨万家产是自己善于经营、上下戮力合作得来的，他聚财而不吝财，乐善而好施，赈赡宗族，解决纠纷，且不计回报。临死时烧了债务人所有的借据。
2. 樊宏深知水满则溢的道理，常以前车之鉴来告诫其子，要谦恭谨慎，富而不骄，贵而不傲。
3. 樊宏能审时度势，在赤眉军围攻时能策略地对待敌人，使樊家营垒得以保全。

考题举隅

1. 对下列句子中加点的词语的解释，不正确的一项是（　　）

A. 故能上下戮力，财利岁倍　　戮：并、合

B. 向之笑者咸求假焉　　假：借

C. 令出譬伯升，宏因留不反　　譬：比喻

D. 宏为人谦柔畏慎，不求苟进　　苟：苟且，随便

2. 下列各组句子中，加点词的意义和用法相同的一组是（　　）

A. 其营理产业，物无所弃/圣人之所以为圣，愚人之所以为愚，其皆出于此乎？

B. 引兵而去，遂免寇难/学而时习之，不亦乐乎。

C. 责家闻者皆惭，争往偿之/陈胜者，阳城人也。

D. 令出譬伯升，宏因留不反/寿毕，请以剑舞，因击沛公于坐。

3. 把下列句子翻译成现代汉语

（1）然积以岁月，皆得其用，向之笑者咸求假焉。

（2）樊君素善，且今见待如此，何心攻之。

【写作点拨】

从人物的思想品质角度：樊宏经营家族事业和管教后辈的方法和长远目标值得当代人学习。也是我们进行创作的一个选材好角度。

鲍永传

鲍永字君长，上党屯留人也。父宣，哀帝时

鲍永字君长，是上党屯留人。他的父亲鲍宣，在哀帝时候担任司隶校尉，

任司隶校尉，为王莽所杀。永少有志操，习欧阳

被王莽所杀。鲍永年少时就有志向与节操，学习欧阳生的《尚书》。起初担任郡

《尚书》。初为郡功曹。莽以宣不附己，欲灭其

功曹。王莽因为鲍宣不阿附自己，就想灭掉他的子孙。都尉路平迎合王莽的心

子孙。都尉路平承望风旨①，规欲②害永。太守苟

意，谋求要杀害鲍永。太守苟谏保护鲍永，把他招来担任自己手下的官吏，经

谏拥护，召以为吏，常置府中。永因数为谏陈兴

常安排他在自己的府中。鲍永于是就屡次向苟谏陈说复兴汉室，除去篡权叛逆

复汉室，剪灭篡逆之策。谏每戒永曰：“君长畿

的策略。苟谏常劝鲍永说：“你谋划机密事却做得不够隐秘，当心祸患累及家

事不密，祸倚人门。”永感其言。及谏卒，自送

人。”鲍永为他的话所打动。等到苟谏死去，鲍永亲自护送他的遗体回到扶风，

丧归扶风，路平遂收③永弟升。太守赵兴到，闻

路平就趁这个机会关押了鲍永的弟弟鲍升。太守赵兴到任，听说这事叹息说：

乃叹曰：“我受汉茅土④，不能立节，而鲍宣死

“我接受汉朝的封爵，却不能成就名节，现在鲍宣为名节而死了，我怎么能害他

注释

①承望：迎合；逢迎。风旨：泛指意旨，意图。

②规欲：谋求。

③收：逮捕。

④茅土：指王、侯的封爵。

⑤止：居住。
⑥传舍：原为战国时贵族供门下食客食宿的地方。客有上、中、下之分，舍也分传舍、幸舍、代舍。泛指古时供行人休息住宿的处所。
⑦当胸：束在马胸前的皮带。

之，岂可害其子也！”敕县出升，复署永功曹。时，有矫称侍中止⑤传舍⑥者，兴欲谒之。永疑其诈，谏不听而出，兴遂驾往，永乃拔佩刀截马当胸⑦，乃止。后数日，莽诏书果下捕矫称者。永由是知名。

的儿子啊！”于是就命令县令释放鲍升，又恢复了鲍永的功曹一职。当时，有假冒官中侍中身份的人住在传舍中，赵兴想要去拜谒。鲍永怀疑其中有诈，劝说赵兴，赵兴不听从仍执意出府，当他驾车前往时，鲍永拔出佩刀割断了马胸前的皮带，赵兴才没有去成。几天后，王莽的诏书果然下达，要求追捕假冒身份的人，鲍永因此而知名。

⑧敝素：破旧朴素。

更始二年征，再迁尚书仆射，行大将军事。永至河东。因击青犊，大破之，更始封为中阳侯。永虽为将率，而车服敝素⑧，为道路所识。

更始帝（刘玄）二年，鲍永被朝廷征召，连续二次升迁担任了尚书仆射，并履行大将军职务。他到了河东，由于攻打青犊，大破敌军，朝廷封他为中阳侯。鲍永虽身为将帅，然而他乘的车辆所着的服饰破旧朴素，凭这一特点，而被路上的行人所辨识。

⑨三辅：西汉时本指治理京畿地区的三位官员，后指这三位官员管辖的地区。
⑩收系：拘禁。
⑪譬：劝说。

时赤眉害更始，三辅⑨道绝。光武即位，遣谏议大夫储大伯，持节征永诣行在所。永疑不从，乃收系⑩大伯，遣使驰至长安。既知更始已亡，乃发丧，出大伯等，封上将军列侯印绶。悉罢兵，但幅巾与诸将及同心客百余人诣河内。帝见永，问曰：“卿众所在？”永离席叩头曰：“臣事更始，不能令全，诚惭以其众幸富贵，故悉罢之。”时攻怀未拔，帝谓永曰：“我攻怀三日而兵不下，关东畏服卿，可且将故人自往城下譬⑪之。”即拜永谏议大夫。至怀，乃说更始河内太

这时赤眉军杀害了更始帝，京城附近的道路被阻断。光武帝（刘秀）即位，派遣谏议大夫储大伯拿着符节征召鲍永到光武所在的地方去。鲍永有所怀疑而没有听从，从而扣押储大伯，派遣使者骑快马赶到长安去打探情况。这才知道更始帝已死，鲍永就为更始发丧，释放了储大伯等人，封存好上将军列侯的印绶，全都遣散了士兵，只用幅巾束发（幅巾谓不着冠，只用幅巾束首）和诸将以及自己的心腹百余人到河内去。光武帝见到鲍永，问他：“你的士兵在哪里？”鲍永离开座席叩头说：“臣侍奉更始帝，却不能保全他，我确实为靠他的士兵求来的富贵而惭愧，所以全都解散了他们。”当时汉军攻打怀而未能攻下，光武帝对鲍永说“我攻打怀三天都没能攻下，关东的人都敬畏佩服你，你可以暂且带你的人亲自去城下劝说他们。”于是就授予鲍永谏议大夫之职。到了怀，鲍永就劝说

守，于是开城而降。
更始帝封的河内太守，于是河内太守就打开城门而降。

永行县到霸陵，路经更始墓，引车入陌，
鲍永巡视郡县来到霸陵，路上经过更始帝的陵墓，便要引车进入墓地，
从事谏止之。永曰："亲北面⑫事⑬人，宁有
随从的官员都劝说阻止他。鲍永说："我曾亲身面向北而侍奉他，哪里有经过他
过墓不拜！虽以获罪，司隶所不避也。"遂
的陵墓却不拜祭的道理？即使因此获罪，我也不会逃避主管部门的惩处的。"于
下拜，哭尽哀而去。西至扶风，椎牛⑭上苟谏
是就下车拜祭，大哭一场，极尽哀痛而离去。向西到达扶风，就杀牛作祭品拜
冢。帝闻之，意不平，问公卿曰："奉使如此
祭苟谏坟墓。皇帝听说这事以后，心中不满，问公卿说："奉使命出巡却做这样
何如？"太中大夫张湛对曰："仁者行之宗，
的事，该怎么处置呢？"太中大夫张湛回答说："仁义是德行的根本，忠诚是道
忠者义之主也。仁不遗旧，忠不忘君，行之高
义的主旨。仁义而不忘死去的老朋友，忠诚而不忘故去的君主，这是德行高尚的
者也。"帝意乃释。
人啊。"皇帝才心中释然。

⑫北面：古代君见臣，面南而坐，故以"北面"指向人称臣。
⑬事：奉事，为……服务。
⑭椎牛：谓击杀牛。

人物简析

1. 太守苟谏是个正直的官员，王莽杀了鲍永的父亲鲍宣并欲斩草除根。他非常同情鲍永家的遭遇，为保护鲍永，将他安排在自己身边为吏。
2. 鲍永素有大志，经常向苟谏陈说兴复汉室歼灭篡权叛逆王莽的计策，而苟谏经常告诫他要当心由此招来灭门之祸。
3. 鲍永德高望重，得到世人的敬重。在他的劝说下河内太守开城投降。

考题举隅

1. 对下列句子中加点词语的解释，不正确的一项是（　　）

A. 都尉路平承望风旨，规欲害永。　　规：计划，打算

B. 持节征永诣行在所。　　诣：接受旨意

C. 可且将故人自往城下譬之。　　譬：劝说

D. 路平遂收永弟升。　　收：逮捕。

2. 下列各组句子中，加点词的意义和用法相同的一组是（　　）

A. 永因数为谏陈兴复汉室/剪灭篡逆之策，故为之支以志。

B. 永乃拔佩刀截马当匈，乃止/今其智乃反不能及。

C. 路平遂收永弟升 王许之/遂与秦王会渑池丁遂下拜。

D. 哭尽哀而去 /秦以城求璧而赵不许，曲在赵。

3. 把下列的句子翻译成现代汉语

（1）而车服敝素，为道路所识。

（2）我攻怀三日而兵不下，关东畏服卿，可且将故人自往城下譬之。

【写作点拨】

从为人品格的角度：事新主而不忘旧主，这是鲍永为人品格的一大亮点。怀有一颗感恩的心是一个人最可贵的品质。也是我们应弘扬的。

桓谭传

注释

①非毁：诽谤；诋毁。俗儒：浅陋而迂腐的儒士。

②见：表示被动，相当于"被"。排抵：排挤。

③进说：进言。

④卫子夫：汉武帝的皇后。

⑤阴：暗中，暗地里。求：寻找，寻求。

⑥殆：大概。

⑦邪枉：不合正道。

⑧要：求取。

桓谭字君山，沛国相人也。谭以父任为郎，好音律，善鼓琴。简易不修威仪，博学多通，能文章，有见地，不谄媚，而喜非毁俗儒①，由是多见排抵②。

桓谭字君山，沛国相县人。桓谭凭借父亲的关系担任郎官，喜好音律，善于弹琴。他不拘小节，不注重仪表，博学多才，擅长写文章，有独到见解，不讨好逢迎，而且喜欢批评那些庸俗的读书人，因此很受排挤。

哀、平间，位不过郎。傅皇后父孔乡侯晏深善于谭。是时，高安侯董贤宠幸，女弟为昭仪，皇后日已疏，晏默默不得意。谭进说③曰："昔武帝欲立卫子夫④，阴求⑤陈皇后之过，而陈后终废，子夫竟立。今董贤至爱而女弟尤幸，殆⑥将有子夫之变，可不忧哉！"晏惊动，曰："然，为之奈何？"谭曰："刑罚不能加无罪，邪枉⑦不能胜正人。夫士以才智要⑧

哀帝、平帝时，他的职位没有超出郎官。傅皇后的父亲孔乡侯傅晏对桓谭很友好。这时候，高安侯董贤受到宠幸，他的妹妹是昭仪，皇后一天天被疏远，傅晏默默无语，很不得志。桓谭进言说："先前武帝要册立卫子夫做皇后，暗中寻求陈皇后的过错，而陈皇后最终被废黜，子夫最终被册立。现在董贤最受宠爱，而他的妹妹又特别受到宠幸，恐怕要有卫子夫替代皇后那样的变故，能不担忧吗？"傅晏很受触动，说："是这样的，对此怎么办呢？"桓谭说："刑罚不能施于无罪之人，邪恶不正直之徒不能战胜正直之士。读书人凭借才智求取君

君，女以媚道求主。皇后年少，希更艰难，或驱使医
恩，女子凭借谄媚讨好的办法求取皇上恩宠。皇后年轻，求取恩宠更加艰难，
巫，外求方技[9]，此不可不备。又君侯以后父尊重而
有人驱使医巫，在外寻求占卜星象的方士，这不可不防备。另外，君侯您凭借皇
多通宾客，必贻[10]致讥议[11]。不如谢遣门徒，务执廉
后父亲的尊贵而广泛结交宾客，一定会授人以柄，招致非议，不如遣散门客，务
悫[12]，此修己正家避祸之道也。”晏曰：“善。”遂
必坚持廉洁谨慎，这是修身齐家躲避灾祸的办法。”傅晏说：“好。”于是遣散
罢遣常客，入白[13]皇后，如谭所戒。后贤果风[14]太医令
门客，入朝告诉皇后，如同桓谭所告诫的那样。后来董贤果然暗示太医令真钦，
真钦，使求傅氏罪过。遂逮后弟侍中喜，诏狱[15]，无
让他寻找傅氏的罪状。于是朝廷逮捕了皇后的弟弟侍中傅喜，奉诏立案，一无所
所得，乃解，故傅氏终全于哀帝之时。及董贤为大司
获，才解除关押，所以傅氏在哀帝时期最终保全了性命。等到董贤做大司马，听
马，闻谭名，欲与之交。谭先奏书于贤，说以辅国保
到桓谭的名字，想和他结交。桓谭先呈递书信给董贤，用辅佐国家保全自身的办
身之术，贤不能用，遂不与通。
法来劝说他，董贤不能采纳，桓谭于是不与他往来。

是时，帝方信谶[16]，多以决定嫌疑。有诏会议
这时，皇上正迷信图谶，常用来决定疑惑难明之事。皇上下诏令聚会商
灵台所处，帝谓谭曰：“吾欲以谶决之，何如？”
议，确定灵台的位置，皇上对桓谭说：“我想用图谶来决定此事，怎么样？”桓
谭默然良久，曰：“臣不读谶。”帝问其故，谭复
谭沉默好久，说：“我不读谶书。”皇上问他原因，桓谭又极力说谶书不是儒
极言谶之非经。帝大怒曰：“桓谭非[17]圣无法，将
经。皇上大怒道：“桓谭责怪我，无法无天，拉出去斩了他！”桓谭磕头磕得额
下斩之！”谭叩头流血，良久乃得解。出为六安郡
头流血，很久才得以赦免。后来被调出京城做六安郡郡丞，内心常感到闷闷不
丞，意忽忽不乐，道病卒，时年七十余。
乐，在上任途中病死，死时七十多岁。

初，谭著《新论》言当世行事，世祖善焉。《琴
起初，桓谭著书言当世行事，取名为《新论》，世祖称好。《琴道》一篇没
道》一篇未成，肃宗使班固续成之。元和中，肃宗行
有完成，肃宗令班固继续完成。元和中，肃宗到东边巡狩，至沛，派使者祭祀桓
东巡狩，至沛，使使者祠谭冢，乡里以为荣。
谭墓冢，乡里引以为荣。

⑨方技：泛指医、卜、星、相等术。
⑩贻：遗留。
⑪讥议：讥讽批评，加以非议。
⑫悫（què）：诚实、谨慎。
⑬白：告诉。
⑭风：通“讽”，暗示。
⑮诏狱：奉旨办理的案件。
⑯谶（chèn）：预言吉凶、得失的文字、图记。
⑰非：责怪。

人物简析

1. 桓谭不善谄媚，在董贤结交他之前，他写信给董贤，陈述辅佐国家保全自身的办法，但董贤并未采纳他的意见，桓谭于是不与他往来。
2. 桓谭敢于批评时政得失，因极力反对皇帝迷信谶语，险遭杀身之祸，经苦苦哀求才幸免于难，最后被贬出京城。

考题举隅

1. 对下列句子中加点词的解释，不正确的一项是（　　）

A. 而陈后终废，子夫竟立　　竟：最终

B. 夫士以才智要君　　要：要挟

C. 傅皇后父孔乡侯晏深善于谭　　善：交好

D. 不如谢遣门徒，务执廉悫　　谢：谢绝

2. 下列句子中加点词的意义与用法不相同的一组是（　）

A. 女以媚道求主/乡里以为荣。

B. 诏狱，无所得，乃解/良久乃得解。

C. 此修己正家避祸之道也/说以辅国保身之术。

D. 闻谭名，欲与之交。/贤不能用，遂不与通。

3. 把下列句子翻译成现代汉语

（1）刑罚不能加无罪，邪枉不能胜正人。

（2）君侯以后父尊重而多通宾客，必贻致讥议。

写作点拨

从人与环境的角度：桓谭在宫廷的斗争中替傅晏出谋划策，展现出了他远见卓识的一面。在皇上迷信图谶时他直言反驳，虽当时得以保全性命，可最终也因此事抑郁而死。他能替别人考虑却忘了为自己谋划。

王丹传

王丹，字仲回，京兆下邽人也。哀、平时，仕州郡。王莽时，连征不至。家累千金，隐居养志，好施周急①。每岁农时，辄载酒肴于田间，候勤者②而劳③之。其堕懒者，耻不致④丹，皆兼功自厉⑤。邑聚相率⑥，以致殷富。其轻黠游荡废业为患者，辄晓其父兄，使黜责⑦之。没者则赙⑧给，亲自将护。其有遭丧忧者辄待丹为办，乡邻以为常，行之十余年，其化大洽⑨，风俗以笃。

王丹，字仲回，是京兆下邽人。汉哀帝、汉平帝时在州郡做官。王莽篡政时期，接连征召都不去。家里积存了很多钱，隐居家中修养心志，乐善好施。每年农忙时就把酒菜用车拉到田间，等着劳作的人经过就慰劳他们。那些懒惰的人因为得不到王丹的赏赐而感到羞耻，都加倍努力自我发奋。于是整个城邑大家都相互效仿，以致变得很富裕。那些轻浮狡猾游手好闲不务正业为害乡里的人，王丹就晓谕他们的父兄，让他们处罚他。对死去的人王丹就提供丧事所需的财物，并且亲自操办。那些家里死人的，就都等着王丹给办理，乡邻们都习惯了。这样做了十几年，这个地方的风化极为和谐，风俗也变得淳厚了。

丹资性方洁，疾恶强豪。时，河南太守同郡陈遵，关西之大侠也。其友人丧亲，遵为护丧事，赙助甚丰。丹乃怀缣⑩一匹，陈之于主人前，曰："如丹此缣，出自机杼。"遵闻而有惭色。自以知名，欲结交于丹，丹拒而不许。

王丹天性正直高洁，非常厌恶豪强恶人。当时，和王丹同郡的河南太守陈遵是关西有名的豪杰。他的友人死了亲人，陈遵为他办理丧事，提供了很多财物。王丹拿着一匹缣，放在主人面前，说："这一匹缣，是我家里人用织机织出来的！"陈遵听了露出惭愧的神色。自认为名气很大，就想和王丹成为好朋友，王丹拒绝不答应。

会前将军邓禹西征关中，军粮乏，丹率宗族上表二千斛。禹表丹领左冯翊⑪，称疾不视事⑫，免归。后征为太子少傅。

正巧前将军邓禹去关中西征，缺乏军粮，王丹率领宗族献上了二千斛。邓禹上表举荐王丹任左冯翊，王丹以有病为理由不到职工作，被罢免官职回家，后来被征聘为太子少傅。

注释

①周急：周济困急。

②勤者：辛苦劳动的人。

③劳：慰劳。

④致：得到。

⑤兼功自厉：兼：加倍。功：用功。厉：同"励"，勉励。加倍用功，自相勉励。

⑥邑聚：邑人相集聚。相率：亦作"相帅"。相继；一个接一个。

⑦黜责：贬斥；责罚。

⑧赙（fù）：拿钱财帮助别人办理丧事。

⑨洽：谐和。

⑩缣（jiān）：双丝的细绢。

⑪左冯翊（yì）：官名，亦为行政区名。为汉代三辅之一。

⑫视事：办公；接任治事。

时，大司徒侯霸欲与交友。及丹被征，遣子昱候于道。昱迎拜车下，丹下答之。昱曰：“家公欲与君结交，何为见拜？”丹曰：“君房[13]有是言，丹未之许也。”

当时大司徒侯霸想跟王丹交朋友，等到王丹被征入朝时，派儿子侯昱在路上迎候。侯昱在车下迎接下拜，王丹下车答礼。侯昱说：“家父想跟您结交，你为什么拜谢我？”王丹说：“君房说过这话，但我没有答应他呀。”

丹子有同门生丧亲，家在中山，白[14]丹欲往奔慰。结侣将行，丹怒而挞之，令寄缣以祠[15]焉。或问其故，丹曰：“交道之难，未易言也。世称管、鲍，次则王、贡；张、陈凶其终，萧、朱隙其末[16]，故知全之者鲜矣。”时人服其言。

王丹的儿子有一位同学死了父亲，他家住在中山，王丹的儿子跟王丹说要去吊唁。找了伴儿正要出发，王丹生气地打了他，让他寄些缣帛表示吊唁之意。有人问他这样做的原因，王丹说：“交朋友的难处，不容易讲清楚啊！世人都称说管仲、鲍叔牙，其次则是王吉、贡禹。但张耳、陈余最后兵刃相见，萧育、朱博后来也反目为仇，所以我知道交朋友能有始有终的太少。”当时的人都信服他的话。

客初有荐士于丹者，因选举之，而后所举者陷罪，丹坐以免。客惭惧自绝，而丹终无所言。寻[17]复征为太子太傅，乃呼客谓曰：“子之自绝，何量丹之薄也？”不为设食以罚之，相待如旧。其后逊位[18]，卒于家。

起初有门客向王丹推荐了一位士人，王丹就向朝廷举荐，后来被举荐者犯了罪，王丹受牵连获罪被免去官职。那位门客又羞惭又害怕地跟王丹断绝了关系，而王丹一直没说什么。不久王丹又被征入朝为太子太傅，他把门客叫来对他说：“你自己跟我绝交，为什么把我王丹想得那么薄情呀？”以不给他安排饭菜作为处罚，然后就跟原来一样对待他。王丹后来就退休了，死于家中。

⑬君房：侯霸的字。

⑭白：下对上告诉，陈述。

⑮祠：祭祀。

⑯次则王、贡；张、陈凶其终，萧、朱隙其末：王吉、贡禹均为后汉昭宣时琅琊人，二人志同道合。张耳、陈余，两人初为刎颈之交，后兵戎相见。萧育、朱博，初萧育举荐朱博，后有隙，不能相终。

⑰寻：随即，不久。

⑱逊位：基本意思指让出帝位或官位。或称退位，是君主或其他统治者放弃自己的职务和地位的行为。在近代和现代，立宪君主和专制君主会因许多不同的原因而逊位。

人物简析

1. 王丹恩泽乡里，其乐善好施、奖善罚恶的措施教化乡里，促进了良好乡风的形成。

2. 王丹品格高洁，择友而交，对后代的管教有方。

3. 王丹严以律己，宽以待人，在别人有愧于己时却不计较，与其冰释前嫌。

考题举隅

1. 对下列句子中加点词的解释，不正确的一项是（　）

A. 其堕懒者，耻不致丹　　　　堕：通“惰”，懈怠

B. 没者则赙给，亲自将护　　　　赙：送布帛财物助人办丧事

C. 禹表丹领左冯翊，称疾不视事　　视事：检查工作

D. 丹怒而挞之，令寄缣以祠焉　　祠：祭祀

2. 断句（在该停顿的地方用斜线标记）

其有遗丧忧者辄待丹为办乡邻以为常行之十余年其化大洽风俗以笃。

3. 把下列句子翻译成现代汉语

(2) 客惭惧自绝，而丹终无所言。

(3) 家公欲与君结交，何为见拜？

写作点拨

从如何改变世风的角度：想改变社会风气是很难的事情，王丹以自己的乐善好施，惩恶扬善，改变了乡里的风气，形成了和谐、淳厚的世风。文章这一选材给我们提供了选取创作素材的一个好角度。在人们不停地批评社会上的一些不良风气的时候，我们是否可捕捉到我们生活中的“王丹”来大加赞扬呢？

卓茂传

卓茂字子康，南阳宛人也。性宽仁恭爱。初辟丞相府史，时尝[①]出行，有人认其马。茂问曰：“子亡马几何时？”对曰：“月余日矣。”茂有马数年，心知其谬[②]，默解与之，挽车而去，顾[③]曰：“若非公马，幸[④]至丞相府归我。”他日，马主别得亡者，乃[⑤]诣府送马，叩头谢之。

卓茂字子康，是南阳宛人。性格宽厚仁爱谦恭。当初被朝廷征召任丞相，曾经他从相府走出来时，有人指认他骑的马匹是自己的。卓茂问说：“您的马遗失多久了？”那人答道：“大约有一个多月！”卓茂有那匹马已经多年，他心里知道对方误认，仍默默解开缰绳将马牵给对方，自己拉车离去时，回头告诉他：“如果发现这匹马不是您的，希望来丞相府还我！”隔了几天，那位马主另外找到遗失的那一匹马，于是他便来到丞相府归还马匹，并且向卓茂叩头道谢。

后以儒术举为侍郎，迁密令。劳心谆谆[⑥]，视人

后来因卓茂精通儒家学术被举荐为侍郎，调动担任密县县令。他做事尽

注释

①尝：曾经。

②谬：错误的，不合情理的。

③顾：回头看。

④幸：希望。

⑤乃：于是。

⑥劳心：动脑筋；费心思，忧心。谆谆：忠谨诚恳貌。

⑦嘱：嘱托。
⑧窃：私下。
⑨遗：送。
⑩敝人：德行不高的人。
⑪以：因为。
⑫馈（kuì）遗：馈赠。
⑬顾：不过。
⑭修：修养。
⑮何所措其手足：手脚没有地方放。形容不知如何是好。措，安放。
⑯淳固：敦厚坚毅。

如子，举善而教。人尝有言部亭长受其米肉遗者，
心尽力，为人忠厚恭敬，爱民如子，用善德教化百姓，有人曾告一亭长接受他的

茂辟左右问之曰：“亭长为从汝求乎？为汝有事嘱⑦
米肉，卓茂屏退左右问那人：“是亭长找你要的？还是你有事托付他而给的？”

之而受乎？”人曰：“往遗之耳。”茂曰：“遗之
那人说：“我送给他的。”卓茂说：“你送他东西他接受了，为什么要告发呢？”

而受，何故言邪？”人曰：“窃⑧闻贤明之君，使人
那人说：“我私下听说贤明的君主，使百姓不惧怕官吏，官吏不向百姓索取。而

不畏吏，吏不取人。今我畏吏，是以遗⑨之，吏既卒
今我害怕他，所以送他米酒，亭长既然最终接受了，所以我来告他。”卓茂说：

受，故来言耳。”茂曰：“汝为敝人⑩矣。凡人所以贵
“你是鄙陋的人啊。大凡人之所以比禽兽尊贵，是因为人们讲求仁爱，懂得互相

于禽兽者，以⑪有仁爱，知相敬事也。今邻里长老尚
敬重。现在乡邻间长老尚且表达馈赠之礼，这是人们之所以相互亲近的原因，

致馈遗⑫，此乃人道所以相亲，况吏与民乎？吏顾⑬
更何况官吏与百姓之间呢？官吏只是不能乘势求取馈赠罢了。你偏偏不想修行，

不当乘威力强请求耳。汝独不欲修⑭之，宁能高飞远
岂能远走高飞，不与人相处吗？亭长平素就是个好官，过年时送些米肉，这是礼

走，不在人间邪？亭长素善吏，岁时遗之，礼也。”
节。”那人说：“假如这样的话，法律为什么禁止那样做呢？”卓茂笑着说：“律

人曰：“苟如此，律何故禁之？”茂笑曰：“律设大
条的设定要合乎大的准则，礼制的理顺要合乎人间真情。而今我用礼教导你，

法，礼顺人情。今我以礼教汝，汝必无怨恶；以律
你必定没有怨恨；用法律来惩治你，你不就会手足无措了吗？”于是那人接受了

治汝，何所措其手足⑮乎？”于是人纳其训，吏怀其
卓茂的训诫，亭长也很感激他的恩德。过了几年，教育感化普遍实行，东西掉在

恩。数年，教化大行，道不拾遗。时光武初即位，乃
路上都没人捡走据为己有。那时光武帝刚刚登上王位，就下诏说：“先前密州县

下诏曰：“前密令卓茂，束身自修，执节淳固⑯，诚
令卓茂，约束自己加强自身修养，坚持自己的节操纯洁不变，的确能做好别人所

能为人所不能为。今以茂为太傅，封曬德侯。”
作不到的。而今任他为太傅，封为曬（luǒ）德侯。”

人物简析

1. 卓茂是一个胸怀大度，宽仁恭爱的人，在自己无端蒙受冤枉时坦然面对，也不为自己辩解，他胸怀清者自清的信念。视人如子，举善而教 。
2. 卓茂对人际关系学有着自己的独到见解，能教育感化别人。

【考题举隅】

1. 对下列句子中加点的词语的解释，不正确的一项是（　　）

A. 幸至丞相府归我　　幸：希望

B. 乃诣府送马，叩头谢之　　诣：前往

C. 茂辟左右问之曰　　辟：躲避

D. 窃闻贤明之君　　窃：私下

2. 下列各组句子中，加点的词的意义与用法不相同的一组是（　　）

A. ①亭长为从汝求乎　　②人方为刀俎，我为鱼肉

B. ①乃诣府送马，叩头谢之　　②良乃入，具告沛公

C. ①诚能为人所不能为　　②诚知其如此，虽万世之公相

D. ①而独能取忠厚之臣　　②今是溪独见辱于愚

3. 把下面的句子翻译成现代汉语。

（1）亭长为从汝求乎？为汝有事嘱之而受乎？

（2）凡人所以贵于禽兽者，以有仁爱，知相敬事也。

【写作点拨】

1. 从人际交往的角度：文中借卓茂之口对人际交往中的馈赠问题进行了阐释，官民应如何相处，在反贪反腐的今天，这一点更值得引起我们思考。

2. 从细节描写的角度：文中有一处很成功的细节描写：“茂辟左右问之曰”，“辟左右”这一细节，凸显出卓茂做事处处为别人着想的美好品格。

鲁恭传

鲁恭字仲康，扶风平陵人也。父某①，建武初，为

鲁恭字仲康，扶风平陵人。他的父亲，在建武初年，担任武陵太守，死在

武陵太守，卒官。时恭年十二，弟丕七岁，昼夜号踊②

官任上。当时鲁恭十二岁，弟弟鲁丕七岁，兄弟俩整天整夜号哭顿足之声不停，

不绝声，郡中赙赠③无所受，乃④归服丧，礼过成人，乡

郡里赠送的财物一概没有接受，于是回家服丧，礼数超过成年人，乡里人都为之

注释

①某：因鲁恭的父亲名字在历史上没有记载，所以在这里用某代替。

②号踊：号哭顿足。

③赙赠：赠送财物给办丧

里奇之[5]。十五，与母及丕俱居太学，习《鲁诗》，闭户讲诵，绝人闲事，兄弟俱为诸儒所称，学士争归[6]之。太尉赵憙慕其志，每岁时遣子问[7]以酒粮，皆辞不受。恭怜[8]丕小，欲先就其名，托疾不仕。郡数以礼请，谢不肯应，母强遣[9]之，恭不得已而西，因[10]留新丰教授[11]。建初初，丕举秀才，恭始为郡吏。

惊异。十五岁的时候，和母亲及弟弟都住在太学里面，学习《鲁诗》，闭门诵读。远离与自己无关的事，兄弟俩都受到儒生们的称赞，在学之士都争着向他们学习。太尉赵憙仰慕他们的志向，每年时常派儿子送酒和粮食慰问他们，他们都推辞不接受。鲁恭怜爱鲁丕年龄小，想先成就他的名声，推托生病不做官。州郡多次以礼相邀，他都谢绝不肯答应，母亲强行送他，鲁恭迫不得已才西行，于是留在新丰做了教授的学官。建初初年，鲁丕被举荐了秀才，鲁恭做了郡县的官吏。

憙复举恭直言，待诏公车[12]，拜中牟令。恭专以德化为理，不任[13]刑罚。讼[14]人许伯等争田，累[15]守令不能决，恭为平[16]理曲直，皆退而自责，辍耕相让。亭长纵人借牛而不肯还之，牛主讼于恭。恭召亭长，敕令归牛者再三，犹不从。恭叹曰："是教化不行也。"欲解印绶去。掾史涕泣共留之，亭长乃惭悔，还牛，诣狱受罪，恭贳[17]不问。于是吏人信服。

赵嘉又举荐鲁恭直言，待诏公车，被授予中牟令的官职。鲁恭专以德化进行治理，不凭借刑罚。许伯等人为田产打官司，多位太守和县令都不能决断，鲁恭替他们评议是非曲直，许伯等人都回家自我检讨，停止耕种相互谦让。亭长放纵他人借牛却不肯归还，牛主人告到鲁恭那里。鲁恭召来亭长，再三责令他归还他人之牛，还是不肯听从。鲁恭叹息说："这是教化不能施行啊。"要解开印绶辞官离去。掾史们哭着挽留他，亭长于是感到惭愧后悔，归还了人家的牛，到刑狱接受处罚，鲁恭宽恕了他不再追究。于是官吏们很是信服他。

建初七年，郡国螟[18]伤稼，犬牙缘界，不入中牟。河南尹袁安闻之，疑其不实，使仁恕掾肥亲[19]往廉[20]之。恭随行阡陌，俱坐桑下，有雉过，止其傍。傍有童儿，亲曰："儿何不捕之？"儿言："雉方将[21]雏。"亲瞿然而起，与恭诀[22]曰："所以来者，欲察君之政迹[23]耳。今虫不犯境，此一异

建初七年，郡县螟虫危害庄稼，犬牙相错环绕县界。就是不进入中牟县。河南尹袁安听说后，怀疑这件事的真实性，派仁恕掾肥亲前去察看。鲁恭随行田间，一起坐在桑树下休息，有一只雉鸟飞过，停留在他们身边。旁边有个小孩，肥亲问他："你为什么不捕捉雉鸟？"小孩说："它将要生小鸟（不能害它）。"肥亲惊讶地站起身，和鲁恭诀别说："我之所以要来，是要看看你为政的情形。现在虫害不侵犯边境，这是第一个特异之处；德化能及于禽兽，这是

事的人家。
④乃：于是。
⑤奇之：以之为奇。
⑥归：归附，归属。文中指向鲁恭他们学习。
⑦问：慰问。
⑧怜：怜爱。
⑨遣：送，送走。
⑩因：于是。
⑪教授：中国汉、唐两代太学都设有博士，教授学生。博士就是后来的教授。宋代中央和地方的学校开始设教授。元代各路州府儒学及明、清两代的府学都设教授。清代末年兴办新学后，大学设正教员、副教员。
⑫待诏：是待帝王之命的意思。汉代凡朝廷征召之士而未有正官者或待诏公车，或待诏金马门，以备顾问，遂演绎为官名。
⑬任：凭借。
⑭讼：争辩，打官司。
⑮累：积累。在这里指案件积压得不到解决。
⑯平：通"评"。评议。
⑰贳（shì）宽纵，赦免。
⑱螟（shì）：螟虫。
⑲仁恕掾：官名。肥亲：人名。
⑳廉：考察，查访。
㉑方将：指将要；将来。
㉒诀：辞别。
㉓政迹：旧时指官吏治理政事的事迹。

也；化[24]及鸟兽，此二异也；竖子[25]有仁心，此三异也。久留，徒扰贤者耳。”还府，具[26]以状白[27]安。恭在事三年，会遭母丧去官，吏人思之。

第二个特异之处；小孩子有仁爱之心，这是第三个特异之处。我再长时间逗留，只会是干扰贤能之人了。”回到府衙，把情况详细禀报袁安。鲁恭在位三年，适逢母亲去世，辞官，官吏都很想念他。

迁乐安相。是时东州多盗贼，群辈[28]攻劫，诸郡患之。恭到，重购赏，开恩信，其渠帅[29]张汉等率支党降，恭上以汉补博昌尉，其余遂自相捕击，尽破平之，州郡以安。

升任乐安相。当时，东州一带有许多盗贼，他们聚众结伙劫掠百姓，各郡县都深感忧虑。鲁恭到任后，重金悬赏，广施恩信，盗贼的魁首张汉等人带着党羽前来归降，鲁恭上书朝廷任命他们为汉地博昌县的县太尉，其余的盗贼就自相残杀，全部击破平定了盗贼，州郡于是得以安宁。

恭在公位，选辟高第，至列卿郡守者数十人。而其耆旧[30]大姓，或不蒙荐举，至有怨望[31]者。恭闻之，曰：“学之不讲[32]，是吾忧也。诸生不有乡举者乎？”终无所言。年八十一，卒于家。

鲁恭在公爵之位，选拔征召才学优良者，做官到卿郡守的有数十人，而那些年高而久负声望的大族，有的没能得到举荐，因而心有怨愤责备。鲁恭听说后，说：“学问不勤于研习，这是我所忧虑的啊。诸生（如能勤于研习）不是还有乡里可以推举吗？（哪里还要待三公征辟呢？）”最终没有人再说三道四。八十一岁，在家中去世。

㉔化：教化，用教育感化的方法改变人心和风俗。
㉕竖子：小孩。
㉖具：全，都。
㉗白：下对上告诉，陈述。
㉘群辈：聚众结伙。
㉙渠帅：魁首。
㉚耆（qí）旧：年高望重者。
㉛怨望：怨恨；心怀不满。
㉜学之不讲：学问不研讨讲：研究，讨论。之：连词，作用是把主谓结构变成偏正结构。这里指勤于研习。

人物简析

鲁恭他着重以道德风尚感化人，不依靠刑罚命令惩治人，遇有讼争，尽量说服，使犯法者自感愧悔，深受人民爱戴，有“鲁恭三异”（蝗不入境，化及禽兽，竖子有仁心）的传说。

考题举隅

1. 对下列句子中加点词的解释，不正确的一项是（　　）

A. 太尉赵憙慕其志　　慕：仰慕

B. 郡数以礼请，谢不肯应　　谢：推辞

C. 雉方将雏　　雏：幼鸟

D. 或不蒙荐举，至有怨望者　　望：责备

2. 把下列句子翻译成现代汉语。

(1) 每岁时遣子问以酒粮，皆辞不受。

(2) 学之不讲，是吾忧也。诸生不有乡举者乎？

写作点拨

从写作手法的角度：文中引用传说给人物增添了神秘的色彩，使人物形象更加高大。

刘宽传

刘宽字文饶，弘农华阴人也。宽尝行，有人失牛者，乃就①宽车中认之。宽无所言，下驾步归。有顷，认者得牛而送还，叩头谢曰："惭负②长者，随所刑罪。"宽曰："物有相类，事容脱误③，幸④劳见归，何为谢之？"州里服其不校。

刘宽字文饶，弘农郡华阴县人。刘宽曾经出门，有一个丢失了牛的人，竟指认刘宽的驾车牛为他丢失的牛。刘宽没有说什么，卸下牛交给他步行而归。过了一会，指认牛的人找到了丢失的牛后将刘宽的牛送还，叩头谢罪说："我对不起您这样的长者，任您处罚。"刘宽说："事物有相似之处，事情也允许有疏忽失误，劳累你来把牛归还我，为什么还要道歉呢？"州里的人都很钦佩他的不计较。

延熹八年，征拜尚书令，迁南阳太守。典历三郡，温仁多恕，虽在仓卒⑤，未尝疾言遽色。常以为"齐之以刑，民免而无耻。"吏人有过，但用蒲鞭罚之，示辱而已，终不加苦。事有功善，推之自下。灾异或见⑥，引躬克责。每行县止息亭传，见父

延熹八年，朝廷征召他，授官尚书令，后升任南阳太守。先后主管过三个郡，他和气仁慈，多行宽恕，即使在匆忙之时，也从未有语言、神情急躁。刘宽一向认为若以刑罚来整治百姓，百姓就会只求逃避刑罚而没有了羞耻之心。属吏犯了过错，他只用蒲草做的鞭子施刑处罚，只是为显示羞辱，始终不对其施加严刑。政务有了功绩，总是推让给下属。有时出现了灾异，他就引咎自责。每次巡视属县，都只是住在乡间客舍，看见老年人总是与他们谈农事和乡土之事，以示

注释

①乃：却，竟然。就：接近，靠近。

②负：辜负，对不起。

③脱误：疏忽失误。

④幸：敬辞，表示对方这样做是使自己感到幸运的。

⑤仓卒：匆忙急迫。

⑥见：同"现"。

老慰以农里之言，少年勉以孝悌[7]之训。人感德兴行，日有所化。
关切；对年轻人则用孝顺父母顺从兄长的教诲加以鼓励。人们被他的道德和行为所感化，风俗人心一天天地改善。

熹平五年，代许训为太尉。灵帝颇好学艺，每引见宽，常令讲经。宽尝于坐被酒睡状。帝问："太尉醉邪？"宽仰对曰："臣不敢醉，但任重责大，忧心如醉。"帝重其言。
熹平五年，代许训担任太尉。灵帝很爱好学术技艺，每次召见刘宽，常让他讲解经书。刘宽曾经在座位上显出醉酒入睡的样子，灵帝问："太尉是醉了吗？"刘宽仰起头回答说："臣不敢醉酒，但深感责任重大，内心忧虑如醉。"灵帝很看重他的说法。

宽尝坐客[8]，遣苍头市酒[9]，迂久，大醉而还。客不堪之，骂曰："畜产。"宽须臾[10]遣人视奴，疑必自杀。顾左右曰："此人也，骂言畜产，辱孰甚[11]焉！故吾惧其死也。"夫人欲试宽令恚[12]，伺[13]当[14]朝会，装严已讫[15]，使侍婢奉肉羹，翻污朝衣。婢遽[16]收之。宽神色不异，乃[17]徐言[18]曰："羹烂[19]汝手？"其性度[20]如此。海内称为长者。
刘宽曾经招待客人，派仆人去买酒。隔了很久，仆人醉醺醺地回来了。客人忍不住，骂道："畜生。"刘宽即刻派人去探视这个仆人，怀疑他会自杀。并对身边的人说："他是个好人啊，骂他是畜生，还有什么样的侮辱比这更厉害呢？所以我害怕他会去死。"夫人想试试让刘宽发怒，窥察他准备上朝，已穿好官服的时候，让侍女送上肉汤，故意打翻玷污了官服。侍女匆忙收拾，刘宽神情不变，缓缓地对侍女说："汤烫伤你的手了吗？"他的性情气度如此。国内的人都称他是长者。

⑦孝悌：孝，指对父母还报的爱；悌，指兄弟姊妹的友爱，也包括了和朋友之间的友爱。
⑧坐：因为。
⑨苍头：指奴仆。市：买。
⑩须臾：一会儿；片刻。
⑪孰：疑问代词，哪一个，哪一样。甚：厉害，严重。
⑫恚（huì）：发怒，生气，怨恨。
⑬伺：窥察，探察。
⑭当：处在准备上朝的时间。
⑮装严：谓装束整齐。讫：终了，完毕。
⑯遽：惊惧、慌张。
⑰乃：竟。
⑱徐言：从容而言。
⑲烂：火烧伤。这里指烫伤。
⑳度：度量，气度。

人物简析

1. 刘宽为人宽厚有君子胸襟与风度，他不仅没有责罚那个失牛的人，反而加以宽慰。面对买酒醉归的奴仆，他不但不施以惩罚，反而关心女仆的安危。他的这些做法为其赢得了好的名声。

2. 刘宽性情温和慈爱。夫人在早晨会客时让侍女故意以肉汤污其官服以试其会不会发怒，但刘宽不但神情自若，反而关心侍女烫伤了没有。

考题举隅

1. 对下列句子中加点的词的解释，不正确的一项是（　　）

A. 州里服其不校　　校：计较。

B. 灾异或见，引躬克责　　躬：自身。

C. 人感德兴行，日有所化　　化：风俗人心的变化。

D. 其性度如此　　度：推测。

2. 下列各组句子中，加点的词的意义和用法相同的一组是（　　）

A. ①故吾惧其死也　　②昔其用武而不终也

B. ①认者得牛而还　　②君子博学而日参省乎己

C. ①惭负长者，随所刑罪　　②而为秦人积威之所劫

D. ①见父老慰以农里之言　　②而从六国破亡之言

3. 将下列句子翻译成现代汉语。

（1）宽无所言，下驾步归。

（2）齐之以刑，民免而无耻。

写作点拨

从塑造人物形象的角度：文章在凸显刘宽这个胸襟宽广，有着君子风度这一人物形象时有两处情节设置的非常巧妙，一处是奴仆买酒迟归还喝得酩酊大醉，刘宽没对他发火来客却发火了，来客和刘宽形成了强烈的对比，从而衬托出刘宽待人宽和。一处是妻子的恶作剧，此处情节设置更为巧妙，不是妻子把汤洒到刘宽的身上，而是侍女，对待犯了错误的侍女尚能如此，可见刘宽的涵养之深。

马援传

马援字文渊，扶风茂陵人也。年十二而孤[①]，
马援字文渊，扶风茂陵人。十二岁时丧父，年轻时就胸怀大志，（马援）
少有大志，常谓宾客曰：“丈夫为志，穷当益坚，
经常对宾客说：“男子汉立志，处境愈困窘，意志愈更坚定；年纪虽老，而志气
老当益壮。”世祖[②]即位，援因留西川，隗嚣[③]甚敬
更加豪壮。”光武帝刘秀即位，马援因为留居西川，隗嚣非常敬重他，任用马援

注释

①孤：古代的“孤”指失去父亲。

②世祖：东汉光武帝刘秀。

③隗嚣（wěi xiāo）：字季孟，建武二年被封为西

重之，以援为绥德将军，与决筹策。

为绥德将军，参与筹划决策。

建武四年冬，嚣使援奉书洛阳，帝甚壮[④]之。九年，拜援为太中大夫。十一年夏，拜陇西太守。援务开恩信[⑤]，宽以待下，任吏以职，但总大体而已。宾客故人，日满其门。诸曹时白[⑥]外事，援辄[⑦]曰："此丞、掾之任，何足[⑧]相烦。颇哀[⑨]老子，使得遨游[⑩]。若大姓侵小民，黠羌欲旅距[⑪]，此乃太守事耳。"傍县常有报仇者，吏民惊言羌反，百姓奔入城郭。狄道长诣门，请闭城发兵。援时与宾客饮，大笑曰："烧虏何敢复犯我？晓狄道长归守寺舍，良怖[⑫]急者，可床下伏。"后稍定，郡中服之。视事六年，征入为虎贲中郎将。

建武四年冬天，隗嚣让马援送书信到洛阳，光武帝非常欣赏他的豪壮。九年，任命马援为太中大夫。十一年夏季，任用马援为陇西太守。马援致力于以恩德信义开导，对待下属宽容，职权下放给官吏，自己只是总理大局。客人和旧友，每天都挤满了他的家。众曹官员有时前来报告外面发生的事情，马援总是说："这都是丞掾的责任，怎么值得来麻烦我呢！稍微同情老夫，叫我清闲清闲吧。如果豪强侵吞百姓，狡黠的羌人打算犯边，这（才）是我太守该管的事。"附近的县，曾发生复仇的事件，官吏和贫民惊慌地传言说羌人造反了，百姓跑到城里。狄道长来到马援家门外，请求关闭城门，发兵征讨。马援当时正在和宾客饮酒，大笑说："烧羌哪还敢再来进犯我们呢？去告诉狄道长，叫他赶快回去看好官舍。如果谁怕得要死，叫他伏在床下躲起来好了。"后来城里渐渐平静下来，郡中人都十分佩服马援。马援治理陇西六年，被调回朝廷，升为虎贲中郎将。

交阯女子征侧及女弟征贰反，玺书拜援伏波将军，南击交阯。十八年春，军至浪泊上，与贼战。破之，斩首数千级，降者万余人。援追征侧等至禁溪，数败之，贼遂散走。明年正月，斩征侧、征贰，传首[⑬]洛阳。封援为新息侯，食邑三千户。

交阯女子征侧和她的妹妹征贰造反，玺书任马援为伏波将军，南击交阯。十八年春天，大军来到浪泊山上，与贼兵交战，打垮了他们，斩首几千人，投降的有一万多人。马援追击征侧等人到禁溪，多次打败了他们，贼兵于是四散逃走。第二年正月，杀征侧、征贰，传首级到洛阳。赐封马援为新息侯，享用三千户的赋税。

二十年秋，振旅[⑭]还京师。将至，故人多

建武二十年秋季，马援整顿军队回到京师。快要到洛阳的时候，旧友大

州大将军。

④壮：豪壮。

⑤务：从事，致力于。开：开导，启发。恩信：恩德信义。

⑥白：禀告。

⑦辄：总是。

⑧足：够得上，值得。

⑨颇：稍微。哀：怜悯，同情。

⑩遨游：奔走周旋。

⑪旅距：聚众抗拒；违抗。

⑫良：甚，很。怖：惧怕。

⑬传首：传送首级；被杀头。

⑭振旅：整队班师。

迎劳之。平陵人孟冀，名有计谋，于坐[15]贺
都前去迎接和慰劳他。平陵人孟冀，以有计谋闻名，也在迎贺马援的客人中。马
援。援谓之曰："吾望子有善言，反同众人
援对他说："我是希望您来进良言的。现在您也这样恭维我，不是混同一般人
邪？昔伏波将军路博德[16]开置七郡，裁[17]封数
了吗？过去伏波将军路博德开辟了七郡（实为九郡）疆土，才分封了几百户；如
百户；今我微劳，猥飨[18]大县，功薄赏厚，
今我只有这么一点微薄的功劳，却辱没他人，受封大县，功薄而赏厚，怎么能长
何以能长久乎？先生奚用相济？"冀曰：
久呢？先生（能）用什么办法来帮助（救助）我（一把）呢？"孟冀说："这是我想
"愚不及。"援曰："方今匈奴、乌桓尚扰
都没有想到的问题。"马援说："当今匈奴、乌桓还在骚扰北方边境，我打算自
北边，欲[19]自请击之。男儿要当死于边野，
己请求率领军队攻打他们。男儿若死应当死在边野，用马革裹尸，送回来安葬了
以马革裹尸还葬耳，何能卧床上在儿女手中
事，怎么能躺在床上，在儿女手中消磨时光呢？"孟冀说："人们真要想成为一
邪？"冀曰："谅[20]为烈士[21]，当如此矣。"
个有抱负、有操守、建功立业的男子，就应当像你讲的这样啊！"

⑮坐：座位，在这里指孟冀也在迎接马援的行列中。
⑯伏波将军路博德：伏波将军是古代一种封号，路博德是西汉武帝朝名将。
⑰裁：通"才"，仅仅，刚刚。
⑱猥（wěi）：众，多。飨（xiǎng）：泛指请人受用。猥飨：在这里指对受封大县感到惭愧。
⑲欲：打算。
⑳谅：确实，实在。
㉑烈士：有节气有壮志的人。

人物简析

1. 马援不仅具有杰出的治理地方的才能，而且还具有非凡的军事才能。
2. 马援对待下属既宽容又广施恩惠，他任用下级官吏，总让他们有职有权，这样既能让下属发挥自己的才能又为自己节约出时间考虑解决重大问题。

考题举隅

1. 对下列句子中加点词的解释，正确的一项是（　　）

A. 与决筹策：　　与：和

B. 嚣使援奉书洛阳　　奉：送

C. 拜援为太中大夫　　拜：跪拜，叩拜

D. 谅为烈士　　烈士：为正义事业牺牲的人

2. 把下列句子翻译成现代汉语。

（1）常谓宾客曰："丈夫为志，穷当益坚，老当益壮。"

（2）若大姓侵小民，黠羌欲旅距，此乃太守事耳。

3. 以下句子分别编为四组，全都表现马援"志向"的一组是（　　）

①穷当益坚，老当益壮　　②与决筹策

③颇哀老子，使得遨游　　④良怖急者，可床下伏

⑤男儿要当死于边野　　⑥何能卧床上在儿女手中邪

A. ①②③　　B. ②④⑤　　C. ③④⑥　　D. ①⑤⑥

【写作点拨】

从选材的角度：文中马援对下属官员能够人尽其才，让他们勇于承担起他们应尽的职责。谁的事情谁处理，责任分明，不吃大锅饭。这种做法很值得借鉴。文中这处选材也体现出了马援在处理政务时的游刃有余，凸显出其杰出的管理才能。

窦融传

融字周公，扶风平陵人也。王莽居摄[①]中，为强弩将军[②]司马，东击翟义，还攻槐里，以[③]军功封建武男。女弟[④]为大司空王邑小妻。家长安中，出入贵戚[⑤]，连结闾里[⑥]豪杰，以任侠[⑦]为[⑧]名；事[⑨]母兄，养弱弟，修行义[⑩]。王莽末，青、徐贼起，太师王匡请融为助军，与共东征。

窦融字周公，扶风郡平陵县人。王莽居摄年间，窦融任强弩将军的司马，向东攻打翟义，回师攻打槐里，靠军功被封为建武男。妹妹是大司空王邑的妾。他家住长安城中，出入帝王的亲族，交结平民豪杰，以行侠仗义闻名；他侍奉母亲兄长，抚养弱小的弟弟，修养品行道义。王莽末年，青州、徐州贼人起兵，太师王匡请求让窦融做助军，和自己一起东征。

及汉兵起，融复从王邑败于昆阳下，归长安。汉兵长驱入关，王邑荐融，拜为波水将军，赐黄金千斤，引兵至新丰。莽败，融以军降更始大司马赵萌，萌以为校尉，甚重之，荐融为巨鹿太守。

等到汉军起兵，窦融又随王邑在昆阳城下被打败，回到长安。汉军长驱进入关内，王邑推荐窦融，窦融被拜为波水将军，赐给黄金一千斤，领军队到新丰。王莽垮台，窦融带领军队归降更始帝刘玄的大司马赵萌，赵萌任用他做校尉，很器重他，推荐窦融做巨鹿太守。

融见更始[⑪]新立，东方尚扰，不欲出关，而高祖父尝为张掖太守，从祖父[⑫]为护羌校尉，从弟[⑬]亦为武

窦融见刘玄刚登位，东方还很乱，不想出关，而他高祖父曾做过张掖太守，从祖父做过护羌校尉，从弟也做过武威太守，几代人在河

注释

①居摄：是西汉时期皇帝孺子婴的第一个年号，共计3年。这时王莽摄政，代行皇帝之权。

②强弩将军：官职名。汉武帝以路博德为强弩校尉，李沮为强弩将军。宣帝以许延寿为强弩将军。强弩将军至东汉为杂号，前汉至魏无积射。

③以：凭。

④女弟：妹妹。

⑤贵戚：帝王的亲族。

⑥闾里：借指平民。

⑦任侠：凭借权威、勇力或财力等手段扶助弱小，帮助他人。

⑧为：连词，用法相当于“而”。

⑨事：奉事，为……服务。

⑩行义：品行，道义。
⑪更始：是汉朝时期刘玄的年号，共计3年。
⑫从祖父：父亲的堂兄弟。
⑬从弟：中古时期以同曾祖父不同父亲而年幼于己者的同辈男性为从弟。
⑭累世：好几代，数代。
⑮带：被围绕。
⑯遗种：传种；繁育后代。
⑰守候：求见。
⑱图：谋划。
⑲怀辑：怀集；招来。
⑳翕然：指一致的样子。
㉑及：等到。
㉒所：代词。放在动词前面，在这里表示……的地方。
㉓斗绝：孤悬。
㉔权钧力齐：钧：通"均"，平均，平等；力齐：协力。齐心协力用权，不专权。
㉕相率：亦作"相帅"。
㉖全：保全。
㉗乃：于是。
㉘晏然富殖：晏然：安宁；安定。富殖：财货充足。
㉙辄：就。
㉚符要：谓以符檄文书为约。
㉛惩乂：亦作"惩艾"，意思是惩戒。

威太守，累世[14]在河西，知其土俗，独谓兄弟曰："天下安危未可知，河西殷富，带[15]河为固，张掖属国精兵万骑，一旦缓急，杜绝河津，足以自守，此遗种[16]处也。"兄弟皆然之。融于是日往守候[17]萌，辞让巨鹿，图[18]出河西。萌为言更始，乃得为张掖属国都尉。融大喜，即将家属而西。既到，抚结雄杰，怀辑[19]羌虏，甚得其欢心，河西翕然[20]归之。

西，了解那里的风土习俗，独自对兄弟们说："天下安危还不能料定，河西富庶，黄河围绕着很稳固，张掖属国精锐骑兵上万人，一旦形势紧急，切断黄河上的渡口，足可以防守，这是保留宗族后裔的地方。"兄弟们都同意。窦融就在当天求见赵萌，辞去巨鹿太守，要求到河西去。赵萌替他到更始帝刘玄那说情，才能够担任张掖属国都尉。窦融非常高兴，立即带家属向西去。到河西后，抚慰交结英雄豪杰，招徕羌人，很得人心，河西全都归附了他。

是时，酒泉太守梁统、金城太守厍钧、张掖都尉史苞、酒泉都尉竺曾、敦煌都尉辛肜，并州郡英俊，融皆与为厚善。及[21]更始败，融与梁统等计议曰："今天下扰乱，未知所[22]归。河西斗绝[23]在羌胡中，不同心戮力则不能自守；权钧力齐[24]，复无以相率[25]。当推一人为大将军，共全[26]五郡，观时变动。"议既定，而各谦让，咸以融世任河西为吏，人所敬向，乃[27]推融行河西五郡大将军事。融居属国，领都尉职如故，置从事监察五郡。河西民俗质朴，而融等政亦宽和，上下相亲，晏然富殖[28]。修兵马，习战射，明烽燧之警，羌胡犯塞，融辄[29]自将与诸郡相救，皆如符要[30]，每破之。其后匈奴惩乂[31]，稀复侵寇，而保塞羌胡皆震服亲附，安定、

这个时候，酒泉太守梁统、金城太守厍钧、张掖都尉史苞、酒泉都尉竺曾、敦煌都尉辛肜，以及各州郡的英才俊杰，窦融都和他们交情深厚。等到刘玄失败，窦融和梁统等人商议说："现在天下混乱，不知道该归附谁。河西孤零零处在羌胡地区，大家不齐心合力，就不能自保；大家权力相当实力相同，又没有人率领大家。应当推选一个人做大将军，保卫五郡，相机行事。"商议定了后，却各自谦让，都认为窦融家几代人在河西做官，是人们尊敬向往的，就推选窦融兼理河西五郡大将军事务。窦融在属国，照旧兼任都尉的职务，设置从事监察五个郡。河西民风质朴，而窦融等人政令也宽松和缓，上下相互亲近，安逸富足。修整军备，练习打仗射箭，明确烽火警报，羌胡侵犯边塞，窦融就亲自领兵和各郡军队相救援，都照盟约去做，每次都打败敌人。那以后匈奴人受到惩治，少有再侵犯的，而城堡要塞的羌胡人都震服归附，安定、北地、上郡流浪百姓避兵

北地、上郡流人避凶饥者，归之不绝。
逃荒的，归附他络绎不绝。

人物简析

1. 窦融是一个很有定力，不会为外界环境轻易左右的人。他常出入帝王之门却能不沾染权贵的恶习而保持自己纯善的美好品质，对上能孝顺父母，对下能照顾弱弟。能和平民阶层打成一片，崇尚行侠仗义。
2. 窦融是一个有谋略，有远见卓识的人。他辞去巨鹿太守之职，对河西的发展进行了长远规划，采取“合众”的策略，使得河西之地避免了战争的涂炭，人们能安居乐业。

考题举隅

1. 对下列句子中加点词的解释，不正确的一项是（　　）

A. 融见更始新立，东方尚扰　　新：刚刚

B. 辞让巨鹿，图出河西　　图：谋划

C. 权钧力齐，复无以相率　　相：指一方，大家

D. 其后匈奴惩乂，稀复侵寇　　寇：敌人

2. 下列各组句子中，加点词的意义和用法相同的一组是（　）

A. 以任侠为名　　俱以情告

B. 融于是日往守萌　　以勇气闻于诸侯

C. 萌为言更始　　且君尝为晋君赐矣

D. 不同心戮力则不能自守　　于其身也，则耻师焉

3. 把原文中画线的句子翻译成现代汉语

（1）权钧力齐，复无以相率。

（2）一旦缓急，杜绝河津，足以自守，此遗种处也。

写作点拨

从人与环境的角度：环境能改变人，也能造就人，文中窦融凭军功有自己的一定的社会地位，而且还有妹妹这一裙带关系可以利用，但其却仍能出淤泥而不染。河西之地因其几代人的经营，为其发展奠定了良好基础。文中从人物所处的人文环境着手，既体现出了他的不随波逐流，又很能适应环境利用环境。可见，塑造人物形象时不要忽略了对其所处环境的关注。

吴汉传

吴汉，字子颜，南阳宛[①]人也。汉为人质厚少文，造次[②]不能以辞自达[③]。及得召见，遂见亲信[④]。建武三年春，围苏茂于广乐，周建招聚十余万人救广乐。汉将轻骑迎与之战，不利，堕马伤膝。诸将谓汉曰："大敌在前而公伤卧，众心惧矣。"汉乃勃然裹创而起，椎[⑤]牛飨[⑥]士，令军中曰："贼众虽多，皆劫掠群盗，'胜不相让，败不相救[⑦]'，非有仗节[⑧]死义者也。今日封侯之秋，诸君勉之！"于是军士激怒，人倍其气。旦日，齐鼓而进，建军大溃。

吴汉字子颜，南阳郡宛县人。吴汉性情朴实仁厚，说话少有文采，匆忙之际便不能清楚地用言辞表达自己的意图。等到后来有机会被召见时，就被光武帝亲近和信任。建武三年春天，吴汉到广乐县围攻苏茂，周建召集兵力十余万人前往广乐县救苏茂。吴汉率领轻捷骑兵迎面而来和周建交战，战事不利，落下战马来摔伤了膝盖。众将对吴汉说："强大的敌人就迫在眼前，而您现在却受伤躺卧在床，众人的内心都非常恐惧啊。"吴汉这时猛然裹扎创伤，站起身来，拿起木椎，将牛击杀，犒劳将士，向军队发布命令道："贼军虽然人多，都是些专干抢劫掠夺的盗贼，'打了胜仗互不相让，吃了败仗互不相救'，没有坚守节操、为义而死的。现在正是建功封侯的大好时机，诸位勉力而行吧！"这时军士们受激励而起，群情激昂，士气倍增。第二天早上，吴汉的军队听从战鼓号令，一齐向敌阵冲杀过去，周建军队顿时溃不成军。

明年，贼率五万余人夜攻汉营，军中惊乱，汉坚卧不动。即夜发精兵出营突击，大破其众。十二年春，汉乃进军攻广都，拔之。遣轻骑烧成都市桥。帝戒汉曰："成都十余万众，不可轻[⑨]也。但[⑩]坚据广都，待其来攻，

第二年（公元29年），贼人率领五万余人趁着黑夜攻打吴汉的军营，军中一片惊慌混乱，而吴汉却按兵不动。就在当夜吴汉调拨精兵，突然出营猛攻，将贼敌击溃。建武十二年（公元36年）春季，吴汉于是进军攻打广都县，将其攻克，并派遣轻捷骑兵烧毁了成都市桥。此时皇帝告诫吴汉说："成都的敌军有十余万人，不能轻敌啊。只可坚持据守广都县，等待敌人前来攻城，千万不要前去

注释

①宛：宛县，在今河南南阳。

②造次：仓促，匆忙。

③以辞自达：表达内心想法。

④见亲信：被亲近和信任，"见"是被动句的标志。

⑤椎（chuí）：用椎击打。

⑥飨：动词。用酒食款待。

⑦"胜不相让"两句：语出《左传》，"郑（大夫）公子突之词也。"

⑧仗节：坚守节操。死义：为义而死。

⑨轻：认为……轻，看轻。这里是轻敌的意思。

⑩但：连词，只要。

勿与争锋。若不敢来，公转营迫之，须[11]其力
与他们交兵作战。如果敌人不敢前来，你转移军营靠近他们，并等到他们力量

疲，乃可击也。”汉乘利，遂自将步骑二万余
疲惫的时候，才可以发起攻击。”而吴汉凭借着胜利的形势，竟亲自率领步卒和

人进逼成都，去城十余里，阻江北[12]为营，作
骑兵二万余人向前推进并迫近成都，直到距离该城十余里的地方，凭借长江北

浮桥，相去[13]二十余里。帝闻大惊，让[14]汉。
岸的险阻扎下营寨，架起浮桥，两地相距二十余里。皇帝听到这样的安排后非常

诏书未到，述果使其将谢丰、袁吉将众十许
吃惊，责备吴汉。诏书还没有送到，公孙述果然派遣他的部将谢丰、袁吉率领

万，分为二十余营，并出攻汉。使别将将万余
十来万大军，分为二十多营，一齐出动向吴汉发起攻击。并派遣另外的将领率领

人劫刘尚，令不得相救。汉与大战一日，兵
一万余人挟制住刘尚，让他不能前来援救吴汉。吴汉和敌人大战一整天，战败，

败，走[15]入壁。汉乃召诸将厉[16]之曰：“吾共
回撤进了军中的壁垒。吴汉于是召集众将，激励他们说：“我和诸位一起逾越险

诸君逾越险阻，转战千里。若能同心一力，人
阻，千里辗转作战。如果大家能够同心协力，人人各自奋力作战，伟大的功绩就

自为战，大功可立；如其不然，败必无余。成
可以建立；如果不能这样，肯定是彻底的惨败。是失败还是成功，就在这一次举

败之机，在此一举。”于是飨士秣马[17]，夜衔
动了。”吴汉于是让将士吃饱饭、将战马喂好，率领军队和刘尚的部队会合到一

枚引兵与刘尚合军，丰等不觉，明日，汉悉兵
起。谢丰等人并没有觉察，第二天，吴汉率领全部兵力迎上敌人展开激战，从早

迎战，自旦至晡[18]，遂[19]大破之。
上直杀到傍晚，终于将来敌击溃。

汉性强力，每从征伐，帝未安，恒侧足
吴汉禀性坚忍自若，每次随从皇帝征战讨伐，皇帝还没有休息的时候，就

而立。诸将见战陈不利，或[20]多惶惧，失其
一直侧转其足敬重地伺立在一旁。众将一见对阵交战出现不利，很多人都恐惧

常度，汉意气自若。汉尝出征，妻子在后买
惊慌，失掉了平常应有的风度。而吴汉的意志及气概却一如既往。吴汉曾经率军

田业。汉还，让之曰：“军师在外，吏士不
出征，妻子儿女们在后方购置田产。吴汉回来后，就责备他们说：“军队在外作

足，何多买田宅乎！”及薨，有诏悼愍，赐
战，军吏和士卒们供给不足，为什么要大量购置田宅呢！”等到逝世后，皇帝下

谥曰忠侯。
诏表示哀悼，赐予吴汉的谥号为忠侯。

⑪须：等待。
⑫阻江北：依长江北岸为险阻。下文“江南”指长江南岸。
⑬相去：相距。
⑭让：责备。
⑮走：跑。在这里有兵败后逃跑之意。
⑯厉：同“励”，激动。
⑰秣（mò）马：喂饱战马。
⑱晡（bū）：申时（下午三时至五时），傍晚。
⑲遂：最终。
⑳或：有的人。

人物简析

1. 吴汉虽然不善言辞，但是为人忠厚，做事令人信服，执行力强，生活中不贪图小便宜，吴汉正是那些忠厚本分人的代表。
2. 吴汉拥有卓越的军事才能，领兵打仗往往能出奇制胜，善于鼓舞军心，是不可多得的将才。
3. 吴汉有时也易于冲动，不听从他人劝告，但是在认识到错误后也能积极改正自己的错误。

考题举隅

1. 下列句中的“之”与“汉悉兵迎战，自旦至晡，遂大破之。”中的“之”意义和用法相同的一项是（　　）

   A. 汝心之固，固不可彻　　　　B. 益慕圣贤之道

   C. 公将驰之　　　　D. 何陋之有

2. 下列对文章理解有误的一项是（　　）

   A. 吴汉从马上摔落伤了膝盖，撤回营帐。将领们提出，大敌当前，主帅因伤而卧，会使军中产生恐惧心理，吴汉立刻接受了他们的意见。

   B. 吴汉面对五万多敌人趁夜进攻、军中惊恐混乱的情况，处变不惊，镇定自若，坚卧不动。他的这一做法，一会儿便稳定了队伍。

   C. 吴汉没有听从皇帝告诫，以致落败。他吸取教训，在与刘尚的队伍会合后，树起许多旗帜，不熄烟火，蒙骗敌人，终于转败为胜。

   D. 吴汉具有朴实淳厚的品质，对家人的要求也很严格。他外出打仗时，妻儿曾经在家购买田产，吴汉回来后，责备了他们。

3. 解释下列句中加点的词。

   （1）今日封侯之秋　　　　秋：

   （2）公转营迫之　　　　迫：

   （3）汉悉兵迎战　　　　悉：

   （4）或多惶惧　　　　或：

写作点拨

1.《后汉书》在写人物时善于从人物从小的性格来衬托其之后人生道路，吴汉从小不善言辞的性格注定他是个行动派人物，因此在塑造人物时要注意其性格及其形成与其做事风格的关系，这样塑造的人物才更鲜活。

2. 人物描写要优缺点同行，吴汉的军事失误事件让读者从侧面看到吴汉的耿直、大胆与坦荡，因此在写作中适当加入一些主人公所犯的错误，这样更能反映其真性情。

陈俊传

陈俊字子昭，西阳西鄂人也。少为郡吏，更[①]始立，以宗室刘嘉为太常将军，俊为长史。

陈俊字子昭，南阳西鄂人。年轻时做郡吏，刘玄登位，任用宗室刘嘉做太常将军，陈俊做长史。

光武徇[②]河北，嘉遗[③]书荐俊，光武以为安集掾。与五校战于安次，俊下马，手接短兵，所向必破，追奔二十余里，斩其渠帅[④]而还。光武望而叹曰："战将尽[⑤]如是[⑥]，岂有忧哉！"五校引[⑦]退入渔阳，所过虏掠[⑧]。俊言于光武曰："宜令轻骑出贼前，使百姓各自坚壁，以绝其食，可不战而殄也。"光武然[⑨]之，遣俊将轻骑驰出贼前。视人保壁坚完者，敕令固守；放散在野者，因[⑩]掠取之。贼至无所得，遂散败。及军还，光武谓俊曰："困此虏者，将军策也。"及即位，封俊为列侯。

光武帝攻取河北，刘嘉送信推荐陈俊，光武帝任用他做安集掾。和五校在安次交战，陈俊下马，短兵相接，所向披靡，追击二十多里，斩杀敌军头领而回。光武帝望着他慨叹说："战将都像这样，难道还会有什么担心吗！"五校领兵退入渔阳，经过各地抢劫。陈俊对光武帝说："可以派轻骑绕出贼兵前，让百姓各自坚守壁垒，来断绝贼兵粮食来源，可以不交战而消灭他们。"光武帝觉得他说得对，派陈俊率领轻骑奔出贼兵前。看到百姓保守壁垒坚固完好的，命令他们固守；散在野外的人，趁机抢劫他们。贼兵来后没有东西可抢，于是散乱失败。等部队回来，光武帝对陈俊说："困住这些贼兵，全是将军的计谋。"等光武帝登位，封陈俊为列侯。

建武二年春，攻匡贼，下四县，更封新处侯。引

建武二年（公元26年）春，攻打匡城县贼人，攻克四个县，改封陈俊

注释

①更（gèng）：另，另外。这里是指另外一位皇帝登基。

②徇：也作"旬"，巡行，在这里是指带兵巡行，占领地方。

③遗（wèi）：送。这里有送信之意。

④渠帅：古代对称呼敌对方面的首领。

⑤尽：都，全部。

⑥是：代词，这样。

⑦引：避开，退却。

⑧掳掠：俘获、掠夺。

⑨然：答应，允诺。

⑩因：趁机。

⑪别：另，另外。
⑫拔：攻取。
⑬莫：没有谁。

击顿丘，降三城。其秋，大司马吴汉承制拜俊为强弩大将军，别[11]击金门、白马贼于河内，皆破之。四年，转徇汝阳及项，又拔[12]南武阳。是时，太山豪杰多拥众与张步连兵，吴汉言于帝曰："非陈俊莫[13]能定此郡。"张步闻之，遣其将击俊，战于嬴下，俊大破之，追至济南，收得印绶九十余，稍攻下诸县，遂定太山。五年，与建威大将军耿弇共破张步。

新处侯。领兵攻打顿丘，使三城投降。这年秋，大司马吴汉秉承皇上的旨意拜任陈俊为强弩大将军，分兵到河内攻打金门、白马贼人，全都攻破贼兵。建武四年（公元28年），转攻汝阳以及项县，又攻克南武阳。这时太山豪杰大多拥兵和张步联合，吴汉对光武帝说："除陈俊没有人能平定这个郡。"张步听说后，派他的部将攻打陈俊，交战于嬴县城下，陈俊打败敌军，追到济南，收缴官印九十多枚，逐渐攻下各县，终于平定太山。建武五年（公元29年），和建威大将军耿弇一同攻破张步。

⑭徙：动词，调动官职。
⑮素：一直以来。
⑯畔：通"叛"，反叛。
⑰表：表彰。
⑱检：约束，收敛。制：控制，掌握。
⑲数：多次。

时，琅邪未平，乃徙[14]俊为琅邪太守。齐地素[15]闻俊名，入界，盗贼皆解散。八年，张步畔[16]，还琅邪，俊追讨，斩之。帝美其功，诏俊得专征青、徐。俊抚贫弱，表[17]有义，检制[18]军吏，不得与郡县相干，百姓歌之。数[19]上书自请，愿奋击陇、蜀。诏报曰："东州新平，大将军之功也。负海猾夏，盗贼之处，国家以为重忧，且勉镇抚之。"

这时琅琊没有平定，于是改任陈俊为琅琊太守。陈俊一向在齐地闻名，他进入郡界，盗贼都解散。建武八年（公元32年），张步反叛，回琅琊，陈俊追讨叛军，杀张步。光武帝赞美他的功劳，诏令陈俊可以专征青州、徐州。陈俊抚慰贫困的人，表彰有节义的人，检察节制军官，不得和郡县相关涉，百姓歌颂他。几次上书请求，希望能奋力攻击陇西、蜀郡。诏书回复说："东州刚平定，是大将军的功劳。那里背靠大海扰乱华夏，盗贼出没，国家把这看成重大隐忧，你暂且努力镇守那里。"

十三年，增邑，定封祝阿侯。明年，征奉朝请。二十三年卒。

建武十三年（公元37年），增加食邑，定封祝阿侯。第二年，受召回京任职奉朝请。建武二十三年去世。

人物简析

1. 陈俊机敏，在战争中善于扬长避短，采用坚壁清野战术，克敌制胜，军事谋略很高。
2. 陈俊作为将领非常勇猛，敢于下马与敌人近身搏斗，其勇猛之气既展示出他个人的将军魅力，也能增强士兵的士气。

3. 陈俊不仅会打仗，也很会守，他在治理地方时抚慰贫困人民，表彰节义之士，检察节制军官，不干涉县政，与五校的掳掠之行形成鲜明对比，因而皇帝派他镇守边关要塞。

考题举隅

1. 下列句子中加点字的解释不正确的一项是（　　）

A. 光武徇河北，嘉遣书荐俊　　书：书信

B. 以绝其食，可不战而殄也　　殄：胜利

C. 琅琊未平，乃徙俊为琅琊太守　　徙：提拔

D. 八年，张步畔，还琅琊　　畔：通“叛”，背叛

2. 下列各组句子中，加点词的意义和用法相同的一组是（　　）

A. 以宗室刘嘉为太常将军　　阙秦以利晋，唯君图之

B. 乃徙为琅玡太守　　设九滨于廷，臣乃敢上壁

C. 遣其将击俊，战于嬴下　　其皆出于此乎

D. 俊将兵击董宪于赣榆　　覆杯水于坳堂之上

3. 翻译下列句子。

（1）五校战于安次，俊下马，手接短兵，所向必破。

（2）俊抚贫弱，表有义，检制军吏，不得与郡县相干，百姓歌之。

写作点拨

1. 人物刻画要注重细节描写，传记中对陈俊与五校马下搏击的描写非常精彩，也突出了主人公的勇猛。

2. 对比描写凸显人物性格，传记中对五校和陈俊带兵所到之处不同的描写鲜明表现出陈俊善于善取，而五校相对鲁莽，因而败给陈俊。

3. 大量事实例证，传记中运用陈俊多次克敌制胜的事实证明了陈俊的领军才能，事实充分，令人信服。

耿弇传

注释

①习：反复练习，学习。
②肄：练习，学习。
③由是：因为这样。
④幸：特指皇帝到某处去。这里是指耿弇跟随皇帝到春陵。
⑤请：请求，请允许我做某事。
⑥取：攻下，夺取。
⑦以：因为。
⑧诣：到……地方去。这里是指耿弇上书请求到洛阳去。
⑨善：善待。
⑩破：打败，攻克。

耿弇字伯昭，扶风茂陵人也。少好学，习①父业。常见郡尉试骑士，建旗鼓，肄②驰射，由是③好将帅之事。

耿弇（yǎn）字伯昭，扶风县茂陵人。耿弇年轻时爱好学习，研习父亲的经学，经常看到郡尉考试骑士，建立旗鼓，练习骑马射箭的武功，因此喜欢军事。

光武即位，拜弇为建威大将军。与骠骑大将军景丹、强弩将军陈俊攻厌新贼于敖仓，皆破降之。弇从幸④春陵，因见自请⑤北收上谷兵未发者，定彭宠于渔阳，取⑥张丰于涿郡，还收富平、获索，东攻张步，以平齐地。帝壮其意，乃许之。四年，诏弇进攻渔阳。弇以⑦父据上谷，本与彭宠同功，又兄弟无在京师者，自疑，不敢独进，上书求诣⑧洛阳。诏报曰："将军出身举宗为国，所向陷敌，功效尤著，何嫌何疑，而欲求征？且与王常共屯涿郡，勉思方略。"况闻弇求征，亦不自安，遣舒弟国入侍。帝善⑨之，进封况为隃麋侯。乃命弇与建义大将军朱祐、汉忠将军王常等击望都、故安西山贼十余营，皆破⑩之。

光武帝登帝位，授予耿弇建威大将军的官职。耿弇和骠骑大将军景丹、强弩将军陈俊攻打厌新贼兵于敖仓，全部打败贼兵并迫使贼人投降。耿弇跟随光武帝到春陵，乘见面时自己请求北上收聚上谷没有征用的部队，平定彭宠于渔阳，攻取张丰于涿郡，回头收取富平、获索，向东攻打张步，从而攻平齐地。光武帝觉得他的志愿宏大，于是答应了他。建武四年（公元28年），诏令耿弇进兵攻渔阳，耿弇因为父亲据守上谷，本来和彭宠同心同力，另外兄弟中没有人在京师，自己心中疑虑，不敢独自进军，上书请求回洛阳。诏书回复说："将军做官，全家为国，所到之处，攻陷敌阵，功劳最大，有什么嫌疑，要请求召见？暂且和王常一起屯兵涿郡，努力想计策。"耿况听说耿弇请求召见，也自感不安，就派耿舒的弟弟耿国入京城侍奉皇上。光武帝待他很好，加封耿况为隃麋侯。于是命令耿弇和建义大将军朱佑、汉忠将军王常等攻打望都，故安西山贼兵的十多个营寨，全部攻破。

⑪讨：讨伐。
⑫悉：全，都。

五年，遣弇与吴汉击富平、获索贼于平原，大破之，降者四万余人。因诏弇进讨⑪张步。弇悉⑫收集降

建武五年，天子派遣耿弇和吴汉攻打富平、获索贼人于平原，打败贼兵，投降的四万多人。接着下诏命令耿弇进军讨伐张步。耿弇尽数收集投降

卒，结部曲[13]，置[14]将吏，率骑都尉刘歆、太山太守陈俊引[15]兵而东，从朝阳桥济河以度。弇度河先击祝阿，自旦攻城，日未中而拔[16]之，故[17]开围一角，令其众得奔归钟城。钟城人闻祝阿已溃，大恐惧，遂空[18]壁亡去。费邑分遣弟敢守巨里。

的士兵，编成部队，设置将吏，率领骑都尉刘歆、太山太守陈俊领兵向东，从朝阳架桥渡过济河。耿弇渡河先打祝阿，从早晨攻城，还没有到中午就攻下来了，耿弇故意打开包围圈的一角，让城中士兵得以逃到钟城。钟城人听说祝阿已经溃败，非常恐惧，于是丢下军营全部逃走。费邑分别派遣弟弟费敢守卫巨里。

⑬部曲：部队。

⑭置：立，建立，设置。

⑮引：引导，率领。

⑯拔：攻取。

⑰故：故意。

⑱空：使……空。

弇进兵先胁巨里，使多伐树木，扬言以填塞坑堑，严令军中趣修攻具，宣敕[19]诸部，后三日当悉力攻巨里城。阴[20]缓生口，令得亡归。归者以弇期[21]告邑，邑至日果自将精兵三万余人来救之。弇喜，即分三千人守巨里，自引精兵上冈阪，乘高合战，大破之，临陈斩邑。既而收首级以示巨里城中，城中凶惧，费敢悉众亡归张步。弇复收其积聚，纵兵击诸未下者，平四十余营，遂定济南。

耿弇进军先威胁巨里，派人多多砍伐树木，扬言要把坑坑洼洼填平，严令军中赶紧修理攻城器具，公开命令各部，三天后要全力攻打巨里城。耿弇暗中命令放松对俘虏的看管，让他们得以逃回去。逃回去的人把耿弇的攻城日期告诉费邑，费邑到了这一天果然自己率领精兵三万多人来援救巨里。耿弇很高兴，立即分三千人守巨里，自己率领精兵登上山坡，居高临下交战，打败敌军，在阵中杀死费邑。然后将费邑的人头在巨里城中示众，城中的人非常恐惧，费敢率领所有部下逃归张步。耿弇又收缴城中积蓄，发兵攻打各处没有投降的，平定四十多个营垒，终于平定济南。

⑲敕：告诫，嘱咐。

⑳阴：暗中。

㉑期：日期，这里指耿弇攻打巨里的日期。

人物简析

1. 耿弇具有很高的军事谋略，不仅具有统筹全局的胆识，更有注重细节的智慧。他与张步的抗衡中，耿弇采用围点打援的战术，逐步削弱敌军力量，另外也注意引诱敌军，为战争胜利赢得机遇。
2. 耿弇作为一名国家将领很有担当，在春陵主动向皇帝请战，而且对战局也有严密的规划。
3. 耿弇进攻渔阳时的疑虑可以看出这个人心思也是很缜密的，他擅谋，但缺少陈俊的豪气。

【考题举隅】

1. 对下列句子加点的词的解释，不正确的一项是（　　）

A. 帝壮其意，乃许之　　　　壮：赞赏

B. 大恐惧，遂空壁亡去　　　　空：放弃

C. 况闻弇求征，亦不自安　　　　征：出征

D. 严令军中趣修攻具　　　　趣：赶紧

5. 下列各组句子，全都直接表明耿弇用兵重谋的一组是（　　）

①帝壮其意，乃许之

②自疑，不敢独进，上书求诣洛阳

③自旦攻城，日未中而拔之

④吾所以修攻具者，欲诱致邑耳。今来，适其所求也。

⑤使多伐树木，扬言以填塞坑堑

⑥阴缓生口，令得亡归

A. ①②⑥　　B. ①③④　　C. ②③⑤　　D. ④⑤⑥

7. 把下列句子翻译成现代汉语。

(1) 常见郡尉试骑士，建旗鼓，肄驰射，由是好将帅之事。

(2) 吾所以修攻具者，欲诱致邑耳。今来，适其所求也。

【写作点拨】

1. 人物性格的形成与其家庭环境关系密切，耿弇喜爱并擅长军事就与其父亲以及其将领家族有关，因而若想刻画人物独特性格，也可从其家庭环境入手去写。
2. 记叙精彩事件时需要有一条鲜明的主线，这条线是由事件的几个关键点组成的，耿弇与张步之战紧紧围绕耿弇设的几个陷阱展开，使得整个战事引人入胜。

祭遵传

注释

①恶：形容词，坏的；不好的。

②负：动词，背；用木板

祭遵字弟孙，颍川颍阳人也。少好经书。家富给，而遵恭俭，恶[①]衣服。丧母，负[②]土起[③]坟。

祭（zhài）遵字弟孙，颍川颍阳人也。年轻时喜欢经书。虽然家里很富有，但祭遵十分节俭，常穿破旧的衣服。其母去世，他亲自背土，垒造坟茔。曾被官

尝[4]为部吏所侵[5]，结客[6]杀之。初，县中以其柔也，既而皆惮焉。

吏欺负，他结交侠士将对方杀死。开始，县城中人认为他柔弱怯懦，此事之后人们都畏惧他了。

及光武破王寻等，还过颍阳，遵以[7]县吏数进见，光武爱其容仪，署[8]为门下史。从[9]征河北，为军市令。舍中儿[10]犯法，遵格杀之。光武怒，命收[11]遵。时，主簿陈副谏曰："明公常欲众军整齐，今遵奉法不避[12]，是教令所行也。"光武乃贳[13]之，以为[14]刺奸将军，寻[15]拜为偏将军，从平河北，以功封列侯。

等到光武帝击败王寻等人，还军经过颍阳时，祭遵凭县吏的身份多次觐见皇上。光武帝喜欢他的风度仪表，任命他为门下史。随军进攻黄河以北，担任军市令。有个伺候光武帝的小侍从犯了法，祭遵处死了他。光武帝十分恼怒，下令收捕祭遵。这时，主薄陈副劝阻说："圣明的君主常想让众军整肃。现在祭遵执法毫无避忌袒护，是要让您的教令得以施行。"刘秀这才赦免了他，并任命他为刺奸将军，不久任命祭遵担任偏将军，跟随光武帝平定黄河以北，因立战功被封为列侯。

建武二年春，南击弘农、厌新、柏华蛮中贼。弩中[16]遵口，洞出流血，众见遵伤，稍引退[17]，遵呼叱止之，士卒战皆自倍[18]，遂大破之。时，新城蛮中山贼张满，诏遵攻之。遵绝其粮道，满数挑战，遵坚壁[19]不出。明年春，张满饥困，城拔，生获之。

建武二年春，南攻打弘农、柏华的敌兵。敌人的弩箭射到祭遵的嘴上，伤口流血不止，大家见祭遵受伤，稍作后退，祭遵大声呵斥阻止他们，士兵见此更是勇猛参战，于是大败敌兵。当时，盘踞在蛮中一带的山贼张满，朝廷命祭遵前去讨伐。祭遵断绝张满的粮道，张满多次挑战，祭遵坚守营垒不出兵迎战。第二年春，张满军队饥饿陷入困境，祭遵攻破城邑，活捉了张满。

六年春，遵从天水伐公孙述。师次[20]长安，时车驾[21]亦至，而隗嚣不欲汉兵上陇。帝召诸将议，皆曰："可且延嚣日月之期，益封其将帅，以消散之。"遵曰："嚣挟奸久矣。今若按甲引时，则使其诈谋益深，而蜀警增备，固不如遂进。"帝从

建武六年春，祭遵从天水进军讨伐公孙述。部队行至长安，这时光武帝也赶到了，但隗（wěi）嚣不愿让汉兵经陇道进军。光武帝召集众将商议，将领们都说："可以暂且让隗嚣延缓一段时日，再封他做个将帅，来消解分散他的注意。"祭遵说："隗嚣已作恶多时了。现在如果按兵不动，延缓时间，就会让他的诡诈阴谋更深，而蜀地的警备会更完备，不如现在就进兵攻打。"光武帝听从了

驮大东西。

③起：动词，兴起。在这里是指建造新坟。

④尝：副词，曾；曾经。

⑤侵：动词，侵犯；欺凌。

⑥客：名词，从事某种活动或具有某种身份的人。这里特指侠客。

⑦以：凭……身份。

⑧署：动词，布置，安排。

⑨从：跟随。

⑩舍中儿：家奴。这里指光武帝的家奴。

⑪收：拘捕；捕捉。

⑫避：避讳。这里表明祭遵执法公正严明，不避讳权贵。

⑬贳（shì）：赦免。

⑭以为：以之为，让……担任。

⑮寻：不久。

⑯中（zhòng）：动词，射中。

⑰稍引：稍，副词，逐渐，略微。引，动词，避开；退却。略微退却。

⑱倍：加倍。这里指士兵勇气加倍。

⑲坚壁：加固军营。

⑳次：动词，临时驻扎和住宿。

㉑车驾：指代皇帝及其军队随从。

之。遵进击，破之，追至新关。
他的意见。祭遵进兵攻击，打败了王元，追到新关。

八年秋，复从车驾上陇。及嚣破，帝东归过汧，幸遵营，劳飨[22]士卒，作黄门武乐，良夜乃罢。时，遵有疾，诏赐重茵[23]，覆以御盖。复令进屯陇下。及公孙述遣兵救嚣，吴汉、耿弇等悉奔还，遵独留不却。九年春，卒于军。

建武八年秋，祭遵又随光武帝由陇道西上(出征隗嚣)。等到隗嚣被打败，光武帝返回经过汧(qiān)县，驾临祭遵营中，慰问犒赏士兵。让乐师弹奏黄门武乐，直到深夜才停。当时，祭遵重病在身。光武帝将双层毯子赏赐给他，用御用车盖遮他的车，又命令进军屯兵陇县城下。后来，公孙述派兵救援隗嚣，吴汉、耿弇等都撤军逃回，只有祭遵留驻没有退却。建武九年，祭遵病死军中。

遵为人廉约小心，克己奉公，赏赐辄[24]尽与士卒，家无私财，身衣韦裤布被[25]，夫人裳不加缘，帝以是重焉。及卒，愍[26]悼之尤甚。遵丧至河南县，诏遣百官先会丧所，车驾素服临之，望哭哀恸。还幸城门，过其车骑，涕泣不能已。

祭遵为人廉洁简约小心谨慎，克己奉公，他得到的赏赐都分给部下，家无财产，穿皮裤，盖布被，夫人的衣裳也不加边饰，皇帝因此敬重他。得知他去世的消息，皇上非常伤心。他的灵柩运回河南县，皇上命令百官先到停柩之处汇集，自己也穿上素服亲自驾临，看着他哭得很伤心。返回城市，经过送葬的车队，眼泪还停不住。

㉒劳飨：用酒食犒劳款待。
㉓重茵：茵：名词，坐垫；车垫。双层坐垫。
㉔辄：副词，表示多次重复。“总是”、“往往”的意思。
㉕衣：动词，穿。韦裤布被：韦：熟皮叫韦，生皮称革。熟皮作裤子，粗布作被。形容生活很节俭。
㉖愍(mǐn)：怜悯，哀怜。

人物简析

1. 祭遵是至孝之人，亲自为逝世的母亲背土建坟。
2. 祭遵为人随和但又不懦弱，面对官吏的欺压毫不示弱，直接杀死官吏，为自己讨回公道，由此可见他是刚强而又胆大的。
3. 在领兵打仗中，祭遵英勇尽职，身先士卒，不屈服于强敌，并且有很高的谋略，准确判断隗嚣的心思，并劝服皇帝攻打隗嚣。

考题举隅

1. 对下列句子中加点词语的解释，不正确的一项是(　　)

A. 署为门下史　　署：安排

B. 遵坚壁不出　　坚：坚固

C. 寻拜为偏将军　　寻：不久

D. 师次长安　　　　　　次：驻扎

2. 下列句子编为四组，表现祭遵"廉约小心"或"克己奉公"的一组是（　　）

①今遵奉法不避，是教令所行也　　②众见遵伤，稍引退，遵呼叱止之

③益封其将帅，以消散之　　④赏赐辄尽与士卒，家无私财

⑤吴汉、耿弇等悉奔还，遵独留不却　　⑥身衣韦裤，布被，夫人裳不加缘

A. ①②④　　B. ①④⑥　　C. ③④⑥　　D. ④⑤⑥

3. 下列对原文内容的分析和概括，不正确的一项是（　　）

A. 祭遵为人孝顺又不柔弱和怯懦。其母去世，他亲自背土垒造坟茔；曾被衙吏欺凌，他集聚宾客杀了衙吏。

B. 祭遵为官执法不避权势，因处死舍中儿而惹怒光武帝。光武帝下令将他治罪杀死，经主簿陈副劝谏，祭遵才被赦免。

C. 祭遵带兵作战，刚强勇猛，屡次建立战功。在讨伐张满以及隗嚣的交战中，体现了他的军事才能。

D. 祭遵廉洁奉公，生活俭朴，皇上极为看重他。祭遵去世后，光武帝亲自祭奠，忧伤哀痛不能自已。

写作点拨

1. 人物刻画需要善用侧面描写，《祭遵传》中作者这是通过写祭遵死后皇帝的伤心和对他的尊重等表现祭遵生前是一位尽职尽责的能臣。

2. 在文章的最后加几句适当的议论，可以使主题更加鲜明，本文在最后一段就评价祭遵为人廉约小心，克己奉公等。

铫期传

铫期字次况，颍川郏人也。父猛[①]，卒，期服丧三年，乡里称之。光武[②]略地颍川，闻期志义，召署贼曹掾，从徇蓟。时王郎檄书[③]到蓟，蓟中起兵应郎。光武趋[④]

铫（yáo）期字次况，颍川郏县人。父亲铫猛，去世后，铫期服丧三年，乡里人都称赞他。光武帝去攻打颍川，听说铫期的志向节义，征召他暂时充任贼曹掾，跟随光武帝攻打蓟县。这时，王郎的征讨文告到蓟县，蓟县城中

注释

①父猛：父亲叫铫猛。

②光武：指东汉光武帝刘秀。

③檄书：檄，檄文；古代官府用来晓谕、声讨、征召等的公文。这里是

指王朗发的征讨书。
④趋：赶快。
⑤嗔目：嗔，怒，生气。嗔目，愤怒地瞪着眼睛。
⑥披靡：靡，倒下。披靡，原指草木随风倒下，比喻军队溃败的样子。
⑦授：授予，给予。
⑧陈（zhèn）：（阵）交战时的战斗队列。
⑨遂：最终。
⑩跸：皇帝出行时，开路清道，禁止他人通行。
⑪会：适逢，正赶上。
⑫辎重：军用器械、粮草、营帐、服装等的统称。
⑬被：蒙受，遭受。

驾出，百姓聚观，諠呼满道，遮路不得行，期骑马奋戟，
起兵响应王郎。光武帝赶紧驾车出城，百姓围观，满路喧哗，堵着路走不了，
嗔目⑤大呼左右曰“跸”，众皆披靡⑥。及至城门，门已
铫期骑马举着戟，瞪着眼冲左右大喊道“回避”，众人都惊慌溃散。到了城
闭，攻之得出。行至信都，以期为裨将，与傅宽、吕晏俱
门，城门已关，攻下城门才得出来。走到信都，任铫期做裨将，和傅宽、吕晏
属邓禹。禹以期为能，独拜偏将军，授⑦兵二千人。
都隶属邓禹。邓禹认为铫期有能力，单独拜任偏将军，交给士兵二千人。

从击王郎将兒宏、刘奉于钜鹿下，期先登陷陈⑧，
跟随光武帝在巨鹿城下攻打王郎的将领兒宏、刘奉，铫期率先登城冲入
手杀五十余人，被创中额，摄帻复战，遂⑨大破之。王郎
敌阵，亲手杀死五十多人，前额受伤，整理好头巾再打，终于打败敌人。王郎被
灭，拜期虎牙大将军。乃因间说光武曰：“河北之地，
消灭，拜任铫期为虎牙大将军。于是乘机劝光武帝说：“河北的土地，地界连
界接边塞，人习兵战，号为精勇。今更始失政，大统危
着边塞，人人能征善战，号称精锐勇猛。如今刘玄政治败坏，帝位危险，天下百
殆，海内无所归往。明公据河山之固，拥精锐之众，以
姓无处归依。圣主您占据黄河和大山的险固，拥有精锐的部队，而顺应众人思
顺万人思汉之心，则天下谁敢不从？”光武笑曰：“卿
念汉室的心情，那么天下谁敢不顺从？”光武帝笑着说：“你想实现先前的回避
欲遂前跸⑩邪？”时铜马数十万众入清阳、博平，期与诸
吗？”适时铜马几十万人进入清阳、博平，铫期和各位将领迎头攻打他们，接连
将迎击之，连战不利，期乃更背水而战，所杀伤甚多。
交战不胜，铫期于是改为背水交战，被杀死杀伤的人很多。适逢光武帝的救兵
会⑪光武救至，遂大破之，追至馆陶，皆降之。从击青
赶到，终于打败敌人，追到馆陶，使敌人全部投降。跟随光武帝攻打青犊、赤眉
犊、赤眉于射犬，贼袭期辎重⑫，期还击之，手杀伤数十
于射犬，贼兵袭击铫期的辎重，铫期回军攻打他们，亲手杀死杀伤几十人，身受
人，身被⑬三创，而战方力，遂破走之。
三处伤，而打得正起劲，最后打跑敌人。

⑭数：多次。
⑮更始：指西汉更始帝刘玄。
⑯亡：逃亡。

光武即位，封安成侯。时檀乡、五楼贼入繁阳、
光武帝登位，封铫期为安成侯。适时檀乡、五楼贼兵侵入繁阳、内黄，另
内黄，又魏郡大姓数⑭反覆，而更始⑮将卓京谋欲相率反
外魏郡的大姓几次反复，刘玄的将领卓京商量想相继在邺城反叛。光武帝任
邺城。帝以期为魏郡太守，行大将军事。期发郡兵击卓
铫期为魏郡太守，代理大将军事务。铫期派本郡部队攻打卓京，打败卓京，杀
京，破之，斩首六百余级。京亡⑯入山，追斩其将校数十
死六百多人。卓京逃进山中，铫期追杀他的将军校尉几十人，俘获卓京的妻子儿

人，获京妻子[17]。督盗贼李熊，邺中之豪，而熊弟陆谋欲
女。督盗贼李熊，是邺城的豪强，而李熊的弟弟李陆商议想据城反叛迎接檀乡贼
反城迎檀乡。或[18]以告期，期不应，告者三四，期乃召问
人。有人把这事告诉铫期，铫期不答话，来告发的人三四批，铫期这才召见李熊
熊。熊叩头首服，愿与老母俱[19]就死。期曰："为吏傥不
询问。李熊磕头首先供认，愿意和老母亲一起去死。铫期说："做官假如不如做
若为贼乐者，可归与老母往就[20]陆也。"使吏送出城。熊
强盗快乐的话，你可以回去和老母亲去找李陆。"派官吏送他们出城。李熊出城
行求得陆，将诣邺城西门。陆不胜愧感，自杀以谢[21]期。
找到李陆，带着他到邺城西门。李陆非常惭愧感动，以自杀来向铫期道歉。铫期
期嗟叹，以礼葬之，而还熊故职。于是郡中服其威信。
叹息，按礼仪埋葬了他，并恢复李熊原先官职。从此郡中敬佩他的威信。

⑰妻子：古今异义，意为妻子和儿女。
⑱或：有人。
⑲俱：一起，一同。
⑳就：接近，靠近，趋向。
㉑谢：道歉，谢罪。

人物简析

1. 铫期是一位仁义之士，少年时为父亲服丧三年可见其孝，这种仁义表现在后来带兵中对下属的信任和宽恕，令人心悦诚服。
2. 铫期有洞察天下局势之智，能在正确的时候把握时机向君主谏言，是一位难得的谋将。
3. 铫期作为将军，英勇豪爽，他与敌人战斗中虽然身受重伤，但是一点也不气馁，这种精神很鼓舞士兵。

考题举隅

1. 对下列句子加点词的解释，不正确的一项是（　）

A. 召署贼曹掾，从徇蓟　　徇：攻打

B. 期骑马奋戟，嗔目大呼左右曰"跸"　　奋：举起

C. 陆不胜愧感，自杀以谢期　　谢：道谢

D. 被创中额，摄帻复战　　摄：整理

2. 以下各组句子中，全都表明铫期勇武过人的一组是（　）

①嗔目大呼左右曰"跸"　　②期先登陷陈，手杀五十余人

③乃因间说光武　　④期乃更背水而战，所杀伤甚多

⑤追斩其将校数十人，获京妻子　　⑥以礼葬之，而还熊故职

A. ②④⑤　　B. ①③⑥　　C. ②③⑤　　D. ②⑤⑥

3. 把下列句子翻译成现代汉语。

（1）期还击之，手杀伤数十人，身被三创，而战方力，遂破走之。

(2)京亡入山，追斩其将校数十人，获京妻子。

写作点拨

《后汉书》写人物最大的特色之一是以时间为顺序，本篇为铫期做的传记精选人物经历的具有决定意义或最能表现其性格的事件，写作中采用时间顺序使结构更加严谨，事件也有更强的信服力。

李忠传

注释

①以：因为。这里是指因为……的缘故。
②称：称道。
③咸：副词，全，都。
④立：登基，即位。
⑤使：派遣。
⑥行：动词，出行，这里意为到各个郡国巡行。
⑦奉：动词，扶助；帮助。这里意为辅佐。
⑧绶：丝带。
⑨会：动词，会合；聚集。这里有召集的意思。
⑩无望：责怪，埋怨。
⑪责数：数：列举。责备并列举其罪行。
⑫猛：形容词，气势壮。这里意为气势凶猛。

李忠字仲都，东莱黄人也。父为高密都尉。忠元始中以①父任为郎，署中数十人，而忠独以好礼修整称②。王莽时为新博属长，郡中咸③敬信之。

李忠字仲都，是东莱黄县人。父亲做高密都尉。李忠元始年间因为父亲而被任用为郎，官府中几十个人，李忠单独以喜爱礼仪行为严肃著称。王莽时做新博属长，郡中都尊敬信任他。

更始立④，使⑤使者行⑥郡国，即拜忠都尉官。忠遂与任光同奉⑦世祖，以为右大将军，封武固侯。时，世祖自解所佩绶⑧以带忠。至苦陉，世祖会⑨诸将，问所得财物，唯忠独无所掠。世祖曰：“我欲特赐李忠，诸卿得无望⑩乎？”即以所乘大骊马及绣被衣物赐之。

刘玄登位，派使者巡行郡国，就地拜任李忠为都尉官。李忠于是和任光一起辅助世祖，任用他做右大将军，封武固侯。当时世祖解下自己佩戴的绶带给李忠系上。到苦陉，世祖召集诸位将领，问他们抢到的财物，只有李忠一个人没有抢东西。世祖说：“我想特别赏赐李忠，各位卿家不会责怪我吧？”随后就把自己骑的大骊马和绣花被衣服赐给他。

进围巨鹿，未下，王郎遣将攻信都，信都大姓马宠等开城内之，收太守宗广及忠母、妻子，而令亲属招呼忠。时，宠弟从忠为校尉，忠即时召见，责数⑪以背恩反城，因格杀之。诸将皆惊曰：“家属在人手中，杀其弟，何猛⑫也！”忠曰：“若纵贼不诛，则二心也。”

进军包围巨鹿，没有攻克，王郎派将领攻打信都，信都大姓马宠等人打开城门迎接王郎的军队进城，逮捕太守宗广和李忠的母亲妻子，并让亲属招唤李忠，当时马宠的弟弟跟随李忠做校尉，李忠立即召见他，拿背弃恩义据城反叛来责怪他，接着杀死了他。各位将领都惊讶说：“家属在人家手中，却杀了人家的弟弟，多么急呀！”李忠说：“如果放着贼人不杀，就会

世祖闻而美[13]之，谓忠曰：“今吾兵已成矣，将军可归
生二心。”世祖听说后称赞他，对李忠说：“现在我们的部队已经平定了，
救老母、妻子，宜自募吏民能得家属者[14]，赐钱千万，
你可以回去营救母亲妻子儿女，你可以自己招募官吏百姓中能够救你家属
来从我取[15]。”忠曰：“蒙明公大恩，思得效命，诚不
的人，赐给钱一千万，来向我取。”李忠说：“承蒙明公的大恩，想能为您效
敢内顾[16]宗亲。”世祖乃使任光将兵救信都，光兵于道
力，实在不敢私自顾念宗族亲人。”世祖于是派任光率部救信都，任光的士
散降王郎，无功而还。会更始遣将攻破信都，忠家属得
兵在路上逃散投降王郎，无功而返。适逢更始帝将领攻克信都，李忠的家
全。世祖因使忠还，行太守事，收郡中大姓附邯郸者，
属得以保全。世祖趁机派李忠回信都，代理太守的职务，逮捕郡中大姓归
诛杀数百人。及任光归郡，忠乃还复为都尉。建武二
附邯郸方面的人，斩杀几百人。等任光回郡中，李忠才回来再做都尉。建武
年，更封中水侯，食邑三千户。其年，征拜五官中郎
二年，改封中水侯，食邑三千户。这一年征召拜任五官中郎将，跟随光武帝
将，从平[17]庞萌，董宪等。
攻克平定庞萌、董宪等人。

[13]美：称赞。

[14]能得家属者：能够救家人的人。

[15]来从我取：到我这里从我这取。

[16]内顾：顾：动词，顾念；关心。私自顾念。

[17]平：动词，攻打，平定。

六年，迁[18]丹阳太守。是时，海内新定，南方海
建武六年，升任丹阳太守。这时海内刚平定，南方海边长江淮河地区，很
滨江淮，多拥兵据土。忠到郡，招怀降附，其不服者
多人把持军队割据土地。李忠到郡中，招纳抚慰前来投降归附的人，那些不降
悉诛之，旬月皆平。忠以[19]丹阳越俗不好学，嫁娶礼
服的全部诛杀，一个来月都平定了。李忠因为丹阳越地的风俗不爱学问，嫁娶
仪，衰于中国[20]，乃为起[21]学校，习礼容，春秋乡饮，
礼仪，比中原要差，就为他们兴建学校，讲习礼仪容止，春天秋天举行乡饮酒之
选用明经，郡中向慕之。垦田增多，三岁间流民占著
礼，选用通晓经术的人给民众讲经郡中向往敬慕他。开垦的土地增多，三年之
者五万余口。十四年，三公奏课为天下第一，迁豫章
中流亡的百姓在这里定居下来的有五万多人。建武十四年，三公上奏他政绩考
太守。病去官，征诣京师。十九年，卒。
核是天下第一，升任豫章太守。重病离官，召去京城。建武十九年去世。

[18]迁：升官。

[19]以：因为。

[20]衰于中国：中国：中原。比中原衰弱。

[21]起：兴建。

【人物简析】

1. 李忠为人比较仁慈，作战中其他将领所到之处都会掠夺一些财物作为军用补给，只有李忠没有，这表现出李忠是一个善于治理的人，这在其治理丹阳时表现最为突出。

2. 李忠克己奉公，其家人被叛贼抓走，他为了军中无二心不顾家人安危杀死叛贼的弟

弟，皇帝给钱让他招募能人救出家人，但是李忠认为救家人是私事，不能动用公用财物，因此就拒绝了皇帝。

【考题举隅】

1. 下列对加点字在文中的意思解释不正确的一项是（　）

A. 时世祖自解所佩绶以带忠　　带：带领

B. 收太守宗广及忠母妻　　收：拘押

C. 行太守事　　行：代理

D. 三公奏课为天下第一　　课：政绩

2. 下列各组句子中，分别直接表明李忠忠诚和任官有为的一组是（　　）

A. ①王莽时为新博属长，郡中咸敬信之　②收郡中大姓附邯郸者，诛杀数百人

B. ①问所得财物，唯忠独无所掠　②招怀降附，其不服者悉诛之

C. ①责数以背恩反城，因格杀之　②忠以丹阳越俗不好学，嫁娶礼仪，衰于中国

D. ①蒙明公大恩，思得效命，诚不敢内顾宗亲　②垦田增多，三岁间流民占著者五万余口

3. 下列对原文有关内容分析和概括，不正确的一项是（　）

A. 因为李忠以喜爱礼仪行为严肃著称。王莽时做新博属长，郡中都尊敬信任他。更始帝登位，派使者巡行郡国，就地拜任李忠为都尉官

B. 信都之乱发生时，马宠的弟弟跟随李忠做校尉，李忠立即召见他，拿背弃恩义据城反叛来责怪他，接着杀死了他，目的是以此震慑对方。王郎和马宠确实有所畏惧，一直没敢杀害李忠的亲人。

C. 世祖听到李忠的话后称赞他，对李忠说："现在我们的部队已经平定了，你可以回去营救母亲妻子儿女，你可以自己招募官吏百姓中能够救你家属的人，赐给钱一千万，来向我取。"

D. 世祖让李忠回去救家属，李忠没有回去。世祖只好派任光率部救信都，可是任光的士兵在路上或逃散或投降王郎，结果无功而返。

【写作点拨】

人物描写需要抓住特殊事件重点描写，传记中李忠家人被捕后其种种举动最为特别，也正是这些异于常人的举动最能体现其性格和品质。

任光传

任光字伯卿，南阳宛人也。少忠厚，为乡里所爱。
任光字伯卿，南阳宛县人。年轻时忠实厚道，被乡里人喜爱。最初
初为乡啬夫①、郡县吏。汉兵至宛，军人见光冠服鲜
做乡啬夫，郡县小吏。汉兵到宛县，士兵看到任光衣帽华美，让他脱衣
明，令解衣，将杀而夺之。会光禄勋刘赐适至②，视光
服，想杀死他抢衣服。适逢光禄勋刘赐正好赶到，看任光外貌像有德的
容貌长者③，乃救全④之。光因率党⑤与从赐，为安集
人，就救下了他。任光于是率领党羽跟随刘赐，做安集掾，拜任偏将军，
掾，拜偏将军，与世祖破王寻、王邑。
和光武攻破王寻、王邑。

更始至洛阳，以光为信都太守。及⑥王郎起，郡国
更始帝刘玄到洛阳，任用任光做信都太守。等王郎起兵，郡国
皆降之，光独不肯，遂与都尉李忠、令万修、功曹阮
都投降王郎，惟独任光不肯，就和都尉李忠、令万修、功曹阮况、五
况、五官掾郭唐等同心固守。廷掾⑦持王郎檄⑧诣府白光⑨，
官掾郭唐等人齐心死守。廷掾带着王郎的文书到官署报告任光，任
光斩之于市，以徇⑩百姓，发精兵四千人城守。
光在集市上处死他，向百姓示众，派精兵四千人守城。

更始二年春，世祖自蓟还，狼狈不知所向，传闻
更始二年（公元24年）春，光武从蓟中返回，狼狈得不知该到哪
信都独为汉拒邯郸，即驰赴之。光等孤城独守，恐不能
里去，听说信都单独为汉抵御邯郸方面，立即打马奔赴信都。任光等人
全，闻世祖至，大喜，吏民皆称万岁，即时开门，与李
独守孤城，怕不能守住，听说光武到了，非常高兴，官吏百姓都喊万岁，
忠、万修率官属迎谒。世祖入传舍，谓光曰："伯卿，
立即打开城门，和李忠、万修率官员迎接拜见。光武进驿站，对任光说：
今势力虚弱，欲俱⑪入城头子路、力子都兵中，何如
"伯卿，如今势力薄弱，想一起加入城头子路、力子都部队中，你看怎样
邪？"光曰："不可。"世祖曰："卿兵少，如何？"
呀？"任光说："不行。"光武说："你部队人少，怎么办？"任光说："可
光曰："可募发奔命，出攻傍县⑫，若不降者，恣听掠
以招募奔敢死士兵，出城攻打附近县，如果不投降的话，放任士兵抢劫

注释

①乡啬夫：古代乡官之一，主役赋等。
②会：适逢，正赶上。适至：适：副词，恰好。刚好到那里。
③容貌长者：面容、外表看起来是个高大的人。
④全：保全。
⑤党：词名，古代的社会基层组织，五百家为一党，一万二千五百家为一乡，常"乡党"连用。任光为乡里的小官，所以这里是率领同乡人之意。
⑥及：等到，到了。
⑦廷掾（tíng yuàn）：县令的属吏。
⑧檄：名词，檄文；古代官府用来晓谕、声讨、征召等的公文。
⑨诣府白光：诣：动词，到……去；前往。白：告诉。到官署报告任光。
⑩徇：动词，巡行示众。
⑪俱：副词，一起，同。
⑫傍县：临近的县。

⑬恣听掠之：恣：放纵。放纵士兵抢夺他们。
⑭从：动词，听从。
⑮旬：十天为一旬。

之⑬。人贪财物，则兵可招而致也。”世祖从⑭之。拜
他们。人贪图财物，那么部队就可以招徕士兵了。”光武帝听从了他的建
光为左大将军，封武成侯，留南阳宗广领信都太守事，
议。拜任任光为左大将军，封武成侯，留下南阳宗广任信都太守事务，
使光将兵从。光乃多作檄文曰：“大司马刘公将城头子
派任光率领部队跟从自己。任光于是写了许多文告说：“大司马刘公率
路、力子都兵百万众从东方来，击诸反虏。”遣骑驰至
领城头子路、力子都部队一百多万人从东方来，攻打各处反叛的人。”
巨鹿界中。吏民得檄，传相告语。世祖遂与光等投暮入
派遣骑兵急驰来到巨鹿境内。官吏百姓得到文告，相互转告。光武于是
堂阳界，使骑各持炬火，弥满泽中，光炎烛天地，举城
和任光等人在傍晚进入堂阳境内，派骑兵各自拿着火炬，布满沼泽中，
莫不震惊惶怖，其夜即降。旬⑮日之间，兵众大盛，因
光焰照亮天地，全城无不震惊惶恐，当夜就投降了。十天之中，兵力大
攻城邑，遂屠邯郸，乃遣光归郡。
增，乘机攻打城镇，终于杀入邯郸，才派任光回郡中。

人物简析

1. 任光为人忠实厚道，信都之战，任光誓死守城，决不投降，这也是其忠厚的表现，为君将兵就一定要替君守住城。
2. 任光在打仗中善用计策取胜，不是莽撞之人，信都招兵的计策充分体现了任光的智慧。

考题举隅

1. 下列加点字解释正确的一项是（　　）

A. 为乡里所爱　　为：被

B. 乃救全之　　乃：于是，就

C. 即驰赴之　　即：就

D. 世祖遂与光等投暮入堂阳界　　遂：于是，就

2. 翻译下列句子。

（1）光等孤城独守，恐不能全。

（2）世祖遂与光等投暮入堂阳界，使骑各持炬火，弥满泽中，光炎烛天地。

写作点拨

塑造人物需要有核心，作为文章的灵魂，这篇传记着重表现任光为人的忠厚，他在战争中多次陷入危险，但是从来没有投敌或是退却，忠于君王，不顾生死的品质尽显其中。

王霸传

王霸字符伯，颍川颍阳人也。汉兵起，光武过颍阳，遂①从击破王寻、王邑于昆阳，及光武为大司马，以霸为功曹令史，从度②河北。宾客从霸者数十人，稍稍引去。光武谓霸曰："颍川从我者皆逝，而子独留。努力！疾风知劲草③。"

王霸字符伯，颍川颍阳人。光武帝起兵，经过颍阳时，王霸于是跟从光武在昆阳击败了王寻、王邑。等到光武为大司马，就把王霸任命为功曹令史，王霸就跟从光武向北渡过黄河。追随王霸的几十个宾客，都渐渐离去了。光武对王霸说："跟随我的颍川人都离开了，唯独你留了下来。努力吧，真是疾风知劲草！"

及④王郎起，光武在蓟，郎移檄⑤购光武。光武即南驰至下曲阳。传闻王郎兵在后，从者皆恐。既至信都，发兵攻拔邯郸。霸追斩王郎，得其玺绶⑥。封王乡侯。

王郎起兵的时候，光武帝在蓟地，王郎发布公告悬赏缉拿光武帝。光武帝就骑马南下至下曲阳。听说王郎的部队在后面追赶，随从们都很害怕。到了信都以后，光武发兵攻破邯郸。王霸追击败军，亲手斩杀了王郎，获得其印绶，被封为王乡侯。

从平河北，常与臧宫、傅俊共营，霸独善抚士卒⑦，死者脱衣以敛⑧之，伤者躬⑨亲以养之。光武即位，以霸晓兵爱士，可独任，拜为偏将军。

王霸跟从光武平定河北，经常与臧宫、傅俊同营驻扎。王霸最为关心士卒，士兵死去，他脱下衣服来为他们收殓；士兵受伤，他亲自为他们疗养。刘秀即位光武帝后，因为王霸通晓军事，爱护士兵，可以独当重任，便任命他为偏将军。

四年秋，帝幸谯，使霸与捕虏将军马武东讨周建于垂惠。苏茂将五校兵四千余人救建，武恃⑩霸之援，战不甚力⑪，为茂、建所败。武军奔过⑫霸营，大呼求救。霸曰："贼兵盛，出必

光武四年秋，光武帝驾临谯地，派遣王霸与捕虏将军马武一起向东讨伐割据垂惠称雄的周建。苏茂率领五校军四千多人到垂惠援救周建。马武依仗王霸会来增援，不倾力应战，被苏茂、周建打败，马武的军队奔逃到王霸的营垒，大声呼救。王霸说："贼军的士气很盛，我如果出兵，你我两军一定会都被打

注释

①遂：副词，于是；就。

②度：动词，通"渡"，通过；越过。

③疾风知劲(jìng)草：在猛烈的大风中，可看出什么样的草是强劲的。比喻节操坚定，经得起考验。

④及：介词，等到，到了。

⑤移檄(yí xí)：古代官方文书移和檄的并称。多用于征召、晓谕和声讨。

⑥玺绶：绶：名词，丝带。古代印玺上所系的彩色丝带。借指印玺。

⑦独善抚士卒：独：独特，特殊。指特别善于抚恤士兵。

⑧敛：动词，通"殓"。装殓；殡殓；殡葬。

⑨躬：副词，亲自。

⑩恃：动词，依靠；依仗；凭借。

⑪甚力：甚：副词，很；非常。甚力这里指其打仗不卖力。

⑫过：动词，走过；经过。这里是专程跑到王霸军营前。

⑬捕虏：被俘者。这里指将要被俘之人。
⑭示：动词，表示；显示。
⑮承其弊：承：接连，这里指借助敌军疲惫和两面受敌的弊端。
⑯克：攻克。
⑰悉：全部。
⑱合：动词，接战；交锋。
⑲心锐：锐：名词，锐气；勇往直前的气势。这里指出战迎敌心情急迫。
⑳倡乐：倡优的歌舞杂戏表演。
㉑屈：动词使动用法，使……屈服。

两败，努力而已。”乃闭营坚壁。军吏皆争之。霸曰：“茂兵精锐，其众又多，吾吏士心恐，而捕虏[13]与吾相恃，两军不一，此败道也。今闭营固守，示[14]不相援，贼必乘胜轻进；捕虏无救，其战自倍。如此，茂众疲劳，吾承其弊[15]，乃可克[16]也。”茂、建果悉[17]出攻武。合[18]战良久，霸军中壮士路润等数十人断发请战。霸知士心锐[19]，乃开营后，出精骑袭其背。茂、建前后受敌，惊乱败走，霸、武各归营。贼复聚众挑战，霸坚卧不出，方飨士作倡乐[20]。茂雨射营中，中霸前酒樽，霸安坐不动。军吏皆曰：“茂前日已破；今易击也。”霸曰：“不然。苏茂客兵远来，粮食不足，故数挑战，以侥幸一时之胜。今闭营休士，所谓不战而屈[21]人之兵，善之善者也。”茂、建既不得战，乃引还营。

败，你只有自己努力了！”于是关闭营门，严密戒备。军官们争相要求出战，王霸说：“苏茂的军队很精锐，人数又多，我们的将士内心恐惧，而马武依赖我军，两支军队不一致，这是失败之道。现在我们闭营坚守，表示我们不援助马武，贼军定会乘胜轻举冒进。马武得不到救兵，战斗力自然倍增。这样，苏茂的军队就会疲劳，我们趁他疲惫的时候进攻，才能够战胜他。”苏茂、周建果然出动所有的军队进攻马武。交战了很长时间，王霸军中路润等几十名壮士割断头发请战。王霸知道手下心情坚决，于是王霸打开营垒后门，派出精锐骑兵从背后袭击苏茂、周建。苏茂、周建前后受敌，在惊慌混乱中败阵逃跑，王霸、马武各自回营。苏茂、周建又聚集兵力到营前挑战。王霸坚守不出战，正在营中设宴，犒赏将士，饮酒作乐。苏茂向王霸营中放箭，箭如雨下，射中王霸面前的酒杯，王霸安然坐在那里不动。军官们都说：“我们昨天已经击败了苏茂，现在容易打败他！”王霸说：“不是这样。苏茂的军队从远道而来，粮食不足，所以频繁挑战，想取得一时的胜利。现在我们关闭营门，休整军队，就是人们所说的不用打仗就能使敌人屈服，这才是高明之中最高明的！”苏茂、周建既然不能和王霸交战，就只好率军回营。

十三年，增邑户，更封向侯。三十年，定封淮陵侯。永平二年，以病免，后数月卒。

光武十三年，朝廷为他增加封邑和户口。又封他为向侯。光武三十年，确定封地爵位为淮陵侯。永平二年，因为有病而免职，数月后去世。

人物简析

1. 王霸为人忠义，跟随光武帝初期，光武帝身边数十人都离去，唯独王霸没有离开，可见其为人忠义，跟定一个人就不会轻易易主。
2. 王霸在打仗中非常冷静、理智，面对马武的求救仍细心分析军情，不鲁莽出兵，这是非常可贵的。

考题举隅

1. 对下列句子中加点词的解释，不正确的一项是（　　）

   A. 郎移檄购光武　　　　购：悬赏捉拿

   B. 发兵攻拔邯郸　　　　拔：攻取

   C. 方飨士作倡乐　　　　飨：犒劳

   D. 乃闭营坚壁　　　　壁：驻扎

2. 下列对原文有关内容的分析和概括，不正确的一项是（　　）

   A. 王霸跟从光武渡过黄河之后，当初跟他一起投靠光武的几十个宾客，都渐渐离去了。只有他矢志不移，因此光武对王霸感慨道："真是疾风知劲草！"

   B. 王霸与马武一起讨伐周建。马武没有倾力应战，被苏茂、周建打败，马武的军队奔跑到王霸的营垒，大声呼救，王霸没有立即出兵救援。

   C. 王霸手下将士争相要求出战，甚至几十名壮士断发请战，此时王霸认为贼兵精锐，人数众多，而马武又过于依赖王霸，出兵容易失败，王霸没有出兵。

   D. 王霸对光武帝一片忠心，对将士们抚爱有加；他作战勇猛，机智沉稳；一生战功显赫，屡受封赏。

3. 翻译下列句子。

   (1) 如此，茂众疲劳，吾承其弊，乃可克也。

   (2) 今闭营休士，所谓不战而屈人之兵，善之善者也。

写作点拨

人物的语言往往能表现其性格特点，精彩的语言尤是这样。传记中对光武帝和王霸语言的引用生动地表现出他们为人处世的独特之处，也使得人物形象更加丰满。

耿纯传

注释

①除：动词，任命，授职。
②谒：动词，拜见。
③将：带领。
④北：动词，向北。
⑤会：动词，适逢，正赶上。

耿纯字伯山，巨鹿宋子人也。父艾，为王莽济平尹。纯学于长安，因除[①]为纳言士。

耿纯字伯山，巨鹿宋子人。父亲耿艾，是王莽济平尹。耿纯在长安读书学习，所以授官为纳言士。

王莽败，更始立。会世祖度河至邯郸，纯即谒[②]见，世祖深接之。纯退，见官属将[③]兵法度不与他将同，遂求自结纳，献马及缣帛数百匹。世祖北[④]至中山，留纯邯郸。会[⑤]王郎反，世祖自蓟东南驰，纯与从昆弟共率宗族宾客二千余人，老病者皆载木自随，奉迎于育。拜纯为前将军，封耿乡侯。

王莽失败，更始即位，恰逢世祖渡河到了邯郸，耿纯即往拜见，世祖高兴地接待了他。耿纯退下后，看到官属们统帅军队的法度与别的将领不同，于是就请求结交光武帝，送上马和丝帛几百匹。世祖北上到中山，留耿纯在邯郸驻守。恰逢王郎造反，世祖自蓟向东南奔驰，耿纯与从弟耿䜣、耿宿、耿植共同率领宗族宾客二千余人，老者病者都载棺木相随，在育县迎世祖。后来世祖拜耿纯为前将军，封耿乡侯。

⑥故：名词，原因。
⑦对：动词，回答，一般多用于下对上的回答。
⑧燔（fán）：焚烧。
⑨绝：断绝，使……断绝，动词使动用法。

是时，郡国多降邯郸者，纯恐宗家怀异心，乃使宿归烧其庐舍。世祖问纯故[⑥]，对[⑦]曰："纯虽举族归命，老弱在行，犹恐宗人宾客半有不同心者，故燔[⑧]烧屋室，绝[⑨]其反顾之望。"世祖叹息。

这时很多郡国都向邯郸投降，耿纯惟恐宗室心怀二心，就使耿䜣、耿宿回去把宗室的庐舍都烧掉。世祖问耿纯为什么这样做，耿纯回答说："我虽全族归顺明公您，老弱都在军中，还害怕宗人宾客有不同心的人，所以烧其庐舍，以绝其反顾的希望。"世祖叹息。

⑩去：距离。
⑪雨射营中：弓箭像雨一样射入军营中。
⑫勒：动词，率领；带领。

时赤眉、青犊、上江、大彤、铁胫、五幡十余万众并在射犬，世祖引兵将击之。纯军在前，去[⑩]众营数里，贼忽夜攻纯，雨射营中[⑪]，士多死伤。纯勒[⑫]部曲，坚守不动。选敢死二千人，俱持强弩，各傅三矢，使衔

当时赤眉、青犊、上江、大彤、铁胫、五幡十多万人都在射犬，刘秀领兵将要攻打这些人。耿纯部队在前锋，离各营几里，贼兵突然夜间攻打耿纯，箭如雨点般射向营中，士兵多有死伤。耿纯率领部队，坚守不动。挑选敢死队二千人，都拿硬弓，各带许多箭，让他们衔枚悄悄行动，绕出贼军后，齐声呼喊，硬弓

枚间行[13]，绕出贼后，齐声呼噪，强弩并发，贼众惊走[14]，
齐射，贼人害怕后逃走，耿纯带兵追击，终于打败他们。派骑兵跑来报告刘秀。
追击，遂破之。驰骑白世祖。世祖明旦与诸将俱至营，
刘秀第二天早上和各位将领都到军营，慰劳耿纯说："昨夜受困了么？"耿纯说：
劳纯曰："昨夜困乎？"纯曰："赖明公威德，幸而
"靠明公的威望恩德，幸而得以保全。"刘秀说："大军不能夜间行动，所以不
获全。"世祖曰："军营进退无常，卿宗族不可悉居军
能援救你们。军营进退不定，卿宗族不能全待在军中。"就任用耿纯的族人耿伋
中。"乃以纯族人耿伋为蒲吾长，悉令将亲属居焉。
做蒲吾县令，让他带全部亲属住在蒲吾县。

世祖即位，因[15]自请曰："天下略定，臣无所用志，愿
世祖即位，耿纯回京城，乘机自己请求说："天下平定，臣没有什么志向，希
试治一郡，尽力自效。"帝笑曰："卿既治武，复欲修文
望试着治理一个郡，尽力效劳。"皇上笑着说："卿已经治理过军事，又想修治文职
邪？"乃拜纯为东郡太守。时东郡未平，纯视事[16]数月，盗
么？"于是拜任耿纯为东郡太守。当时东郡没有平定，耿纯任职几个月，盗贼肃清
贼清宁。居东郡四岁，时发干长有罪，纯案奏，围守之，
平息。任职东郡四年，这时发干县令有罪，耿纯的判决书呈上去，派人看守县令，
奏未下，长自杀，纯坐免[17]。从击董宪，道过东郡，百姓
奏章还没有批复下来，县令自杀，耿纯获罪免职。后来跟随世祖攻打董宪，路过东
老小数千随车驾涕泣，云"愿复得耿君"。帝谓公卿曰：
郡，百姓老少几千人跟随皇上车驾哭泣，说"希望再得到耿君"。皇上对公卿们说：
"纯年少被甲胄为军吏耳，治郡乃能见思若是乎？"
"耿纯年轻时穿锁甲做小军官罢了，治理郡事竟然能像这样被人思念么？"

八年，东郡、济阴盗贼群起，帝以纯威信著于卫
建武八年，东郡、济阴盗贼成群兴起，皇上因为耿纯威信闻名卫地，派
地，使[18]与大兵会东郡。东郡闻纯入界，盗贼九千余人
他和大军会师东郡。东郡听说耿纯进入郡界，盗贼九千多人都到耿纯处投降，
皆诣纯降，大兵不战而还。玺书复以为东郡太守，吏民
大军不战而回。下诏书又任用他做东郡太守，官民心悦诚服。建武十三年，去世
悦服。十三年，卒官，谥曰成侯。
于官任上，谥号成侯。

⑬衔枚间行：衔：动词，含；嘴含。枚：名词，马鞭子。间：动词，伺候；侦察。这里是指不让马发出声音，悄悄潜行。
⑭走：逃跑。
⑮因：趁机。
⑯视事：官员到职工作；办公。
⑰坐：动词，牵连治罪。免：动词，罢免。指被罢免官职。
⑱使：派遣。

人物简析

1. 耿纯领兵打仗很有谋略，特别是夜间被袭击的那一战，耿纯虽被敌军偷袭，但仍旧镇定，不慌乱，在全力抵抗中突袭敌军后方，出奇制胜，是一位难得的军事奇才。
2. 耿纯一心为国，非常忠心，举族跟随光武帝时仍派人回去烧掉房屋，以防族人再次折回。

考题举隅

1. 对下列句子中加点的词的解释，不正确的一项是（　　）

A. 老病者皆载木自随　　木：棺木

B. 老弱在行　　行：军队

C. 纯勒部曲，坚守不动　　勒：命令

D. 帝以纯威信著于卫地　　著：显著

2. 下列对原文有关内容的概括和分析，不正确的一项是（　　）

A. 耿纯谋事深远，见事未形之时。王莽失败，更始帝登位，他却在乱世英雄中相中了刘秀。王郎造反，郡国多有归附，他为表明立场，放火焚烧族人的房屋来坚定人心。

B. 耿纯赤胆忠心，不惜牺牲家族。他义无反顾地率领宗族二千人归附刘秀，使其力量大增。击退贼众后，连皇帝都为他家族安危担忧，安排他率领亲属全部在蒲吾居住。

C. 耿纯足智多谋，作战英勇无畏。贼众大举包围，箭如雨下，士兵死伤严重。他临危不惧，坚守不动。选派二千精兵绕到敌人后面鼓噪，两面夹击，取得战争的胜利。

D. 耿纯心系百姓，深受百姓爱戴。在东郡做太守时，混乱的东郡变得太平清净。以至百姓随车哭泣挽留。后来东郡再次发生叛乱，他以一己威信，让九千多人投降。

7. 把下列句子翻译成现代汉语

（1）见官属将兵法度不与它将同，遂求自结纳。

（2）天下略定，臣无所用志，愿试治一郡，尽力自效。

（3）纯年少被甲胄为军吏耳，治郡乃能见思若是乎？

写作点拨

精彩的场面描写往往能增强文章的画面感，也更吸引读者。传记对耿纯夜战敌军并出奇制胜的场面进行了细致的刻画，既再现了战争的场面，也使文章更有趣味，更吸引读者。

邳彤传

邳彤字伟君，信都人也。

邳彤字伟君，是信都人。

世祖北至蓟，会王郎兵起，使其将徇地[1]，所到县莫[2]不奉迎，唯和成、信都坚守不下。彤闻世祖从蓟还，失军，欲至信都，乃先使[3]五官掾张万、督邮尹绥选精骑二千余匹，缘[4]路迎世祖军。彤寻[5]与世祖会信都。世祖虽得二郡之助，而兵众未合，议者多言可因[6]信都兵自送，西还长安。彤廷对曰："议者之言皆非[7]也。吏民歌吟思汉久矣，故更始举尊号而天下响应，三辅清宫除道以迎之。一夫荷[8]戟大呼，则千里之将无不捐城遁逃[9]，虏伏请降。自上古以来，亦未有感物动民其如此者也。又卜者王郎，假名因埶[10]，驱集[11]乌合之众，遂震燕、赵之地；况明公奋二郡之兵，扬响应之威，以[12]攻则何城不克，以战则何军不服！今释[13]此而归，岂徒空失河北，必更惊动三辅，堕损威重[14]，非计之得者也。若明公无复征伐之意，则虽信都之兵犹

世祖率军北上去了蓟地，恰逢王郎在后方起兵，派遣他的将领攻取土地，所到之县没有谁不降迎他，只有和成、信部两郡坚守而攻不下来。邳彤听说世祖从蓟地回来，失掉了军队，准备到信都，就先派五官掾张万、督邮尹绥挑选精骑二千余匹，沿路迎接世祖的军队。邳彤不久就与世祖在信都相会。世祖虽然得到了二郡的帮助，但失散的兵众没有集合，谋士多说可用信都兵送他西归长安。邳彤发表看法说："这些人说的话都错了。官吏百姓歌颂思念汉朝已经很久了，所以更始帝刘玄打出汉室旗号而天下群起响应，长安人民清理官室扫除道路来迎接他。一个人举戟大声呼喊，即使千里之外的大将也没有不弃城逃遁，像奴仆一样伏地请求投降的。自从上古以来，也没有感物动民达到这种程度的。那王郎只是一个卜卦之士，诈称是汉成帝之子刘子舆，乘天下混乱之势，驱使乌合之众，也能震慑燕、赵之地；更何况大汉宗室的明公如果振作二郡兵马的精神，高扬人心归汉四方响应的威势，凭借这攻城还有什么城不能攻下，凭借这打仗还有谁的军队不来依附！现在放弃这个机会向西退去，不仅白白地丢失了河北之地，而且必然使京城大后方惊慌震动，威势一旦毁坏受损，这就不是有利的良策。假若明公没有再次征伐的意图，那么虽有信都之兵也难以聚合。为

注释

①徇地：攻取土地。
②莫：没有谁。
③使：派遣。
④缘：动词，顺着；沿着。
⑤寻：不久。
⑥因：介词，介绍动作行为发生的条件，可译为"趁机"、"趁着"。这里意为趁机让信都兵送君主回长安。
⑦非：形容词，不对；不正确。
⑧荷（hè）：动词，背，扛，挑。
⑨遁逃：遁：逃跑；逃离。逃跑。
⑩假名因埶：假：动词，借；借助。因：顺应。埶：通"势"，形势。这里意为借助汉室名声，顺应行天下形势。
⑪驱集：驱使集合。
⑫以：凭借这个。
⑬释：放下，放弃。
⑭堕损威重：堕：（huī）动词，通"隳"。毁坏；延误。使威望损毁严重。

⑮既：已经。
⑯止：停止，这里指放弃西还长安的打算。
⑰捕系：系：梆缚；拴。抓捕捆绑。
⑱妻子：妻子和儿女。
⑲手书：书：书信。亲手写书信。
⑳泣报：小声哭泣着回信。
㉑就：接近。这里意为到其封国去。

难会也。何者？明公既[15]西，则邯郸城民不肯捐父母、背城主，而千里送公，其离散亡逃可必也。”世祖善其言而止[16]。

什么呢？明公既然打算西归，那么邯郸的城民是不肯抛弃父母、背弃城主，而千里送公西归的，他们的离散逃亡是必然的了。”世祖认为他说的话很对因而打消了西归的念头。

信都复反为王郎，郎所置信都王捕系[17]彤父弟及妻子[18]，使为手书[19]呼彤曰：“降者封爵，不降族灭。”彤涕泣[20]报曰：“事君者不得顾家。彤亲属所以至今得安于信都者，刘公之恩也。公方争国事，彤不得复念私也。”会更始所遣将攻拔信都，郎兵败走，彤家属得免。

信都又反叛归顺王郎，王郎所设置的信都王拘捕囚缚邳彤的父亲、弟弟及妻子儿女，迫使他们亲自写信告诉邳彤说：“投降就封爵，不投降就灭族。”邳彤流泪哭泣回信说：“侍奉君王的人不能顾念家庭。邳彤亲属所以至今在信都能够安身是刘公的恩德。刘公现在正忙于国事，我邳彤不能以私事为念。”恰好更始帝派去的将领攻下了信都，王郎兵败逃跑，因此邳彤家属得免于难。

及拔邯郸，封武义侯。建武元年，更封灵寿侯，行大司空事。帝入洛阳，拜彤太常，月余日转少府，是年免。复为左曹侍中，常从征伐。六年，就[21]国。

等到攻下邯郸后，封邳彤为武义侯。建武元年，改封灵寿侯，代理大司空一职。皇帝进入洛阳，拜邳彤为太常，一个多月之后改封少府，这年免去少府职位。再起用为左曹侍中，时常跟从世祖征战讨伐。建武六年，回到封国。

论曰：凡言成事者，以功著易显；谋几初者，以理隐难昭。斯固原情比迹，所宜推察者也。若乃议者欲因二郡之众，建入关之策，委成业，临不测，而世主未悟，谋夫景同，邳彤之延对，其为几乎！语曰“一言可以兴邦”，斯近之矣。

（史官）评论说：凡是说到成事的人，都是因为功劳卓著而容易显现；预谋事情有先见之明的人，因为事理隐晦而难以显扬。这本来是探寻缘由，比照踪迹的做法，是应当推理考察的。如果像谋士们建议的那样想凭借二郡之众，采取西还长安的策略，放弃已经在河北夺得的地盘，去面对危险的境地，并且世祖没有觉察出玄机，出谋划策的人又都像影子一样附和西还长安，在这种情况下，邳彤在朝廷上的应对，难道没有先见之明吗？《论语》说“一句话可以使国家兴隆”，邳彤的建言献策，是很接近的了。

人物简析

1. 邳彤作为谋将，很有战略眼光，在光武帝西还长安事件上大胆进言，为君主分析利弊，并做出正确选择，他对于“一言可以兴邦”这句话是受之无愧的。
2. 邳彤忠君爱国，不顾一己之私，面对家人被捕，邳彤忍痛拒绝敌军的交换条件，只为保全国家利益，这种克己奉公的精神是让人敬佩的。

考题举隅

1. 对下列句子中加点词的解释，不正确的一项是（　　）

   A. 世祖徇河北，至下曲阳　　　　徇：攻取

   B. 会王郎兵起，使其将徇地　　　会：恰逢

   C. 则邯郸城民不肯捐父母　　　　捐：捐助

   D. 委成业，临不测，而世主未悟　委：放弃

2. 下列对原文有关内容的分析和概括，不正确的一项是（　　）

   A. 邳彤征战杀伐，屡立战功。投奔刘秀后，为刘秀推翻王莽、平灭王郎、中兴汉朝帝业，立下了汗马功劳。

   B. 刘秀被王郎追剿时，众人慑于王郎兵势强大，主张护送刘秀回长安，独邳彤力排众议，主张合力抵御。刘秀认为他说得对，但没有采纳他的主张。

   C. 邳彤忠诚于刘秀，始终不渝。在刘秀、王郎两军拉锯战中，邳彤的家人被王郎抓作人质，以此来要挟他投降时，邳彤不为所动。

   D. 邳彤功劳卓著，显声扬名。辅佐刘秀建立东汉王朝，被封为灵寿侯、左曹侍中。史称其为“一言可以兴邦”之俊杰。

3. 将下列句子翻译为现代汉语。

   （1）一夫荷戟大呼，则千里之将无不捐城遁逃，虏伏请降。

   （2）凡言成事者，以功著易显；谋几初者，以理隐难昭。

写作点拨

邳彤一生最显著的功绩就是在光武帝西还长安事件上大胆陈词，可谓“一言可以兴邦”。本篇传记也抓住这一点细致刻画，凸显人物的智慧和谋略，使得传记主题鲜明，人物形象突出。因此，在人物塑造中要突出重点事件。

杜林传

杜林字伯山，扶风茂陵人也。少好学沉深，时称通儒[1]。王莽败，盗贼起，林与弟成将细弱俱客[2]河西。隗嚣素[3]闻林志节，深相敬待，以为持书平[4]。后因疾告去，辞还禄食。嚣意虽相望，且欲优容之，乃出令曰："杜伯山天子所不能臣[5]，诸侯所不能友[6]，今且从师友之位，使顺所志。"林虽拘于嚣[7]，而终不屈节。建武六年，弟成故，嚣乃听林持丧东归[8]。既遣[9]而悔，追令刺客杨贤杀之。贤见林身推鹿车[10]，载致弟丧，乃叹曰："当今之世，谁能行义？我虽小人，何忍杀义士！"因亡[11]去。

杜林字伯山，扶风茂陵人。少年时好学沉稳深思，当时人称他是知识渊博的读书人。王莽失败后，盗贼四起。杜林与弟弟杜成带着家眷一起到河西客居。隗嚣一向听说杜林的志气和节操，非常尊敬他，任用他为治书侍御史。后来杜林因病请求离去，辞了官职。隗嚣心中虽然不满意，但又想宽容他，就下令说："杜伯山这个人天子无法使他臣服，诸侯也不能跟他交朋友，大概他是像伯夷、叔齐一样以吃周的粮食为耻辱。如今暂且把他当作老师或朋友来看待，顺应他的志向。"杜林虽然被隗嚣软禁，但一直没有屈服。建武六年，他的弟弟杜成去世，隗嚣才同意杜林护送杜成的灵柩回乡。杜林走了以后隗嚣又后悔了，又命令刺客杨贤截杀杜林。杨贤看到杜林亲自推着小车，把弟弟的灵柩运送回去，就叹息道："如今的世道，还有谁能像杜林这样实行仁义之道的？我虽然是个势利小人，但怎么能忍心杀害义士呢？"于是就逃亡离去。

后林为大司徒司直。荐[12]同郡范逡、赵秉等，皆被擢用，士多归[13]之。十一年，以林代郭宪为光禄勋。内奉宿卫，外总三署，周密敬慎，选举称平。十四年，群臣上言："古者肉刑严重[14]，则人畏法令；今宪律轻薄，故奸轨不胜[15]。宜增

后来杜林代替王良担任大司徒司直。杜林推荐同乡范逡、赵秉等人，都被提拔重用，天下贤士都归附杜林。建武十一年，让杜林代替郭宪担任光禄勋。在宫内负责值宿警卫，在宫外总管左右中郎将以及五官中郎将，周到严密恭谨小心，推举贤才被认为公正无偏。建武十四年，大臣们对皇帝说："古代肉刑严厉，所以人们敬畏法令；如今法律过松过少，所以犯罪的情况越来越多。应

注释

①通儒：通晓儒家义理。
②客：动词，寄居他乡；旅居在外。
③素：副词，平素；一向。
④持书平：治书侍御史。
⑤臣：以……为臣。
⑥友：以……为友。
⑦拘于嚣：拘：动词，束缚；限制。被嚣限制。
⑧听：动词，听从；接受。这里意为允许。持丧：护丧；服丧。
⑨遣：动词，打发；送走。
⑩鹿车：古代的一种小车。
⑪因亡：所以就逃跑了。
⑫荐：动词，推荐；举荐。
⑬归：归顺。
⑭肉刑严重：刑法严厉。
⑮胜：多。

科禁，以防其源[16]。”诏下公卿。林奏曰：“孔子曰：‘导之以政，齐之以刑[17]，民免而无耻。导之以德，齐之以礼，有耻且格[18]。古之明王，深识远虑，动居其厚，不务多辟。大汉初兴，详鉴失得，海内欢欣，人怀宽德。及至其后，渐以滋章，吹毛索疵，诋欺无限。果桃菜茹之馈，集以成臧[19]，小事无妨于义，以为大戮[20]，故国无廉士，家无完行。至于法不能禁，令不能止，上下相遁[21]，为敝弥深。臣愚以为宜如旧制，不合翻移。”帝从之。

该增加法规禁令，来堵住犯罪的源头。”诏令交给公卿商议。杜林上奏说：“孔子说：‘用政令来引导，用刑罚来使民众齐整，那么民众就会免于犯罪而不知羞耻。用道德来引导，用礼仪来使民众齐整，那么民众就会有羞愧之心而行为端正。古代的明君，见识深思虑远，举动本着仁厚之心，不实行苛繁的刑法。汉朝新建的时候，仔细观察前朝的得失，举国欢欣，人人都怀有宽厚之德。到了后来，法规逐渐增多，官吏吹毛求疵，诬妄诋毁层出不穷。水果菜蔬之类的赠品，也收集起来作为赃物，犯了一点小过本来无妨大义，却要加以重刑，所以国中没有了廉节之士，家家都缺少完美的品行。直至法律不能制约，命令不能禁止，上下互相回避，造成的危害实在很深重。臣认为应该保持原有的法律，不应变动。”光武同意了。

后皇太子强求乞自退，封东海王，故重选官属，以林为王傅。从驾南巡狩。时诸王傅数[22]被引命，或多交游，不得应诏；唯林守慎[23]，有召必至。余人虽不见谴，而林特受赏赐，又辞不敢受，帝益重之。

后来皇太子刘强自己请求退位，封为东海王，所以加派官员部属，任用杜林为王傅。随从光武南巡。当时几位王傅数次被光武宣召，有的因为交游广泛，不能前去应诏；惟独杜林忠于职守，有召必到。其他的王傅虽然没有受到批评，而惟有杜林受到赏赐，他又推辞不敢接受，光武越发器重他。

论曰：夫威强以自御，力损则身危；饰诈以图己，诈穷则道屈；而忠信笃敬，蛮貊行焉者，诚以德之感物厚矣。故赵孟怀忠，匹夫成其仁；杜林行义，烈士假其命。《易》曰：“人之所助者信”，有不诬矣。

评论曰：靠威强来自保，威力损失了就身危；凭狡诈来图私利，奸计被揭穿就行不通了；而忠信诚笃之士，在蛮貊之邦也能畅通无阻，是因为道德感人至深啊。所以赵孟忠心耿耿，刺客成全他的仁德；杜林躬行道义，杀手放过他的性命。《易经》上说“人们乐意帮助的是笃守诚信的人”，说得真不错。

⑯源：源头。这里指犯罪的源头。

⑰导之以政，齐之以刑：导：动词，引导；指导。齐：动词，整顿；治理。用仁政加以引导，用刑法加以整治。

⑱格：名词，格式；标准。这里指遵从礼仪规范。

⑲臧：名词，通“赃”。通过不下当的手段获得的财物。

⑳大戮：戮：动词，斩；杀；处决。这里指过大的刑法。

㉑遁：动词，隐去。这里指互相隐去罪行。

㉒数：多次。

㉓守慎：忠于职守，谨慎小心。

【人物简析】

1. 杜林是仁义之人，治理天下时他大胆向君主进言，请求施行仁政，反对刑罚，并据理力争。他的言论主张在当时来说还是非常超前的。

2. 杜林虽然是文人，但是一点也不文弱，面对强权势力绝不屈服，其节气令人敬佩，就连杀手也不忍杀害他。

3. 杜林忠于君主，不论形势如何变化，杜林绝不以势夺人，这一点是令人敬佩的。

【考题举隅】

1. 对下列句子中加点字的解释，不正确的一项是（　　）

A. 隗嚣素闻林志节　　　　志：志气

B. 杜伯山天子所不能臣　　臣：大臣

C. 皆被擢用，士多归之　　擢：提拔

D. 又辞不敢受，帝益重之　重：器重

2. 翻译下列句子。

（1）至其后，渐以滋章，吹毛索疵，诋欺无限。

（2）夫威强以自御，力损则身危；饰诈以图己，诈穷则道屈；而忠信笃敬，蛮貊行焉者，诚以德之感物厚矣。

【写作点拨】

杜林是一个饱读诗书的人，因而其言论也是非常精彩的，本篇传记在写作中重点记述他劝服皇帝施行仁政的语言，这也是传记最精彩之处，因而写作中若能抓住人物精彩语言进行刻画，文章就会非常精彩。

梁鸿传

梁鸿字伯鸾，扶风平陵人也。父让，王莽时为城门校尉，寓于北地而卒①。鸿时尚幼，以遭乱世，因卷席而葬。后受业太学，家贫而尚节介②，博览无

梁鸿的字叫伯鸾，是扶风平陵县人。父亲让，王莽时候做城门校尉，寓居在北地，死在那里。梁鸿那时年纪还小，因为遇上乱世，就用席子卷着把父亲埋了。后来在太学读书，家境贫寒却崇尚独特的节操，饱读群书，没有不通晓的，却

注释

①卒：死。

②节介：气节；操守。

不通，而不为章句。学毕，乃牧豕于上林苑中。曾
不著述。完成了学业，就在上林苑放猪。曾经不慎失火，蔓延到别的房屋，梁鸿就
误遗火延及它舍，鸿乃寻访烧者，问所去失，悉以
寻找到受灾的人家，问他损失了多少，把猪全部拿来做赔偿。那家主人还认为太
豕偿之。其主犹以为少。鸿曰："无它财，愿以身
少。梁鸿说："我没有别的财产，愿意用自己的身体做工来抵。"那家主人答应了，
居作③。"主人许之。因为执勤，不懈④朝夕。邻家
梁鸿就给他们做杂务，早早晚晚从不懈怠。那家邻居的老人们看到梁鸿不是平常
耆老见鸿非恒人，乃共责让主人，而称鸿长者。于
人，就都责怪那家主人，并称赞梁鸿忠厚老实。从此那主人才敬佩梁鸿，觉得他
是始敬异焉，悉还其豕。鸿不受而去，归乡里。
很特别，把猪全部还给梁鸿。梁鸿不接受，离开返回自己家乡。

势家慕其高节，多欲女之，鸿并⑤绝不
有势力的人家羡慕梁鸿的高尚节操，有很多人家要把女儿嫁给他，梁鸿
娶。同县孟氏有女，状肥丑而黑，力举石臼，
都谢绝不娶。同县姓孟人家有个女儿，形状肥胖丑陋黝黑，力气很大，能举起
择对不嫁，至年三十。父母问其故⑥。女曰：
石臼，不想匹配婚嫁，年龄都到三十岁了。父母问她什么原因，那女子说："要
"欲得贤如梁伯鸾者。"鸿闻而聘之。女求作
得到梁伯鸾那样贤能的。"梁鸿听了就下礼聘了她。女子请求制作粗布衣服、草
布衣、麻屦，织作筐、缉绩⑦之具。及嫁，始
鞋、纺织用的筐、搓绳子的工具。等到出嫁，才梳妆打扮进了门。过门七天梁鸿
以装饰入门。七日而鸿不答⑧。妻乃跪床下请
都不搭理她，妻子就跪在床下请求说："我私下听说您有高尚的节义，挑选斥
曰："窃闻夫子高认，简⑨斥数妇，妾亦偃蹇⑩数
退了几个女子，我选择夫婿，也高傲地挑选过几个男子。现在我被您选择后（又
夫矣。今而见择⑪，敢不请罪。"鸿曰："吾
遭冷落），哪敢不向您请罪。"梁鸿说："我选择的妻子是穿粗布衣服，可以同我
欲裘褐之人，可与俱隐深山者尔。今乃衣绮缟⑫，
一起到深山隐居的人罢了。你现在居然穿着精美而有花纹的衣服，涂脂抹粉，
傅粉墨，岂鸿所愿哉？"妻曰："以观夫子之
这哪里是我的最初迎娶你的意愿呢？"妻子说："我只是想试看一下你的志向罢
志耳。妾自有隐居之服。"乃更为椎髻布衣，
了。我早就准备好隐居的服装。"于是重新把头发梳成椎形的发髻，穿上粗布的
操作而前。鸿大喜曰："此真梁鸿妻也。能奉
衣服，做着女人的活计到梁鸿的面前来。梁鸿非常高兴，说："这才是我梁鸿的
我矣！"字之曰德曜⑬，名孟光。
妻子，你能够服侍我了！" 于是给她起了个字叫德曜，取了个名叫孟光。

③居作：作佣人。
④懈：懈怠
⑤并：全部
⑥故：原因。
⑦缉绩：犹纺织。
⑧答：搭理。
⑨简：简拔、简选、简任。
⑩偃蹇（yǎn jiǎn）：骄傲，高傲。
⑪择：选择。
⑫绮缟（qǐ gǎo）：绮：有纹彩的丝织品；缟：未经染色的绢。这里指精美而有花纹的丝织品。
⑬曜（yào）：照耀；明亮。

居[14]有顷[15]，妻曰："常闻夫子欲隐居避患，今何为默默？无乃[16]欲低头就[17]之乎？"鸿曰："诺。"乃共入霸陵山中，以耕织为业，咏诗书，弹琴以自娱。

生活了一段时期，妻子说："常听先生想隐居躲避后患之志，为何现在还不行动？难道想这样苟且偷生？"梁鸿说："好的。"于是夫妻二人共同到霸陵山中，以耕织为业，吟诵诗书，弹奏雅琴自娱自乐。

后至吴，依大家皋伯通，居[18]庑[19]下，为人赁舂。每归，妻为具[20]食；不敢于鸿前仰视，举案齐眉。伯通察而异[21]之，曰："彼佣以使其妻敬之如此，非凡人也。"乃方舍之于家。鸿潜闭著书十余篇。及[22]卒，伯通等为求葬地于吴要离[23]家傍。咸[24]曰："要离烈士，而伯鸾清高，可令相近。"葬毕，妻子归扶风。

后来到吴，依附世家望族皋伯通，住在厢房，给人做雇工舂米。每当打工回来，妻子就准备好食物，从不敢在梁鸿面前直接仰视，把盛食物的托盘举得跟眉毛一样高。伯通看到了感到很奇怪，说："那个打工人能让他的妻子如此敬畏他，不是平常人。"就让他在家里住，不干那些杂事。梁鸿闭门著书十余篇。等到梁鸿死后，伯通要了一块地将他葬在吴要离墓旁。众人都说："吴要离是有节气有壮志的人，梁鸿品性清高，可以让他靠近要离。"葬完，妻子回到扶风老家。

⑭居：用在时间词语之前，表示经过的时间。可译为"过了"。
⑮有顷：不久；一会儿。
⑯无乃：副词，用于反问句中，应该为"难道"之意。表示不以为然的意思，跟"岂不是"相近，但语气比较和缓。
⑰就：投身、屈就。
⑱居：居住。
⑲庑（wǔ）：正房对面和两侧的小屋子。
⑳具：备办，准备。
㉑异：惊异，诧异。
㉒及：至，到。
㉓要离（yāo lí）：春秋时代吴国人，中国古代刺客，受公子光派遣刺杀了吴王僚之子庆忌。
㉔咸：皆，都。

人物简析

1. 文中"势家慕其高节，多欲女之，鸿并绝不娶"和"鸿不受而去，归乡里"以及"七日而鸿不答"表明梁鸿高尚的节操。
2. 梁鸿死后，人们都认为品性清高的他足以与坚守信念的要离媲美。表现了梁鸿为人正直耿介。
3. 在刚嫁给梁鸿时，孟光用盛装丽服来试探梁鸿的品性，说明孟光早已有隐居的准备，以此表现孟光虽貌丑而心灵聪慧的特点。
4. 文中梁鸿在上林苑放猪。因不慎失火，蔓延到别的房屋，当梁鸿把猪全部拿来做赔偿，那家主人还认为太少时，梁鸿做出"无它财，愿以身居作"的决定，可见其为人诚恳，敦厚。

考题举隅

1. "每归，妻为具食；不敢于鸿前仰视，举案齐眉。"本句中有一个沿用至今的成语，是什么？并写出它的意思。
2. 对下列句子中加点词的解释，不正确的一项是（　　）

A. 居有顷。　　有顷：不久；一会儿。

B. 常闻夫子欲隐居避患，　　闻：闻到。

C. 简斥数妇　　简：拣选。

D. 愿以身居作。　　居作：作佣人。

3. 下列句子中“居”的意思与“居庑下”中“居”的意思相同的一项（　　）

A. 面山而居　　B. 孔子闲居

C. 居左者右手执蒲葵扇。　　D. 居天下之人，使安其业。

4. 翻译下面的句子

（1）常闻夫子欲隐居避患，今何为默默？无乃欲低头就之乎？

（2）每归，妻为具食；不敢于鸿前仰视，举案齐眉。

5. 用“/”给下文的句子断句

邻家耆老见鸿非恒人乃共责让主人而称鸿长者于是始敬异焉悉还其豕鸿不受而去归乡里。

写作点拨

1. 从为人品格的角度：“家贫而尚节介，博览无不通。”梁鸿这种勤奋苦读，不为物质所累的品质与精神不但值得我们学习，还可以作为议论文的论据使用，证明精神的富足可以战胜物质的贫穷。

2. 文中“梁鸿放猪时因不慎失火，蔓延到别的房屋，当把猪全部拿来做赔偿，那家主人还认为太少”时，梁鸿做出“无它财，愿以身居作”的决定，为后文赢得世人的赞美奠定了基础。水到渠成，没有突兀之感，更不是空穴来风。我们可以学习典型选材对突出中心的作用。

吴祐传

吴祐字季英，陈留长垣人也。父恢，为南海太守。祐年十二，随从到官。恢欲杀青简[①]以写经

吴祐字季贡，陈留长垣人，父亲吴恢，任南海太守。吴祐十二岁时跟着他的父亲到所任职的地方生活。父亲想削竹子制成竹简刻写经书，吴祐劝道：“现

注释

①杀青：古代制竹简程序之一。将竹火炙去汗后，刮去青色表皮，以便书写和防蠹。简：竹

书，祐谏[2]曰："今大人逾[3]越五岭，远在海滨，其俗诚[4]陋，然旧多珍怪，上为国家所疑，下为权戚所望[5]。姑[6]书若成，则载之兼两[7]。昔马援以薏苡[8]兴谤，嫌疑之间，诚先贤所慎也。"恢乃止。

在父亲越过五岭，远在海边，这里虽然风俗粗俗，但原来旧时有许多珍奇异宝，对上而言被国家猜疑，对下而言被诸侯寄望。姑且把书写成，那么就要用两辆车来运载。从前马援因为运回薏苡招致毁谤，这是容易让人产生嫌疑的事情，前代的贤人对此也是十分慎重的。"吴恢于是就不写书了。

及年二十，丧父，居无擔石[9]，而不受赡遗[10]。常牧豕[11]于长垣泽中，行吟经书。遇父故人，谓曰："卿二千石[12]子而自业[13]贱事，纵子无耻，奈先君何[14]？"祐辞谢而已，守志如初。

吴祐二十岁时，父亲去世，生活十分贫困，却不接受别人的接济赠送的财物。他常在家乡水边放猪，同时漫步吟诵经书。遇到父亲生前的老朋友，对他说："你是两千石官员的儿子却做这样下贱的事，就算你不觉得羞耻，又怎么对得起你去世的父亲呢？"吴祐只是表示谢意，坚守志节并不改变。

后举[15]孝廉，将行，郡中为祖道[16]，祐共小吏雍丘黄真欢语移时，与结友而别。功曹[17]以祐倨[18]，请黜[19]之。太守曰："吴季英有知人之明[20]，卿且勿言。"真后亦举孝廉，除[21]新蔡长，世称其清节[22]。迁胶东侯相。祐政唯仁简，以身率物[23]。民有争诉者，辄[24]闭门自责，然后断其讼，以道[25]譬[26]之。或[27]身到闾里[28]，重相和解。

后来被举为孝廉，将前去应召，郡里给他饯行，吴祐跟小吏雍丘黄真畅谈多时，与他结友而别。功曹认为他太傲慢无理了，请求降职罢免他。太守说："吴季英有能看出人的品行才能的眼力，你先不要多言。"黄真后来也被举荐为孝廉，任命新蔡县令，世人称赞黄真清正廉明且有节操。吴祐后来升为胶东侯相。他为政力求仁慈清简，身体力行，做众人的榜样。百姓有到官府打官司的，他总是先闭门自责，然后再审断诉讼，用道理开导他们。或亲自到百姓居住的地方调解，使双方和解。

啬夫[29]孙性私赋[30]民钱，市衣以进其父，父得而怒曰："有君如是，何忍欺之！"促归伏罪。性惭惧，诣[31]阁持衣自首。祐屏左右问其故，性具谈父言。祐使归谢其父，还以衣遗之。祐在胶东九年，迁齐相，大将

农夫孙性私下征收百姓的钱物，买了一件衣服送给父亲，父亲得到衣服，非常生气，说："我们有这样的官员，你怎么忍心欺骗他！"逼着儿子回去认罪。孙性又惭愧又害怕，拿着衣服到官衙自首。吴祐屏退左右，询问缘由，孙性如实把父亲的话说了。吴祐让他回去感谢父亲，并把他的衣服送给他的父亲。吴祐

简，战国至魏晋时代的书写材料。是削制成的狭长竹片（也有木片），竹片称简，木片称札或牍，统称为简，现在一般说竹简。

②谏：旧时称规劝君主或尊长，使改正错误。
③逾：越过，经过。
④诚：实在，的确。
⑤望：怨恨，责怪。
⑥姑：暂且，姑且。
⑦兼两：同时使用两辆车。
⑧薏苡：一种草本植物。
⑨"擔"：简化作"担"。担石，一担之量。比喻米粟为数不多。
⑩赡遗（shàn yí）：接济或赠送；亦指接济赠送的财物。
⑪豕：猪。
⑫二千石：吴佑的父亲吴恢为南海太守，所以称"二千石"。
⑬业：从事。以……为职业。
⑭奈……何：怎么，怎能。
⑮举：举荐，选拔。
⑯祖道：古代为出行者祭祀路神和设宴送行的礼仪。引申为饯行送别。
⑰功曹：官名。汉代郡守有功曹史，简称功曹，除掌人事外，得以参预一郡的政务。北齐后称功曹参军。唐时，在府的称为功曹参军，在州的称为司功。
⑱倨：傲慢。
⑲黜：降职或罢免。
⑳知人之明：能看出人的品行才能的眼力。
㉑除：任命，授职。
㉒清节：清正廉明，有节操。
㉓率物：做众人的榜样。

军梁冀表为长史。及冀诬奏太尉李固，祐闻而请见，与
在胶东九年升为齐相，大将军梁冀上表推荐他任长史。到了梁冀诬奏太尉李固

冀争之，不听，冀怒而起入室，祐亦径[32]去。冀遂出祐
时，吴祐听后请见梁冀，与他争辩，梁冀不听，愤怒地起身入室，吴祐也直接离

为河间相，因自免归家，不复仕，躬灌园蔬，以经书教
开。梁冀于是把吴佑调出京城任河间相，吴祐便辞官回家，不再做官，亲自灌园

授。年九十八卒。
种菜，讲授经书。九十八岁去世。

㉔辄：于是，就。
㉕道：道理。
㉖譬：开导劝解。
㉗或：有时。
㉘闾：汉代二十五家为一闾；原指里巷的大门，后指人聚居处。
㉙啬夫：农夫
㉚赋：征收。
㉛诣：前往，去到。
㉜径：直，直接。

人物简析

1. 吴祐十二岁时就跟随父亲到任所生活，在劝谏父亲停止削竹制简刻写经书这件事上，他表现出了遇事谋事时能以人为镜，冷静沉稳；如成人一般的深谋远虑，远见卓识。
2. 父亲去世后，吴祐年仅十二岁，虽然生活十分贫困，却不接受别人接济赠送的财物。而是一边放猪一边吟诵经书，这种不为人言所动，安于清贫自立，坚守志节，守志如初的品质值得我们学习与效仿。
3. 吴祐升迁为胶东侯相，遇到打官司的百姓，他先是闭门自责，然后才去审断诉讼，用道理开导他们，或亲自调解。可见他为政仁爱清简，爱民如子；且严于律己，率先垂范。
4. 大将军梁冀曾上表推荐他任长史，但当梁冀诬奏太尉李固时，吴祐前去与之争辩。后被调任河间相，辞官回乡耕读。可见吴祐刚正不阿，公私分明，不徇私舞弊，坚守志节。

考题举隅

1. 下面加点词的解释不正确的一项是（　　）

   A. 今大人逾越五岭　　　　逾：超过。
   B. 远在海滨，其俗诚陋　　陋：粗劣，粗俗。
   C. 卿二千石子而自业贱事　事：从事，做。
   D. 躬灌园蔬，以经书教授　躬：亲自。

2. 用“/”给下文的句子断句

   民有争诉者辄闭门自责然后断其讼以道譬之或身到闾里重相和解

3. 把下列的句子翻译成现代汉语

（1）恢欲杀青简以写经书，佑谏曰：“令大人逾越五岭，远在海滨，其俗诚陋，然旧多珍怪，上为国家所疑，下为权戚所望。姑书若成，则载之兼两。昔马援以薏苡兴谤，嫌疑之间，诚先贤所慎也。”恢乃止。

（2）祐屏左右问其故，性具谈父言。祐使归谢其父，还以衣遗之。

写作点拨

1. 从为人品格的角度：吴祐在父亲去世后，虽然生活十分贫困，却不接受别人的接济和赠送的财物。而是一边放猪一边勤奋苦读，他的这种不为人言所动，安于清贫自立，坚守志节的品质还可以作为议论文的论据使用，证明穷困亦不改其志的大丈夫气节。
2. 学习典型选材对突出人物性格的作用。文中大将军梁冀曾上表推荐吴祐任长史，但当梁冀诬奏太尉李固时，吴祐就前去与之争辩。可见他公私分明，不徇私舞弊，坚守志节。

张奂传

张奂字然明，敦煌渊泉人也。父惇，为汉阳太守。奂少游三辅①，师事太尉朱宠，后辟②大将军梁冀府，以疾③去官。复举贤良④，对策第一，擢⑤拜议郎。

张奂，字然明，是敦煌渊泉人，父亲张惇，任汉阳郡太守。张奂年轻时到三辅地区游学，拜太尉朱宠为师，后来被征召到大将军梁冀幕府任职，因病辞职。又被任用为有才能的人，回答策问获得第一名，被提拔担任议郎之职。

永寿元年，迁安定属国都尉。初到职，南匈奴左奥建台、且渠伯德等七千余人寇美稷⑥，东羌复应之，而奂壁唯有二百许⑦人，闻即勒⑧兵而出，军吏以为力不敌，叩头争止之。奂不听，遂进屯⑨长城，收集兵士，遣将王卫招诱东羌，因据龟兹⑩，使南匈奴不得交通⑪东羌。诸豪遂相率与

永寿元年，张奂被调任安定属国都尉。刚刚到职，南匈奴左奥建台、且渠伯德等率七千余人起兵进攻美稷，东羌也出兵响应。但张奂营垒中只有二百人左右，张奂听到消息就马上带领军队出击，军吏认为自己军队的力量抵挡不了对方，争相磕头阻止他。张奂不听从，便率兵前进驻扎到长城。这时他召集兵士，并派遣将领王卫前去招降东羌。于是占据龟兹，使南匈奴不能与东羌勾结，各路豪强相继和张奂示好亲近，同汉军共同攻打南匈奴叛军，连续作战不断取得胜

注释

①三辅：西汉时本指治理京畿地区的三位官员，京兆尹、左冯翊、右扶风为三辅，后指这三位官员管辖的地区。
②辟：征召推举授官。
③去：因故离开职位。
④举：任用，选拔。贤良：有才德的人。
⑤擢（zhuó）：提拔，提升。
⑥寇：入侵。美稷：南匈奴单于的居所。
⑦许：表示约略估计的数量。大约，左右。
⑧勒：统率。率领。
⑨屯：戍守，驻扎。
⑩龟兹（qiū cí）：“龟兹国”，是中国古代西域

奂和亲[12]，共击南匈奴，连战破之。伯德惶恐，将其众降，郡界以宁。羌豪帅感奂恩德，上马二十匹，先零[13]酋长又遗金镰八枚。奂并受之，而召主簿于诸羌前，以酒酹[14]地曰："使马如羊，不以入厩；使金如粟，不以入怀。"悉以金马还之。羌性贪而贵[15]吏清，奂正身洁己，威化大行。

利。且渠伯德十分害怕，便率领众人向张奂投降，这样郡内才得以安宁。东羌首领感激张奂的恩德，献上二十匹马，先零羌首领也送来八件金耳环，张奂都接受了，然后便命主簿召集羌族各部前来，他举起酒杯将酒倒在地上说："即使马像羊一样多，我也不会把它收入马棚里；即使金器像谷粒一样多，我也不会把它收入怀中。"于是他把金器、马匹全都还给他们。羌人生性贪婪而看重官吏的清廉，张奂端正自身，廉洁品行，恩威和教化得以广泛推行。

迁使匈奴中郎将。休屠各[16]及乌桓并同反叛，兵众大恐，各欲亡去。奂安坐帷中，与弟子讲诵自若，军士稍安。乃潜[17]诱乌桓，阴[18]与和通，遂使斩屠各渠帅，袭破其众。

朝廷调张奂担任使匈奴中郎将。休屠各与乌桓一起反叛，汉军非常惊恐，都想逃跑。张奂安坐帐中，若无其事地与弟子讲诵学问，军士们渐渐安定下来。于是他私下里诱降乌桓，使他暗中和自己通好，然后让乌桓斩杀了休屠各这个部落的首领，袭击并打败了他们的军队。

延熹二年，梁冀被诛，奂以故吏免官禁锢。在家四岁，复拜武威太守。平均徭赋，率厉散败，常为诸郡最，河西由是而全[19]。其俗多妖忌，凡二月五月产子及与父母同月生者悉杀之。奂示以义方[20]，严加赏罚，风俗遂改，百姓生为立祠。

延熹二年，梁冀被杀，张奂因为是梁府故吏被免官禁锢。在家四年后，又被任命为武威郡太守。张奂平均分配赋税和徭役，集合并安抚散乱的败兵，经常是各郡最好的，河西因此得以保全。那地方的风俗有很多妖邪的禁忌，凡是二月份、五月份生下的孩子以及与父母同月份出生的孩子，全都杀死。张奂拿仁义的道理教导他们，严格赏罚制度，风俗就得到了改变，百姓为他建立了生祠。

九年春，征拜大司农。鲜卑[21]闻奂去，其夏，寇掠缘边九郡，杀略百姓。秋，鲜卑复率八九千骑入塞，缘边大被[22]其毒。朝廷以为忧，复拜奂为护匈奴中郎将，赏赐甚厚。匈奴、乌桓闻奂至，因[23]相率[24]还降，凡[25]二十万

九年春，又调任大司农。鲜卑人听说张奂调离，这年夏天便攻掠沿边九郡，杀害抢劫百姓，秋天，鲜卑人再次带领八九千骑兵攻入边塞，沿边深受其害。朝廷很担心这件事，又任命张奂担任护匈奴中郎将，赏赐很丰厚。匈奴和乌桓听说张奂到来，就相继投降，总共二十万人。张奂只杀了其中的罪魁祸首，将

大国之一。
⑪交通：勾结。
⑫和亲：和亲是指，西汉为缓和汉、匈关系，嫁宗室女与匈奴单于。这里指示好亲近。
⑬先零：西汉时西羌中比较强大的部落联盟。
⑭酹（lèi）：将酒洒在地上表示祭奠或立誓。
⑮贵：看重。
⑯休屠各：部落名。
⑰潜：偷偷地。
⑱阴：暗地里。暗中。
⑲全：保全。
⑳义方：行事应该遵守的规范和道理。
㉑鲜卑：古代中国北方游牧民族。
㉒被：遭受。
㉓因：于是、就。
㉔相率：相继。
㉕凡：总共。

㉖但：只。
㉗尝：曾经。

口。奂但[26]诛其首恶，余皆慰纳之。唯鲜卑出塞去。
其余的人都安抚收容了。唯独鲜卑率众退走出塞。

奂少立志节，尝[27]与士友言曰："大丈夫处世，当为国家立功边境。"及为将帅，果有勋名。董卓慕之，使其兄遗缣百匹。奂恶卓为人，绝而不受。光和四年卒，年七十八。
张奂年轻时立下志向，曾对朋友说："大丈夫活在世上，一定要为国家在边境建功立业。"到后来成为将帅，果然有功勋。董卓仰慕他，让自己的哥哥赠给张奂一百匹缣。张奂厌恶董卓的为人，拒绝而不接受。光和四年去世，终年七十八岁。

人物简析

1. 张奂以极少的兵力出战抵抗南匈奴的入侵，通过招募士兵、占据有利地势等方法击败了敌人；曾因梁冀被诛杀后受牵连而被免官，但在鲜卑侵犯边境时，朝廷又重启任命他为边防大将，这些事件可见张奂英勇善战，足智多谋，有卓越的军事才能，且不计前嫌，不记个人恩怨，勇于担当。
2. 张奂因战胜南匈奴而威名教化大盛于边疆，之后被授予了使匈奴中郎将的官职，平定了休屠各和乌桓的叛乱。端正自身，廉洁品行，恩威和教化大盛于边疆，德行天下。
3. 东羌献上二十匹马，先零首领也送来八件金耳环，张奂全部归还；董卓也派人给他送一百匹缣，张奂亦拒绝了他的馈赠。足见其正身洁己，不为物累，富贵不淫之磊落。

考题举隅

1. 下列句子中加点词的解释，不正确的一项是（　　）

A. 南匈奴左奥建台、且渠伯德等七千余人寇美稷　　寇：入侵

B. 因相率还降　　相率：相互率领。

C. 羌性贪而贵吏清　　贵：看重

D. 缘边大被其毒　　被：遭受

2. 翻译句子：

（1）奂并受之，而召主簿于诸羌前，以酒酹地曰："使马如羊，不以入厩；使金如粟，不以入怀。"悉以金马还之。

（2）奂少立志节，尝与士友言曰："大丈夫处世，当为国家立功边境。"

3. 用“/”给下文的句子断句。

其俗多妖忌凡二月五月产子及与父母同月生者悉杀之奂示以义方严加赏罚风俗遂改百姓生为立祠。

【写作点拨】

1. 对比写作手法：休屠各与乌桓一起反叛，汉军非常惊恐，都想逃跑，张奂安坐帐中，若无其事地与弟子讲诵学问，以此衬托出张奂临战的镇定自若。以极少的兵力出战抵抗南匈奴七千余人的入侵，击败了敌人，足见其卓越的军事才能。
2. 衬托手法的应用：董卓仰慕他，让自己的哥哥赠给张奂一百匹缣，亦衬托出张奂的才能非凡。
3. 从为人品格的角度：正身洁己，不为物累，富贵不淫之磊落。东羌献上二十四马，先零首领也送来八件金耳环，张奂全部归还；董卓也派人给他送一百匹缣，张奂亦拒绝了他的馈赠。

王涣传

王涣字稚子，广汉郪人也。涣少好侠，尚气力，数通剽轻少年[1]。晚而改节，敦[2]儒学，习《尚书》，读律令，略[3]举大义。为太守陈宠功曹[4]，当职割断[5]，不避豪右[6]。宠风声大行，入为大司农。和帝问曰：“在郡何以为理[7]？”宠顿首[8]谢曰：“臣任功曹王涣，以简[9]贤选能。主簿镡显，拾遗补阙[10]。臣奉宣诏书而已。”帝大悦，涣由此显名。

王涣字稚子，是广汉郪(qī)县人。年少时喜好行侠仗义打抱不平，崇尚力气和武艺，多次和掠夺钱财的轻浮违法的少年人勾结往来。后来才改变了自己的志向操守，致力于儒学，学习《尚书》，研读律令，大体明晓了这些书典的主要旨义。他担任郡太守陈宠的功曹后，对自己担当的职责认真负责，决断果敢，即使对豪强大户也决不手下留情。陈宠因而名声大震，被提升到朝中任大司农。汉和帝问他：“你在郡中是用什么办法治理政务的？”陈宠叩头回答说：“臣任用功曹王涣，让他选拔有才能的人处理各种事物；又让主簿镡显补正别人的缺点过失，我不过是奉命宣读皇上您的诏书罢了。”和帝十分高兴。王涣从此后开始知名。

注释

①数：多次，屡次。通：串通，勾结。剽（piāo）：抢劫，掠夺。轻：随便，不庄重。

②敦：勉力，勉强。这里指勉力学习。

③略：大致，简单。

④功曹：汉代辅佐州、郡长官办事的官吏，掌管考查记录功劳等。

⑤割断：专断；决断。

⑥豪右：豪门大族。汉以“右”为上，故称“豪右”

⑦理：治理。

⑧顿首：磕头；叩头下拜。

州举茂才，除[11]温令。县多奸滑，积为人患。涣以方略[12]讨击，悉诛之。境内清夷[13]，商人露宿于道。其有放牛者，辄[14]云以属[15]稚子，终无侵犯。在温三年，迁兖州刺史，绳正部郡，风威大行。后坐[16]考妖言不实论。岁余，征拜侍御史。

州里举荐王涣为茂才，任命他做温县县令。温县境内有很多奸猾之徒胡作非为，长期以来成了当地人的大患。王涣采取策略加以讨伐打击，把他们全都杀了。县境内安定太平，有的商人就在外面停宿。其中有放牛的人，都说自己是王涣的属下，始终没有人敢侵犯。王涣担任了三年温县县令后，升为兖州刺史，他严格地纠察鄄州所属郡县，声名大震。后来由于考核妖言不实而被定罪免官。一年多后，又被征召任命为侍御史。

永元十五年，从驾南巡，还为洛阳令。以平正[17]居身，得宽猛之宜[18]。其冤嫌久讼[19]，历政所不断，法理所难平者，莫不曲尽情诈[20]，压塞群疑。又能以谲[21]数发擿[22]奸伏。京师称叹，以为涣有神算。元兴元年，病卒。百姓市道莫不咨嗟。男女老壮皆相与赋敛，致奠醊[23]以千数。

永元十五年。王涣随从皇帝南巡，返回后被任命为洛阳县令。他处事公平正直，处理案件也宽严适宜。对那些长期争讼的冤案疑案，而历任官府所不能判决、按法律情理又难以公平论定的案件，王涣没有一件不弄清真伪，消除大家的疑惑的。同时他还用巧妙多变的办法，多次揭发和暴露隐秘的坏人坏事。京城的人都称颂叹服他，认为王涣有神仙一样的智慧和妙算。元兴元年，王涣病死。百姓在市中和路上没有不叹息的。男女老少都共同集资，前去祭奠酹酒，多达数千人。

涣丧西归，道经弘农，民庶皆设槃案[24]于路。吏问其故，咸言平常持米到洛，为卒司所钞[25]，恒亡其半。自王君在事，不见侵枉，故来报恩。其政化[26]怀物如此。民思其德，为立祠安阳亭西，每食辄弦歌而荐[27]之。

王涣的灵柩向西运回家乡，路过弘农县，老百姓都在路旁摆设盘、碗加以祭奠。官吏问他们这样做的缘故，老百姓全都说平常运米到洛阳，被士卒衙门所盘剥，经常要损失一半，自从王涣任洛阳县令，不再有官吏掠夺侵扰的事情了，所以来祭奠以报答他的恩情。王涣的政治教化关怀人民达到如此程度。人民思念王涣的恩德，在安阳亭西边为他建立一座祠堂，每餐都要一边进献食物，一边伴着礼乐祭拜他。

旧时礼节之一。

⑨简：选拔。

⑩拾遗：唐代谏官名。补阙，唐武则天垂拱元年置，职责为对皇帝进行规谏及举荐人才。拾遗补阙：在这里指补正别人的缺点过失。阙(quē)古代用作“缺”字。过失缺点。

⑪除：任命，授职。

⑫方略：谋略，策略。

⑬夷：平安。

⑭辄：总是，就。

⑮属：有管辖关系的，归类。属于。

⑯坐：“由……而获罪”。

⑰平正：公平正直。

⑱宜：适宜，恰当。

⑲讼：在法庭上争辩是非曲直，打官司。

⑳曲尽情诈：曲：细致；尽：竭尽。情诈：实情与伪诈。比喻细致地弄清楚事情的真假。

㉑谲(jué)：奇异多变。

㉒擿(tī)：揭发。

㉓醊(zhuì)：祭祀时用酒酹地。

㉔槃桉：“槃”即盘，“桉”即碗。

㉕钞：掠取；抢掠。后作“抄”。

㉖政化：政治教化。

㉗荐：祭献，祭祀。

人物简析

1. 王涣任温县县令时，严惩奸猾之徒，使当时社会政治清明，社会安定；任洛阳令时，严于律己，办事公平，处理案件宽严适宜，对多年积压的冤情错案，能弄得水落石出，消除大家疑点；同时又善于斗争揭发和暴露隐秘的坏人、坏事。可见王涣治政有方，明察秋毫，行为磊落。
2. 年少时喜好行侠仗义打抱不平，崇尚力气和武艺，多次和掠夺钱财的轻浮违法的少年人勾结往来。后来改变了自己的志向操守，钻研儒学等，《左传·宣公二年》："人非圣贤，孰能无过！过而能改，善莫大焉。"我们要学习王涣知错能改的美好品质。
3. 王涣任地方官不畏豪强、选贤举能，所治理之处教化大行，百姓安居。

考题举隅

1. 下列加点词的解释，不恰当的一项是（　　）

A. 州举茂才　　举：推荐、推举

B. 迁兖州刺史　　迁：调动官职，升迁

C. 以简贤选能　　简：简单

D. 后坐考妖言不实论　　坐："由……而获罪"

2. 翻译下列句子。

（1）其冤嫌久讼，历政所不断，法理所难平者，莫不曲尽情诈，压塞群疑。又能以谲数发擿奸伏。京师称叹，以为涣有神算。

（2）吏问其故，咸言平常持米到洛，为卒司所钞，恒亡其半。自王君在事，不见侵枉，故来报恩。

3. 用"/"给下文的句子断句。

宠顿首谢曰臣任功曹王涣以简贤选能主薄镡显拾遗补阙臣奉宣诏书而已帝大悦涣由此显名

4. 成语积累

发擿奸伏：

5. 王涣年少时可以说游手好闲，交友不良；但后来却能致力于儒学的研究，后终有成就。这种知错能改的品质值得我们学习。请列举历史上知错能改的例子。

写作点拨

王涣死后数以千计的男女老幼的祭奠以及安阳亭西为他建立一座祠堂，每餐都献上祭品。无不侧面烘托了王涣尽忠为国，兼济苍生，操守高洁的品格和卓越的才能。我们在写作中可以学习这种手法。

赵岐传

赵岐字邠卿，京兆长陵人也。岐少明经[1]，有才艺，娶扶风马融兄女。融外戚豪家[2]，岐常鄙之，不与融相见，仕[3]州郡，以廉直疾恶见惮[4]。永兴二年，辟司空掾[5]。议[6]二千石得去官为亲行服，朝廷从之。会[7]河东太守刘祐去郡，而中常侍左悺兄胜代之，岐耻疾[8]宦官，即日西归。京兆尹延笃复以为功曹。

赵岐字邠卿，是京兆长陵人。赵岐少年时就通晓经术，很有才艺。娶扶风人马融的哥哥的女儿为妻。马融是皇家的亲戚且有钱有势。赵岐常常鄙视他，不与马融相见。任职于州郡，因其廉洁刚正痛恨邪恶之人而被人畏惧。桓帝永兴二年，被征召为司空掾，上书建议二千石官员可以去官为父母亲服丧，朝廷采纳了。正碰上河东太守刘祐离任，而以中常侍左悺之兄左胜代之，赵岐鄙视痛恨宦官，当天就弃官回乡去了。京兆尹延笃又请他来担任功曹。

先是，中常侍唐衡兄玹为京兆虎牙都尉，郡[9]人以玹进不由德，皆轻侮之。岐及从兄袭又数为贬议，玹深毒恨。延熹元年，玹为京兆尹，岐惧祸及[10]，乃与从子[11]戬逃避之。玹果收[12]岐家属宗亲，陷[13]以重法，尽杀之。岐遂逃难四方，江、淮、海、岱，靡所不历。自匿[14]姓名，卖饼北海市中。时安丘孙嵩年二十余，游市见岐，察非常人[15]，停车呼与共载。岐惧失色，嵩乃下帷，令骑屏[16]行人。密

在这之前，中常侍唐衡的哥哥唐玹任京兆虎牙都尉，同乡认为唐玹不是凭自身才德晋升的，所以都瞧不起他。赵岐及其堂兄赵袭又多次说些贬斥唐玹的话，唐玹就恨他们恨得咬牙切齿。桓帝延熹元年，唐玹任京兆尹，赵岐怕祸殃及身，就与侄子赵戬逃跑避祸。唐玹果然收捕赵岐家属和同宗亲戚，用大罪来陷害他们，全部杀害了他们。赵岐便逃难四方，江、淮、海、岱，没有他不曾去过的地方。自己隐姓埋名，在北海的集市上卖饼。这时有位安丘人叫孙嵩的，年纪二十多岁，在集市上游玩，见到赵岐，一看就觉得不是一般人，停下车子喊赵岐上车和他一起乘车。赵岐惊惧失色，孙嵩就拉下车帷，让骑从们

注释

①明：明白，通晓。经：经术。
②外戚：就是指皇太后、皇后、皇妃的亲戚，如国舅（皇后的哥哥或弟弟）、国丈（皇后的父亲）。历史上很多外戚通过和皇后、皇太后的亲戚关系而拥有权力。豪家：指有钱有势的人家。
③仕：做官。
④疾恶：憎恨坏人坏事。见：助词，表示被动。被。惮：怕，畏惧。
⑤辟：指君主招徕，授予官职。征召。掾（yuàn）：原为佐助的意思，后为副官佐或官署属员的通称。
⑥议：建议。
⑦会：恰巧碰上。
⑧耻：耻骂。疾：痛恨。
⑨郡：古代的行政区域。
⑩及：殃及。连累。
⑪从（zòng）子：兄弟的儿子。
⑫收：逮捕，拘押。

问岐曰："视子非卖饼者，又相问而色动，不有重怨⑰，即亡命乎？我北海孙宾石，阖门百口，势能相济⑱。"岐素闻⑲嵩名，即以实告之，遂以俱归。嵩先入白⑳母曰："出行，乃得死友。"迎入上堂，飨㉑之极欢。藏岐复壁中数年，岐作《厄屯歌》二十三章。

赶走行人，秘密地问赵岐说："我看你不是卖饼的人，我一问脸色就变了，没有很深的怨恨，就是在逃命吧？我是北海孙宾石，全家上百口人，势必能够相救。"赵岐平日就知道孙嵩的名望，就把实情都告诉了他，于是一起回了家。孙嵩先进门禀告母亲说："我出外走走，竟交到一位可以以命相托的朋友。"把赵岐迎进上堂，用饭菜款待他，把酒言欢。孙嵩把赵岐藏在夹壁中好几年，赵岐作《厄屯歌》二十三章。

⑬陷：陷害。
⑭匿：隐藏。
⑮常人：指平常的人。
⑯屏（bǐng）：屏斥。屏退。
⑰重怨：很深的怨恨。
⑱济：拯救；救济。
⑲素闻：一向听说。
⑳白：告诉。禀告。
㉑飨：用酒食招待客人，泛指请人受用。款待。

及献帝西都，复拜议郎，稍迁太仆。及李傕专政，使太傅马日磾抚慰天下，以岐为副。日磾行至洛阳，表㉒别遣岐宣扬国命，所到郡县，百姓皆喜曰："今日乃复见使者车骑。"

到献帝西都长安时，他又被任为议郎，不久升迁为太仆。等到李傕专政，派太傅马日磾抚慰天下，以赵岐为副使。马日磾行至洛阳，上表另遣赵岐去外地宣扬国命，所到郡县，百姓都高兴地说："今日竟能重新看到朝廷使者的车骑。"

㉒表：封建时代称臣子给君主的奏章。

曹操时为司空，举㉓以自代。光禄勋桓典、少府孔融上书荐㉔之，于是就拜岐为太常。年九十余，建安六年卒。敕㉕其子曰："我死之日，墓中聚沙为床，布㉖簟白衣，散发其上，覆以单被，即日便下，下讫㉗便掩。"岐多所述作，著《孟子章句》、《三辅决录》传于时。

曹操这时任司空，推举赵岐代替自己。光禄勋桓典、少府孔融上书推荐他，于是就地任命他为太常。九十多岁时，在建安六年去世。他嘱托儿子说："我死之日，在墓穴中聚沙为床，用布衿为席，给我穿上白衣，头发披散席上，再用单被子盖起来。当天下葬，下葬完毕就埋。"赵岐有很多著述，有专著《孟子章句》及《三辅决录》传于当时。

㉓举：举用，选拔。
㉔荐：推荐。
㉕敕：原指帝王的诏书、命令。这里是告诫，嘱咐。
㉖簟（diàn）：竹席。
㉗讫：完毕。

人物简析

1. 赵岐娶扶风马融兄女。融外戚豪家，岐常鄙之，不与融相见。可见他不攀附权贵，为人正直不阿，坚守本性；在州郡担任官职，因为廉洁正直疾恶如仇而被人忌惮。
2. 死前吩咐儿子丧事从简，可见赵岐终身奉行的官清似水，廉能清正。行事为人因陋就简，不铺张奢靡。

【考题举隅】

1. 下列句子中加点词的解释，不正确的一项是（　　）

A. 以廉直疾恶见惮　　　　惮：怕，畏惧。

B. 玹果收岐家属宗亲，陷以重法　　　　陷：陷害。

C. 游市见岐，察非常人　　　　常人：指平常的人。

D. 散发其上，覆以单被　　　　被：通“披”。

2. 下列对原文有关内容的分析和概括，不正确的一项是（　　）

A. 赵岐年轻时就通晓经术，才艺出众。娶扶风人马融的哥哥的女儿为妻。马融虽是皇亲国戚，且有钱有势。但赵岐却鄙视他，不愿意与马融相见。曾经任职于州郡，因廉洁刚正痛恨邪恶之人而使人对他感到害怕。

B. 中常侍唐衡的哥哥唐玹任京兆虎牙都尉，同乡认为唐玹不是凭自身才德晋升的，所以都瞧不起他。赵岐及其堂兄赵袭也多次说些贬斥唐玹的话。等唐玹任京兆尹，唐玹收捕赵岐家属和同宗亲戚，将他们全部杀害。赵岐与侄子赵戬逃跑得以躲避此祸患。

C. 赵岐逃难四方，在江、淮、海、岱等地方隐姓埋名。在北海的集市上卖饼时结识了安丘人叫孙嵩。赵岐平日就知道孙嵩的名望，就把事实的实情都告诉了他。于是把赵岐迎进上堂，用好酒好菜款待赵岐，把酒言欢。孙嵩把赵岐藏在夹壁中好几年，赵岐作《厄屯歌》二十三章。

D. 曹操任司空时，曾推举赵岐代替自己。光禄勋桓典、少府孔融也上书推荐他，任命他为太常。但赵岐推迟不就。

3. 翻译下面句子。

（1）密问岐曰：“视子非卖饼者，又相问而色动，不有重怨，即亡命乎？我北海孙宾石，阖门百口，势能相济。”

（2）敕其子曰：“我死之日，墓中聚沙为床，布簟白衣，散发其上，覆以单被，即日便下，下讫便掩。”

4. 用“/”给下文的句子断句。

岐素闻嵩名即以实告之遂以俱归嵩先入白母曰出行乃得死友迎入上堂飨之极欢藏岐复壁中数年岐作《厄屯歌》二十三章

【写作点拨】

1. 衬托的手法："马融是皇家的亲戚且有钱有势，马融的哥哥将女儿嫁给赵岐。赵岐却鄙视马融，不与其相见""曹操推举赵岐代替自己""素有名望的孙嵩，偶遇赵岐便出手相助"三个人身份地位各有不同，却都对赵岐赏识有加，衬托出赵岐为人固守原则、是非分明、非凡的人格魅力。

2. 生动形象的语言描写表现人物的性格特征："墓中聚沙为床，布箪白衣，散发其上，覆以单被，即日便下，下讫便掩"。赵岐临终前吩咐儿子丧事从简，不铺张奢靡，寥寥数语将赵岐的性格特征体现得淋漓尽致。恰当得体的语言描写可以力透纸背，使人物鲜活立体。

应奉传

应奉字世叔，汝南南顿人也。曾祖父顺，字华仲，和帝时为河南尹、将作大匠，公廉约已[①]，明达政事。生十子，皆有才学。中子叠，江夏太守，叠生郴，武陵太守。郴生奉。

应奉字世叔，汝南南顿人士。曾祖父应顺，字华仲，和帝时任河南尹、将作大匠。他奉公廉洁，严于律己，通晓政事。生了十个儿子，都才学渊博。中子应迭，为江夏太守。应叠生了应郴，做了武陵太守。应郴生应奉。

奉少聪明，自为童儿及长，凡所经履[②]，莫不暗记[③]。读书五行并下[④]。为郡决曹史，行部四十二县，录[⑤]囚徒数百千人。及还，太守[⑥]备问之，奉口说罪系姓名，坐状轻重，无所遗脱。时人奇之。著《汉书后序》，多所述载。大将军梁冀举茂才[⑦]。

应奉自幼十分聪颖，从小到大，只要经历和看到过的事情，没有不熟记于心的。他读书能同时一目五行。他曾作为郡县的决曹吏，巡查考核四十二个县，收录了囚徒成百上千人。等到回到郡衙时，太守详细的询问囚徒的情况。应奉口述罪犯姓名，所犯罪责的轻重，没有遗漏不实的地方，当时的人们非常惊奇于他的超强的记忆力。写有《汉书后续》，记载了许多的事情。大将军梁冀推举其为茂才。

注释

①约已：严于约束自已。
②经履：经历。
③莫不：无不；没有一个不。暗记：默记。
④五行（háng）并下：五行文字一并看。形容读书速度快。
⑤录：采录（采集并记录）。
⑥备：周全，详细。
⑦举：推举，选拔。茂：即秀才，汉时避光武帝刘秀讳改称茂才。

先是，武陵蛮詹山等四千余人反叛，执[8]县令，屯结[9]连年。诏下公卿议，四府举奉才堪[10]将帅。永兴元元，拜[11]武陵太守。到官慰纳[12]，山等皆悉降散。于是兴学校，举仄陋[13]，政称变俗。坐[14]公事免。

早先，武陵蛮族詹山等四千余人叛乱，抓住了当地县令，并屯兵结社常年霍乱乡野。皇帝下诏招公卿商议，四府均推荐应奉有将帅之才。永兴元年，官拜武陵太守。应奉到任上开始对詹山等人抚慰招纳，詹山等全部投降解散。之后大兴学校，举用隐士。政治清明受到称誉，陋俗得到改变。后由于公事有纰漏而免职。

延熹中，武陵蛮复寇乱荆州，车骑将军冯绲以奉有威恩，为蛮夷所服，上请与俱征。拜从事中郎。奉勤设方略，贼破军罢，绲推功于奉，荐为司隶校尉。纠举奸违[15]，不避豪威，以严厉为名。

延熹年间，武陵蛮族再次叛乱进犯荆州。车骑将军冯绲因为应奉在蛮人中有声望和恩惠，被蛮夷所尊服，便上书要求和应奉一起去征讨。官拜应奉为从事郎中。应奉积极设计剿贼方针策略，贼军被击败后罢军回朝，冯绲把功劳记在应奉身上。推荐他成为司隶校尉。应奉在职期间，纠察检举奸邪和违法之人，应奉在职期间，不惧怕豪贵外戚，以严格执法著称。

及[16]邓皇后败，而田贵人见幸[17]，桓帝有建立之议。奉以田氏微贱[18]，不宜超登后位，上书谏曰："臣闻周纳狄女，襄王出居于郑；汉立飞燕，成帝胤嗣泯[19]绝。母后之重，兴废[20]所因。宜[21]思《关雎》之所求，远五禁之所忌。"帝纳其言，竟立窦皇后。

等到邓皇后失宠，而田贵人受到皇帝宠爱的时候，汉桓帝有立田贵人为后的想法。应奉因为田贵人出身寒微，不适合破格升赏为皇后，上书劝谏道："臣听说周王迎娶狄族的女人，于是周襄王最终出逃到郑地；汉朝时皇帝宠幸赵飞燕，成帝断了后代。可见皇后的重要，影响到国家的盛衰，兴亡。应该参考《关雎》里对女人的标准，并远离五禁中所忌讳的人。"皇帝采纳了他的建议，立了窦皇后。

及党事起，奉乃慨然以疾自退。追愍[22]屈原，因以自伤，著《感骚》三十篇，数万言。诸公多荐举[23]，会[24]病卒。

到后来，窦氏一族专权乱政，应奉于是十分感慨激奋假托生病辞官退职。追思怜悯屈原的遭遇，而又想起自己相似的人生，十分伤感，于是创作了《感骚》三十篇，好几万字。各位饱学之士都推荐举用他，正好他因病去世。

⑧执：捕捉，逮捕。
⑨屯结：聚集，集结。常用于聚众造反。
⑩堪：能，可以，足以。
⑪拜：授与官职；任命。
⑫慰纳：安慰接纳。
⑬仄陋：指有才德而地位卑微的人。
⑭坐：介词，因，由于。
⑮奸违：奸恶邪僻的人。
⑯及：等到。
⑰见：助词，表示被动或对我如何。被。幸：宠幸。
⑱微贱：微：微小。贱：卑贱。用来形容身份、地位都比较低下的人或物。
⑲泯：消灭；消失。
⑳兴废：盛衰，兴亡。
㉑宜：应当。
㉒愍(mǐn)：怜悯；哀怜。
㉓荐：推荐。举：举用，选拔。
㉔会：恰巧，正好。

【人物简析】

1. 通过"山等皆悉降散""奉勤设方略，贼破军罢"表明应奉具有将帅之才，治军严厉，有卓越的军事才能。
2. "帝纳其言，竟立窦皇后"在皇后的选立的关键时刻，应奉能挺身而出，引经据典，言辞犀利，成功劝说汉桓帝立后。可见应奉心怀社稷，直言敢谏善谏，是一代忠臣的形象。

【考题举隅】

1. 写出下列加点词在句中的意思。

（1）太守备问之。　　（2）四府举奉才堪将帅。

（3）及邓皇后败，而田贵人见幸。　　（4）追愍屈原，因以自伤。

2. 下列句中加点词语意思相同的一项是（　　）。

A. a. 录囚徒数百千人　　b. 手自笔录

B. a. 拜从事中郎.　　b. 拜相如为上大夫

C. a. 而田贵人见幸　　b. 见两小儿辩斗。

D. a. 太守备问之　　b. 师劳力竭，远主备之

3. 下列对原文有关内容的分析和概括，不正确的一项是（　　）

A. 应奉自幼十分聪颖，只要经历和看到过的事情，从小到大，没有不熟记于心的。他读书能同时一目五行。为郡县的决曹吏，四十二个县收录的成百上千囚徒。能准确口述罪犯姓名，罪责的轻重，没有遗漏不实的地方。

B. 永兴元年，官拜武陵太守。应奉到任上开始对詹山等人抚慰招纳，詹山等全部投降解散。之后大兴学校，举用隐士。政治清明受到称誉，陋俗得到改变。

C. 延熹年间，武陵蛮族再次叛乱进犯荆州，冯绲和应奉一起去征讨，应奉积极设计剿贼方针策略，贼军被击败。

D. 邓皇后失宠，汉桓帝因宠爱田贵人欲立其为皇后，应奉因为田贵人出身寒微，不适合破格升赏为皇后，积极进谏，皇帝采纳了他的建议，最后立了邓皇后。

4. 用现代汉语翻译下列句子。

（1）奉少聪明，自为童儿及长，凡所经履，莫不暗记。读书五行并下。

（2）及还，太守备问之，奉口说罪系姓名，坐状轻重，无所遗脱，时人奇之。

5. 用“/”给下文的句子断句。

及还太守备问之奉口说罪系姓名坐状轻重无所遗脱时人奇之著《汉书后序》多所述载

6. 明方孝孺《先府君行状》：“五岁能读书，自辩章句，年十余，暗记五经，为文有奇语。”文中应奉与之有相似才能的句子是什么？

写作点拨

引经据典，立论充分。“臣闻周纳狄女，襄王出居于郑；汉立飞燕，成帝胤嗣泯绝。”应奉在劝说汉桓帝立后时，能以史为鉴，不但增强观点的说服力，有效达到劝说的目的，还能提高读者的阅读兴趣，增加了知识面，开拓了眼界。同学们平时注重读书，积累。便于更快地提高自己的写作水平。

陈蕃传

陈蕃字仲举，汝南平舆人也。祖河东太守。蕃年十五，尝①闲处一室，而庭宇芜秽②。父友同郡薛勤来候③之，谓蕃曰：“孺子④何不洒扫以待宾客？”蕃曰：“大丈夫处世，当扫除天下，安事⑤一室乎？”勤知其有清⑥世志，甚奇⑦之。

陈蕃，字仲举，汝南平舆人。祖父曾任河东太守。陈蕃十五岁时，曾经独居一室，庭院房间内脏乱不堪。他父亲的朋友同郡人薛勤前来探望。对陈蕃说：“小孩子怎么不清扫庭院以迎接宾客呢？”陈蕃答道：“大丈夫生活在世上，应该以清除天下为自己的任务，怎么用只打扫一间房呢？”薛勤知道他有整治天下的治国大志向，对此感到惊奇。

初仕⑧郡，举⑨孝廉，除郎中。后遭母忧⑩，弃官行丧。服阕⑪，刺史周景辟别驾从事，以谏争不合，投传而去。

最初，在郡里做官，被推举为孝廉，拜为郎中。后来遇到母亲去世，就辞官守孝了。服丧期满，刺史周景辟召他为别驾从事，因直言劝谏意见不一，抛弃符信离去。

太尉李固表荐⑫，迁⑬为乐安太守。郡人周璆，高

太尉李固上表荐举他，升为乐安太守。本郡人周缪，是个志行高洁的人，

注释

①尝：曾经。

②庭：庭院。宇：屋室。芜秽：荒废，杂乱。芜，杂草丛生的样子。秽，不干净，肮脏的。

③候：看望，问候。

④孺子：小孩子。

⑤安：怎么。事：侍候，侍弄。

⑥清：使……澄清。（使动用法）

⑦奇：对……感到惊奇，看重。

⑧仕：做官。

⑨举：举荐，选拔。

⑩遭：遭逢，遇到。忧：父母的丧事。

⑪阕（què）：原指祭祀完毕，把门关上。这里指

洁之士。前后郡守招命莫肯至，唯蕃能致[14]焉。字而

前后几任郡守招请他都不肯去，只有陈蕃能够招请到他。陈蕃直接称他的表字，

不名，特为置一榻[15]，去则县[16]之。

而不叫他的名字。特别为他安放一张床榻，周璆离开时，就把床悬挂起来。

永康元年，帝崩[17]。窦后临朝，以蕃为太傅，

永康元年，桓帝去世，窦皇后执掌朝政，任命陈蕃为太傅并管理尚书事

录[18]尚书事。时，新遭大丧，国嗣未立，诸尚书畏

宜。当时刚遭国丧，还没有确定皇位继承人，各尚书害怕触怒朝中权臣，都借故

惧权官，托[19]病不朝。蕃以书责之曰："古人立

推诿有病而不上朝办事。陈蕃写信责备他们说："古代的人树立节操，侍奉死去

节，事亡[20]如存。今帝祚[21]未立，政事日蹙[22]，诸君

的君主的态度如同他还活着一样。现在皇嗣还没有确立，政事日益紧张，诸君

奈何委[23]荼蓼[24]之苦，息偃[25]在床？于义不足，焉得

为什么抛弃国家的苦难不管，而在家里躺着休息呢？在道义上尚且不足，哪还

仁乎！"诸尚书惶怖[26]，皆起视事。

能谈得上仁德呢？"各位尚书都惶怖恐惧，都去朝廷任职理事了。

灵帝即位，窦太后复优诏[27]蕃曰："盖褒功以劝善，表

灵帝即皇位后，窦太后再次下褒美嘉奖的诏书表彰陈蕃说："大抵奖励功

义以厉俗，无德不报，《大雅》所叹。太傅陈蕃，辅弼[28]

勋是为了劝导善良，表彰节义是为了激励世俗，有德就要报答，这是《大雅》赞

先帝，出内累年。忠孝之美，德冠本朝；謇愕[29]之操，华

赏的。太傅陈蕃，辅佐先帝，出纳圣命多年。忠孝美德，名冠本朝；正直敢言的

首弥[30]固。今封蕃高阳乡侯，食邑三百户。"蕃上疏让，

操守，老来更加坚定。现在封陈藩为高阳乡侯，食邑三百户。"陈蕃上疏尽力辞

窦太后不许，蕃复固让，章前后十上，竟不受封。

让。窦太后不同意，陈蕃又执意辞让，前后十次上书，终究没有受封。

蕃与后父大将军窦武，同心尽力，征用名贤，共参

陈蕃和窦太后的父亲大将军窦武，同心尽力，起用名流贤士，共同参与国

政事。而帝乳母赵娆，旦夕在太后侧，中常侍曹节、王

家政治。然而桓帝的乳母赵娆，早晚都在窦太后身边，中常侍曹节、王甫等同她

甫等与共交构[31]，谄事太后。太后信之，数出诏命，有

勾结，讨好太后。太后信任他们，多次下诏令，给他们封爵授官。陈蕃常恨这帮

所封拜。蕃常疾之，志诛中官。会窦武亦有谋，蕃因与

人，决心消灭宦官。恰逢窦武也有谋划，陈蕃于是与窦武商量。因为事情泄露，

窦武谋之。用事泄，曹节等矫诏[32]诛武等。蕃时年七十

曹节等人假托太后的诏书杀了窦武等人。陈蕃当时七十多岁，听说变乱发生，率

余，闻难作，将官属诸生八十余人，并拔刃突入承明

领属官和学生八十余人，一起拔刀冲进承明门。王甫当时从宫里出来，于是命令

丧期已满。

⑫表：封建时代称臣子给君主的奏章。荐：推荐。

⑬迁：晋升或调动官职。

⑭致：招请，招徕。

⑮榻：长狭而低的卧具。即床榻。

⑯县：悬的古字。悬挂。

⑰崩：君主时代称帝王死。

⑱录：采取，任命。

⑲托：借故推诿躲避。

⑳事：侍奉，服侍。

㉑祚：帝位。

㉒蹙：紧张。

㉓委：丢弃，抛弃。

㉔荼蓼：荼味苦，蓼味辛，因比喻艰难困苦。

㉕息偃：安息，休息。

㉖惶怖：惶怖恐惧。

㉗优诏：褒美嘉奖的诏书。

㉘辅弼：辅佐；辅助。

㉙謇愕（jiǎn è）：正直敢言。

㉚弥：更加。

㉛交构：勾结。

㉜矫诏：是一个专有名词，指的是假托的皇帝诏书。

门。王甫时出，遂令收蕃，即日害之。
逮捕陈蕃，当日杀害了他。

论曰：桓、灵之世，若陈蕃之徒，咸能树立风
史官评论说：桓帝、灵帝时期，像陈蕃这类人，都能树立好的风气名声，

声，驱驰险厄之中，与刑人腐夫同朝争衡，终取灭
奔走于艰难险阻之中，和宦官同朝较量高低，结果招来杀身大祸。他们认为逃

亡之祸者。彼以遁世为非义，故屡退而不去；以仁
离尘世是不义的行为，所以多次遭到罢免，仍然不肯离开；以倡导仁德之心为己

心为己任，虽道远而弥厉。功虽不终，然其信义足
任，尽管知道这条道路是漫长的，却更加坚定。事情虽然没有成功，但他们的信

以携持民心。
义，足以扶持民心。

人物简析

1. 陈蕃不避强权、犯颜直谏的做法最让世人感叹。
2. 陈蕃贤能树立风声，不计个人荣辱。在朝纲崩乱之际，敢于与奸佞之人同朝争锋，以至于最终惨死在这上面。
3. 桓帝去世遭国丧，没有确定皇位继承人，各尚书害怕触怒朝中权臣，都假称有病不上朝办事。陈蕃义正词严地责备众臣，足见其忠正清廉、耿直豁达的性格特征。
4. “愿扫天下”一词在古时一直成为有志向之人的理想，而“扫天下”一词最早出自于十五岁的陈藩。

考题举隅

1. 对下列加点字的解释，不正确的一项是（　　）

A. 再迁为乐安太守	迁：官职调动
B. 字而不名，特为置一榻，去则县之	县：县令
C. 政事日蹙	蹙：紧张
D. 诸尚书惶怖，皆起视事	视事：任职理事

2. 下列各组句子中，加点词的意义和用法相同的一组是（　　）

A．孺子何不洒扫以待宾客	以衾拥覆，久而乃和
B. 尝闲处一室，而庭宇芜秽	举世誉之而不加劝
C. 于义不足，焉得仁乎	于是余有叹焉
D. 而为势家郎所谮诉	胡为乎遑遑欲何之

3. 翻译句子：

蕃以书责之曰："古人立节，事亡如存。今帝祚未立，政事日蹙，诸君奈何委荼蓼之苦，息偃在床？于义不足，焉得仁乎！"

4. 陈蕃在十五岁时便有"扫除天下"之志，他想扫除的是什么？你从他的志向中你得到怎样的启示？

【写作点拨】

1. 陪衬的写作手法："同郡人周缪，前后几任郡守招请他不到，而只有陈蕃能够招请到他。且直接称他的表字。"都说"士为知己者死"，周缪的表现说明二人志同道合，用周缪的志行高洁来衬托陈蕃的冰壑玉壶，金玉其质，同是品行高洁人士。

2. 生动形象的语言描写表现人物的性格特征："大丈夫处世，当扫除天下，安事一室乎？"寥寥数语表现了陈蕃从小立志清扫天下的大丈夫之志；而陈蕃义正词严地责备众臣假托有病不上朝理事，足见其忠正清廉、耿直豁达的性格特征。可见人物描写对人物性格的塑造的妙处。

范式传

范式字巨卿，山阳金乡人也，一名氾。少游太学，为诸生，与汝南张劭为友。劭字元伯。二人并[①]告归乡里。式谓元伯曰："后二年当还，将过拜尊亲[②]，见孺子[③]焉。"乃共克期[④]日。后期方[⑤]至，元伯具[⑥]以白[⑦]母，请设馔[⑧]以候之。母曰："二年之别，千里结言，尔何相信之审[⑨]邪？"对曰："巨卿信士，必不乖违[⑩]。"母曰："若然，当为尔酝酒。"至其日，巨卿

范式字巨卿，山阳金乡人，又叫范氾。年轻时进太学游学，为诸生，与汝南张劭结为朋友。张劭字元伯。两人一起告假归乡里。范式对元伯说："二年以后我会回来，到时候将到您家来拜谒您的父母，以及看看您的小孩子。"于是两人共约定日期。后来约定的日子刚好快到了，张元伯将这件事的详细情况告诉了他母亲，请母亲准备好的酒饭等待范式的到来。他母亲说："一别两年，千里之外的约定，你为什么这么相信他呢？"张劭答道："范巨卿是个极讲信实的人，一定不会违约的。"母亲说："既然这样，为你准备酒饭好了。"到了那一天，范巨卿

注释

①并：一起。
②尊亲：对人敬称自己的父母。亦以敬称他人父母。这里指范式对张劭父母的尊称。
③孺子：小孩子。
④克：约定。期：日期。
⑤方：才，刚刚。
⑥具：古同"俱"，都，完全。
⑦白：告诉。
⑧馔：陈设或准备食物。
⑨审：确实。
⑩乖违：做事不合情理。

果到，升堂拜饮，尽欢而别。
果真到了，登堂相拜而饮，尽情欢乐而后告别。

式仕[11]为郡功曹。后元伯寝疾笃[12]，同郡郅君章、殷子徵晨夜省[13]视之。元伯临尽，叹曰："恨不见吾死友！"子徵曰："吾与君章尽心於子，是非死友[14]，复欲谁求？"元伯曰："若二子者，吾生友耳。山阳范巨卿，所谓死友也。"寻而卒。式忽梦见元伯玄冕[15]垂缨屣履[16]而呼曰："巨卿，吾以某日死，当以尔时葬，永归黄泉，子未我忘，岂能相及。"式怳然[17]觉寤，悲叹泣下，具[18]告太守，请往奔丧。太守虽心不信而重违其情，许之。式便服[19]朋友之服[20]，投其葬日，驰往赴之。式未及到，而丧已发引，既至圹[21]，将窆[22]，而柩[23]不肯进。其母抚之曰："元伯，岂有望邪？"遂停柩移时，乃见有素车白马，号哭而来。其母望之曰："是必范巨卿也。"巨卿既至，叩丧言曰："行矣元伯！死生路异，永从此辞。"会[24]葬者千人，咸为挥涕。式因执绋[25]而引，柩於是乃前。式遂留止冢[26]次，为修坟树，然后乃去。

范式任郡功曹。后来张元伯害了重病，同郡人郅君章、殷子征白天晚上探望他。元伯临终时，叹息道："遗憾我见不到我的死友！"殷子征说："我与君章全心全意招扶你，我们不是死友，您到哪里去找死友呢？"元伯道："像你们两位，是我的生友啊，山阳范巨卿才是我的死友哩。"不久病故。范式忽然梦见元伯戴黑冠，挂冠缨，拖着鞋子，呼道："巨卿，我已某日死，当按时下葬，永归黄泉。您如果没有忘记我的话，能不能赶在我下葬时来看我？"范式忽然醒来，悲叹泪下，报告太守，请求让他去奔丧。太守虽然心里不相信，但难违他们之间的情分，就同意他奔丧。范式就穿上为朋友服丧的衣服，按着下葬的日子，骑马奔赴而来。范式还未到，元伯的丧车已经出发，达到墓穴边，将下棺，这时灵柩抬不动，不肯进。他母亲拍着柩说："元伯，难道还等待谁吗？"就把柩停了一会儿，只见素车白马，有人号哭而来。他母亲望了一望，道："这一定是范巨卿啊！"范巨卿一到，对柩叩头说："元伯，放心地走吧！死生路异，永别了。"参加送葬的一千多人，都为之流泪。范式牵引棺材上的大绳，棺材才移动向前。范式就留在坟墓旁边，为他修坟植树，然后才离开。

⑪仕：做官。
⑫疾：病，身体不舒适。笃：病沉重。
⑬省（xǐng）：探望，探视。
⑭死友：意思是指交情深笃，至死不相负的朋友。现在一般指交情到死不变，可以用生命相托的朋友。
⑮玄：黑色。玄冕：古代天子、诸侯祭祀的礼服。泛指黑色官冕。
⑯屣履：拖着鞋子走路。
⑰怳然（huǎng rán）：忽然。
⑱具：完备；详尽。
⑲服：穿。
⑳服：丧服。
㉑既：副词。已经。圹：墓穴。
㉒窆（biǎn）：下葬。
㉓柩：装着尸体的棺材。
㉔会：多数人的集合或组成的团体。
㉕绋（fú）：古代出殡时拉棺材用的大绳。
㉖冢：坟墓。次：临时驻扎和住宿。

人物简析

1. 范巨卿是一个恪守诚信、言出必果、尊重友情的信士。"言未绝而巨卿果到"一句，将这种贤者的风范表现得淋漓尽致。

2. 鲁迅先生书赠瞿秋白的一幅对联："人生得一知己足矣，斯世当以同怀视之" 此联堪称古今咏颂友谊之绝唱。张劭在自己弥留之际，生前未见到好友而死不瞑目，托梦给范巨卿。范巨卿骑马奔赴而来，张劭的灵柩方入土为安。虽然带有迷信色彩，但却深深地感动于两人的真挚情谊。同是咏颂友谊绝唱的演绎。

【考题举隅】

1. 下列句子中加点的词解释错误的一项是

   A. 二人并游太学　　　　并：一起。

   B. 元伯具以白母　　　　具：详细。

   C. 式因执绋而引　　　　绋：古代出殡时拉棺材用的大绳。

   D. 寻而卒　　　　寻：寻找。

2. 下列对原文有关内容的分析和概括，不正确的一项是（　　）

   A. 范汜年轻时在太学游学时，与汝南张劭结为朋友。两人一起告假归乡里，范式相约二年以后会看望拜谒张元伯的父母与他的小孩子。两年后如约而至。成为众人称道的守信之人。

   B. 张元伯害重病。张元伯临终前向前来探望他的同郡人郅君章、殷子征叹息道："遗憾我见不到我的死友！"殷子征与郅君章求问谁为死友时，张元伯认为他们二人是他的生友，山阳范巨卿才是他的死友。

   C. 张元伯出殡时，他的丧车已经出发。但因范式还未到，灵柩达到墓穴边，将下棺时灵柩抬不动，不肯进墓穴。等范式素车白马号哭而来时，棺材才移动向前下葬。

   D. 当时范式相约二年以后会看望拜谒张元伯的父母与他的小孩子。时间到了，张元伯将此事告诉了母亲，他母亲也坚信范式会守信，如约而至。就准备了酒饭。两人相拜而饮，尽情欢乐而后告别。

3. 用现代汉语写出下列句子的意思。

   (1) 乃共克期日。后期方至，元伯具以白母，请设馔以候之。

   (2) 式忽梦见元伯玄冕垂缨屣履而呼曰："巨卿，吾以某日死，当以尔时葬，永归黄泉。子未我忘，岂能相及？"

3. 用"/"给下文的句子断句。

   式忽梦见元伯玄冕垂缨屣履而呼曰巨卿吾以某日死当以尔时葬永归黄泉子未我忘岂能相及

5. "鸡黍之交"属"八拜之交"之一。借指朋友间深厚的情谊。你所知道的"八拜之交”还有那些？列举四种即可。

写作点拨

1. 陪衬手法的运用：家人不信任、质疑范巨卿的约定，认为时间久长、路途遥远，范巨卿一定会失约不至。这一句为后文写范巨卿到来的情景做铺垫，更衬托出范巨卿是一个诚信之士。

2. 从为人处世的角度：孔子有言：“人而无信，不知其可也。”的确，“民无信不立”。一个人如果没有信用就没有立足之地，一个国家亦如此。可以看出诚信的重要性。无论作为立据，还是为人品行，张元伯和范巨卿的“鸡黍之交”，都为我们树立了典范。

郭伋传

郭伋字细侯，扶风茂陵人也。伋少有志行，哀平间辟[①]大司空府，三迁为渔阳都尉。王莽时为上谷大尹，迁并州牧。更始新立，三辅连被兵寇，百姓震骇，强宗右姓[②]各拥众保营，莫肯先附[③]。更始素[④]闻伋名，征拜左冯翊，使镇抚百姓。

郭伋字细侯，是扶风茂陵人。郭伋少年时就有志向和操行，哀帝和平帝年间被征召到大司空府，几次升迁后任渔阳都尉。王莽时郭伋任上谷大尹，升为并州牧。更始帝刚即位时，三辅地区接连遭受乱兵侵扰，百姓都十分害怕，有势力的宗族、大户人家拥兵自保，没有人肯率先归附。更始帝早就听到郭伋的名声，征拜他来拜为左冯翊，让他安抚百姓。

建武四年，出为中山太守。明年，彭宠灭，转为渔阳太守。渔阳既离王莽之乱，重以彭宠之败，民多猾恶，寇贼充斥。伋到，示以信赏，纠戮渠帅[⑤]，盗贼销散。时匈奴数抄郡界，边境苦之。伋整勒士马，设攻守之略，匈奴畏惮远迹，不敢复入塞，民得安业。

建武四年，郭伋出任中山太守。第二年，彭宠被灭，郭伋转任渔阳太守。渔阳已经遭受了王莽动乱，又加上彭宠的破坏，百姓大都狡猾不善，盗匪到处都是。郭伋到渔阳后，宣示百姓有功必赏，捕杀盗贼首领，盗贼很快就溃散。当时匈奴多次侵扰郡界，边境人民遭受不少苦难。郭伋整顿兵马，设计好攻守战略，匈奴由于害怕而远远离去，不敢再侵入边境。百姓得以安居乐业。

后颍川盗贼群起，九年，征拜颍川太守。伋

后来颍川盗贼群起，建武九年，朝廷征召他封为颍川太守。郭伋到颍川之

注释

①辟：指君主招徕，授予官职。
②强宗：豪门大族。右姓：豪族大姓。
③附：归附。
④素：向来，一向。
⑤纠戮：察罪并加诛杀。渠帅：魁首。

到郡，招怀山贼阳夏赵宏、襄城召吴等数百人，皆束手诣[6]伋降，悉遣归附农。因自劾[7]专命，帝美其策，不以咎[8]之。后宏、吴等党羽闻伋威信，远自江南，或从幽、冀，不期俱降，络绎不绝。

后，招抚怀山强盗阳夏人赵宏、襄城人召吴等数百人，这些人都束手到郭伋处投降，郭伋将他们全部遣返回乡务农。于是他上书揭发自己自作主张的罪状，光武帝很欣赏他的策略，没有因此责怪他。此后赵宏、召吴等人的党羽听说了郭伋的威望和信义，有的从遥远的江南，有的从幽州、冀州不约而同前来归降，络绎不绝。

帝以卢芳据北土，乃调伋为并州牧。过京师谢恩，帝即引见，并召皇太子诸王宴语终日，赏赐车马衣服什物。伋因言选补众职，当简[9]天下贤俊。帝纳之。始至行部[10]，到西河美稷[11]，有童儿数百，各骑竹马[12]，道次迎拜。伋问："儿曹[13]何自远来？"对曰："闻使君到，喜，故来奉迎。"伋辞谢之。及事讫[14]，诸儿复送至郭外，问："使君何日当还？"伋谓别驾从事[15]，计日告之。行部既还，先期[16]一日，伋为违信于诸儿，遂止于野亭，须期乃入。是时朝廷多举伋可为大司空，帝以并部尚有卢芳之儆[17]，且匈奴未安，欲使久于其事，故不召。伋知卢芳夙贼[18]，难卒[19]以力制，常严烽候，明购赏。芳将隋昱遂谋胁芳降伋，芳乃亡入匈奴。二十二年，征为太中大夫，赐宅一区，及帷帐钱穀[20]，以充其家，伋辄散与宗亲九族，无所遗余。

光武帝因卢芳占据北方，便调郭伋任并州牧。郭伋经过京师时上朝谢恩，光武帝马上召见他，并将皇太子及诸王召来一起宴请郭伋，与郭伋谈了一整天，还赏赐给他车马衣服等物品。郭伋借机谈到挑选人员增补官职时，应挑选天下的贤士俊杰。光武帝接受了他的意见。郭伋刚到任时去所辖地域巡视，到达西河美稷，有数百名儿童，各自骑着竹马，在道旁拜迎。郭伋问："孩子们为什么远道而来？"儿童们回答说："听说使君到来，我们很高兴，所以前来欢迎。"郭伋向他们表示感谢。等到事情办完后，这些孩子们又将他送出城，并问："大人什么时候回来？"郭伋告诉别驾从事，算好回来的日子告诉他们。巡视后返回，比预计日期提前一天，郭伋不想失信于儿童们，于是在野外亭中留宿，等到了约定日期才进城。当时朝廷很多人推举郭伋可以担任大司空，光武帝因为并部还有卢芳可能造成威胁，而且匈奴还未被平定，想让郭伋在此多任职一些时间，所以没有征召。郭伋知道卢芳是个老贼，很难一下子用武力制服他，因此经常严守烽火台，公开悬赏捉拿。卢芳的将领隋昱于是谋划胁迫卢芳归降郭伋，卢芳于是逃跑进入匈奴。建武二十二年，被征召为太中大夫，并赐给他一栋宅地，以及帷帐钱谷，用以充实他的家用，郭伋总是分送给同族亲戚，一点也不保留。

⑥诣：到，旧时特指到尊长那里去。
⑦劾：揭发罪状。
⑧咎：过失，罪过。

⑨简：选拔。
⑩始至行部：（郭伋）刚担任并州牧，首次出巡。行部：出巡。
⑪西河美稷：地名。
⑫竹马：骑在儿童胯下的竹竿。
⑬儿曹：犹儿辈。
⑭讫：完结，终了。
⑮别驾从事：部下官吏。
⑯期（先期一日）：约定的期限。
⑰儆：使人警醒，不犯过错。
⑱夙贼：久为盗贼者。
⑲卒：通"猝"，一下子。
⑳穀：庄稼和粮食的总称。

人物简析

1. 他使离乱后的渔阳盗贼销散，匈奴远迹，民得安业；他不战而屈人之兵，使颍川盗贼数百人皆束手来降。郭伋为政善于治理，为人德行天下。可见郭伋为政的才能智慧。
2. 他巡视回来，比约定日期早一天，怕失信于孩子们，于是在野外亭中歇宿，必须等到约定日期才进城。郭伋为人讲究诚信，不失信于人，老幼无欺，一言九鼎，一诺千金。为儿童与众人做出很好的表率。这就是郭伋做人的原则。
3. 郭伋将光武帝赐给他用以充实家用的一栋宅地，以及帷帐钱谷，分送给同族亲戚，郭伋不贪钱财，不为钱财所累，广恩好施。

考题举隅

1. 对下列句子中加点的词解释，不正确的一项是（　　）

A. 哀、平间辟大司空府　　　　辟：征召。

B. 难卒以力制　　　　卒：最后。

C. 遂止于野亭　　　　野亭：郊野外的亭子。

D. 当简天下贤俊　　　　简：选拔。

2. 以下各组句子中，全都表明郭伋为政才能智慧内容的一组是（　　）

①帝以卢芳据北土，乃调伋为并州牧　　②遂止于野亭，须期乃入

③以充其家，伋辄散与宗亲九族，无所遗余　　④悉遣归附农

⑤常严烽候，明购赏　　⑥示以信赏，纠戮渠帅

A. ①②③　　B. ①⑤⑥　　C. ②④⑥　　D. ④⑤⑥

3. 下列对原文有关内容的概括和分析，不正确的一项是（　　）

A. 郭伋一生仕宦多朝。他在哀帝、平帝时做过渔阳都尉；王莽时为上谷大尹，迁并州牧；更始时被征拜为左冯翊；世祖时，拜雍州牧，再转为尚书令等。

B. 郭伋为政善于治理。被征召为太中大夫，并赐给他一栋宅地，以及帷帐钱谷，用以充实他的家用，郭伋总是分送给同族亲戚，一点也不保留。

C. 郭伋为人讲究诚信。他巡视回来，比约定日期早一天，怕失信于孩子们，于是在野外亭中歇宿，必须等到约定日期才进城，这就是郭伋做人的原则。

D. 郭伋深受信任倚重。他曾被征拜左冯翊，治理混乱不堪的三辅，也曾得到皇帝慰劳，还曾被皇帝召见，赏赐车马衣服什物。

4. 把下列句子翻译成现代汉语。

（1）行部既还，先期一日，伋为违信于诸儿，遂止于野亭，须期乃入。

（2）二十二年，征为太中大夫，赐宅一区，及帷帐钱穀，以充其家，伋辄散与宗亲九族，无所遗余。

5. 用“/”给下文的句子断句。

始至行部到西河美稷有童儿数百各骑竹马道次迎拜伋问儿曹何自远来对曰闻使君到喜故来奉迎

【写作点拨】

1. 陪衬的手法：“招怀山贼阳夏赵宏、襄城召吴等数百人。后宏、吴等党与闻伋威信，远自江南，或从幽、冀，不期俱降，络绎不绝。”群起盗贼能不战而降，可见郭伋的恩威天下。我们在写作中可以学习这种手法。

2. 从为人品格的角度、从为人处世的角度：孔子有言：“人而无信，不知其可也。”的确，“民无信不立”。一个人如果没有信用就没有立足之地。一个人国家亦如此。可以看出诚信的重要性。无论作为论据，还是为人品行，郭伋虽贵为并州牧，在孩子面前人做到言出必行，童叟无欺，为我们的为人处世树立了典范。

郭太传

郭太字林宗，太原介休人也。家世贫贱，早

郭太字林宗，是太原介休人。家世贫寒低微。早年丧父就成了孤儿。

孤①。就②成皋屈伯彦学，三年业毕③，博通典籍。

他到成皋跟随屈伯彦学习，三年学业完毕，博通典籍。他善于言谈议论，很

善谈论，美音制④，乃游于洛阳。始见河南尹李

擅长音乐格律作诗赋。于是到洛阳游学。第一次见到河南尹李膺，李膺认为

膺，膺大奇⑤之，遂⑥相友善，于是名震京师。性

他非常与众不同，就相互友好，于是名声威震京城。郭太性情明白通达能了

明知人，好奖训士类。身长八尺，容貌魁伟，绣

解人，喜欢勉励教导士人。他身高八尺，容貌壮健有气度，穿着绣衣围着宽

衣博带，周游郡国。后闭门教授，弟子以千数。

带，周游州郡封国。后来不再出行而传授学业，弟子达到几千人。他勉励提

注释

①孤：幼年死去父亲或父母双亡。

②就：接近，靠近，趋向。

③毕：完成，结束。

④音制：言语中声音的节奏。

⑤奇：认为……奇特。

⑥遂：于是，就。

其奖拔士人，皆如所鉴。
拔士人，都像他鉴别的那样。

左原者，陈留人也，为郡学生，犯法见斥⑦。林宗尝⑧遇诸路，为设酒肴以慰之。谓曰：“昔颜涿聚⑨梁甫之巨盗，段干木⑩晋国之大驵⑪，卒⑫为齐之忠臣，魏之名贤。蘧瑗⑬、颜回尚不能无过，况其余乎？慎勿恚恨⑭，责躬⑮而已。”原纳其言而去⑯。或有讥林宗不绝恶人者。对曰：“人而不仁，疾⑰之以甚，乱也。”原后忽更怀忿，结客欲报诸生。其日，林宗在学，原愧负前言，因遂罢去。后事露，众人成谢服焉。

左原是陈留人。是郡学的学生，犯法被斥退。郭林宗曾经在路上遇到他，为他摆酒菜来安慰他。对他说：“过去颜涿聚是梁甫地方的大强盗，段干木是晋国的市场大经纪人，终于分别成为齐国的忠臣和魏国的名贤士。蘧瑗、颜回尚且不能没有过失，何况其他人呢？千万不要恼怒怨恨，找出自身的过失改正就可以了。”左原听取了他的话后离开。有的人讥讽郭林宗不断绝和恶人来往。林宗回答说：“一个人如果不仁义（人们又不教导他），又过分地厌恨他，这样就会生出乱子。”左原后来忽然又心生愤恨，结交一些人想要报复郡学的各位学生。那一天，郭林宗在郡学，左原惭愧自己违背前言，于是就停止行动离开。后来这件事情被暴露出来，大家全都感谢敬服郭太。

茅容字季伟，陈留人也。年四十余，耕于野，时与等辈避雨树下，众皆夷踞⑱相对，容独危坐愈恭⑲。林宗行见之而奇其异，遂与共言，因请寓宿⑳。旦日，容杀鸡为馔㉑，林宗谓㉒为己设，既而以供其母，自以草蔬与客同饭。林宗起拜之曰：“卿贤乎哉！”因劝令学，卒以成德。

茅容字季伟，是陈留人。四十多岁时，在田地耕种，当时和一同耕田的人在树下避雨，这些人都很随便地蹲坐互相面对，茅容独自端正恭谨。郭林宗行路见到茅容而认为他与众不同，就和他一起谈话。（茅容）于是请求（郭太）住在他家。第二天早上，茅容杀鸡做饭食，林宗以为是为自己安排的，茅容把鸡肉给他的母亲吃，自己拿粗劣的食物和客人一起吃饭。郭林宗起身向他行礼道：“您真贤良啊！”于是勉励他让他求学。终究因此成就了品德。

孟敏字叔达，钜鹿杨氏人也。客居太原，荷甑㉓堕地，不顾而去。林宗见而问其意。对曰：“甑以破矣，视之何益㉔？”林宗以此异之，因劝令游学。十年知

孟敏字叔达，是钜鹿杨氏人。客居太原，挑着的陶炊器掉到地上，不回头看就走开。林宗见到，问他是怎么想的。他回答说：“陶炊器已经碎了，看它有什么用？”林宗因此认为他与众不同，于是勉励他让他出去求学。十年后，孟敏有

⑦斥：使退去，使离开：斥退。见：副词。加在动词前表示被动，翻译为“被”。
⑧尝：曾经。
⑨颜涿聚：“颜庚，齐大夫颜涿聚。”
⑩段干木：“晋人也，守道不仕。”子夏是孔子嫡传弟子，段干木学于子夏，是圣人的徒孙。他和孔子弟子子夏、田子方并称当时的河东三贤。
⑪大驵（dà zǎng）：买卖的中间人。
⑫卒：副词，终于。
⑬蘧瑗（qú yuàn）：春秋时卫国大夫。成语：蘧瑗知非：“蘧瑗年五十而知四十九年非。”后以“蘧瑗知非”为不断迁善改过之典。
⑭恚恨（huì hèn）：愤恨；怨恨。
⑮躬：自身，亲自。责躬：责问自身的所作所为，反省过失。
⑯去：离开。
⑰疾：憎恨，厌恶。
⑱夷踞（yí jù）：两腿伸直张开坐在地上。形容随便，不拘礼节。
⑲恭：恭谨。
⑳寓宿：寄宿。
㉑馔：陈设或准备食物。
㉒谓：认为，以为。
㉓荷（hè）：用肩扛或担；背负。甑（zèng）：古代炊具，底部有许多透蒸汽的小孔，放在鬲上蒸煮。

名，三公俱辟[25]，并不屈云。

了名声，朝廷三公都征召他去做官，他都没有屈身前去。

庚乘少给事县廷为门士，林宗见而拔之，劝游学官，遂为诸生傭[26]。后能讲论，自以卑第，每处下坐，诸生博士皆就雠问[27]，由是学中以下坐为贵。后征辟并不起，号曰“征君”。

庚乘年轻时在县官署做事当守门士兵，郭林宗见到而提拔他，劝勉他去学习，（领着他）去见党教官，于是让他做郡学学生的佣工。后来庚乘能讲解谈论，自己认为等级低，每次都处在下座，学生和博士都到他那里去辩驳问难，从此郡学中把下座看成高贵。后来他受到官府征召都没有去，人们称他为“征君”。

黄允字子艾，济阴人也。以俊才知名。林宗见而谓曰：“卿有绝人之才，足成伟器[28]。然恐守道不笃，将失之矣。”后司徒袁隗欲为从女求姻，见允而叹曰：“得婿如是足矣。”允闻而黜遣[29]其妻夏侯氏。妻请大会宗亲为别，因于众中攘袂[30]数允隐匿秽恶十五事而去，允以此废于时。

黄允字子艾，是济阴人。因杰出的才能有名声。郭林宗见到他对他说：“您有人们没有的才能，足以成为担当大事的人才。然而恐怕您遵守道德规则不诚笃，将要犯错误啊！”后来司徒袁隗想要为他的侄女谋求婚姻，见到黄允就感叹说：“找女婿像他这样就行了。”黄允听到后就抛弃并打发了自己的妻子夏侯氏。妻子请求隆重聚会家族亲人作为告别，在众人中间列举黄允隐匿秽恶的事情十五件，然后离开。黄允因此被当时舆论鄙弃。

[24]益：好处，益处。

[25]辟：授予官职，征召，辟召。

[26]傭：雇用，受雇用。

[27]雠（chóu）问：辩驳问难。

[28]伟器：大器。谓堪任大事的人才。

[29]黜（chù）：废除；取消。这里是“抛弃”的意思。遣：派，送，打发。

[30]攘袂（rǎng mèi）：捋起袖子。

人物简析

千里马不遇伯乐，难施日行千里之能；同样，贤臣不遇明主，更难长大丈夫之志。郭太性情明白通达，并能慧眼识人有方，不遗寸长；喜欢勉励教导有志之士。使茅容、孟敏、庚乘等人终有所成就。

考题举隅

1. 对下列句子中加点词语的解释，不正确的一项是（　　）

A. 犯法见斥　　见：副词。加在动词前表示被动，翻译为“被”。

B. 客居太原，荷甑堕地　　荷：荷花。

C. 林宗行见之而奇其异　　奇：认为……奇。

D. 三公俱辟，并不屈云　　辟：征召。

2. 翻译下列句子。

(1) 旦日，容杀鸡为馔，林宗谓为己设，既而以供其母，自以草蔬与客同饭。林宗起拜之曰："卿贤乎哉！"因劝令学，卒以成德。

(2) 昔颜涿聚梁甫之巨盗，段干木晋国之大驵，卒为齐之忠臣，魏之名贤。蘧瑗、颜回尚不能无过，况其余乎？慎勿恚恨，责躬而已。

3. 用"/"给下文的句子断句。

林宗见而问其意对曰甑以破矣视之何益林宗以此异之因劝令游学

写作点拨

1. 虽然都是有才能之人，但黄允因为欲攀高枝，抛弃妻子，不但没有赢得当时人们的尊重，反而被当时舆论鄙弃，成为反面的例子。可见人的本质品格才是左右一个人的关键，提升和修养自己的德行是最根本最重要的。坚守自己的品性，做一个纯一不杂，冰清玉洁，品德高尚的人。

2. "左原因犯法被斥退"郭太并没有他的错误而鄙视他，反而引经据典，真心相劝，使其悔改，未可厚非。并间接阻止了左原一次错误的行为，成为"知错能改"勇士。伯乐不仅是一双识人才的慧眼，更需要一颗高尚豁达的品性和包容体谅之心。

周纡传

周纡字文通，下邳徐人也。为人刻削少恩，好韩非之术。永平中，补南行唐长。到官，晓吏人曰："朝廷不以长不肖，使牧黎民，而性仇[1]猾吏，志除豪贼，且勿相试！"遂杀县中尤无状[2]者数十人，吏人大震。

纡，字文通，下邳徐县人。他为人严苛，缺少恩惠，喜欢韩非的学说。明帝永平年间，周纡补任南行唐县长。上任后，他告知官吏百姓："朝廷不认为我不贤能，让我管理百姓，而我天生仇恨狡诈奸猾的官吏，立志除掉豪强盗贼，希望你们不要以身试法！"接着杀了县内几十个特别凶暴的人，官吏百姓大为震动。

纡廉洁无资，常筑墼[3]以自给。肃宗闻而怜之，复以为郎，再迁召陵侯相。廷掾惮[4]纡严明，

周纡为官廉洁，家无钱财，他经常做砖坯来维持生计。肃宗听说以后很同情他，又让他担任郎官，又升迁为召陵侯相。廷掾害怕周纡威严明察，想灭灭他

注释

①仇：仇恨。仇视

②尤：格外。无状：罪大不可言状。

③墼（jī）：没有烧过的砖坯。

④惮：害怕。

欲损其威，乃晨取死人断手足，立寺[⑤]门。纡闻。
的威风。就在清晨弄来一具尸体，把这人的手脚砍断，将尸体立在相府门前。周
便往至死人边，若与死人共语状。阴察视口眼有
纡得知后就去细心察看，他站在死人身边，装着好像和死人交流的样子。暗中
稻芒，乃密问守门人曰："悉谁载藁[⑥]入城者？"
明察到死人口中和眼中有稻芒，就秘密向把守城门的人问道："都有谁运稻草进
门者对："唯有廷掾耳。"又问铃下[⑦]："外颇有
城？"看门的人说："只有廷掾。"他又问身边的侍从："外边有人对我跟死人交
疑令与死人语者不？"对曰："廷掾疑君。"乃
流持怀疑的态度吗？"侍从回答："廷掾对您的做法持怀疑态度。"于是周纡将
收廷掾考问。具服。"不杀人，取道边死人。"
廷掾逮捕起来拷问，廷掾供认不讳，说："没杀人，弄来的是路边的死人。"自
后人莫敢欺者。
此谁也不敢欺骗周纡。

⑤寺：官署。
⑥藁（gǎo）：多年生草本植物，茎直立中空，根可入药。
⑦铃下：指属下。

征拜洛阳令。下车[⑧]，先问大姓名主，吏数闾
天子召他担任洛阳令。周纡刚上任，先打听望族的名字，官吏列举民间的
里[⑨]豪强以对。纡厉声怒曰："本问贵戚若马、窦
豪强来回答他。周纡动了怒，厉声说道："我本是问像马氏、窦氏等贵戚人家，
等辈，岂能知此卖菜佣乎？"于是部吏望风旨，
难道需要知道这些卖菜的奴仆吗？"于是手下官吏瞧着他的脸色意旨行事，比
争以激切为事。贵戚跼蹐[⑩]，京师肃清。
着做激烈严酷的事。那些显贵的皇亲国戚都小心翼翼，京师一派太平。

⑧下车：官吏初到任。
⑨闾（lú）：古代二十五家为一闾；原指里巷的大门，后指人聚居处。
⑩跼蹐（jú jí）：行动小心，十分慌恐的样子。

和帝即位，太傅邓彪奏纡在任过酷，不宜典司京
和帝即位以后，太傅邓彪上奏称周纡任职期间过于严酷，不宜主管京师。周
辇。免归田里。后窦氏贵盛，笃兄弟秉权，睚眦[⑪]宿
纡被免职回乡。后来窦氏显贵得势，窦笃兄弟把持政权，只要和他们有一丁点私怨，
怨[⑫]，无不僵仆。纡自谓无全，乃柴门自守，以待其
统统加以杀害。周纡自己知道不可能保全性命，于是就闭门不出，等着祸患的降临。
祸。然笃等以纡公正，而怨隙有素，遂不敢害。
然而窦笃等人因为周纡做事公正，而且结怨的时间已久，因而没敢加害他。

⑪睚眦：发怒时瞪眼睛，借指极小的仇恨。像瞪一下眼睛那样极小的怨仇也要报复。
⑫宿怨：怀恨于心。

永元五年，复征为御史中丞。诸窦虽诛，而夏阳
永元五年，周纡再次被召用为御史中丞。窦氏许多人虽然被杀，但夏阳侯
侯瑰犹尚在朝。纡疾[⑬]之，乃上疏曰："臣闻臧文仲
窦瑰还在朝中。周纡痛恨此事，就上书说："臣听说臧文仲侍奉国君，见到对国
之事君也，见有礼于君者，事之如孝子之养父母，见
君合礼的人，侍奉他就像孝子侍奉父母一样；见到对国君无礼的人，诛杀他就
无礼于君者，诛之如鹰鹯之逐鸟雀。案夏阳侯瑰，本
像鹰鹯追逐鸟雀一样。查夏阳侯窦瑰，本来轻浮刻薄，心志乖戾不正，对经典学

⑬疾：痛恨。

⑭奸桀：奸恶的魁首。
⑮幸：指封建帝王到达某地。
⑯坐：定罪，由……而获罪。

出轻薄，志在邪僻，学无经术，而妄构讲舍，外招儒
术毫无所知，但他妄自建造讲堂，对外招收儒生，实际上是聚集奸诈凶暴的人。
徒，实会奸桀⑭。轻忽天威，侮慢王室，当伏诛戮。”
他轻视皇上声威，轻慢皇室，应当处以死刑。”

六年夏，旱，车驾自幸⑮洛阳录囚徒，二人被
永元六年夏天发生旱灾，天子亲自到洛阳监狱察看囚犯情况，见到两个
掠生虫，坐⑯左转骑都尉。七年，迁将作大匠。九
囚犯被拷打后伤口生虫，将周纡降职为骑都尉。永元七年，升任将作大匠。永元
年，卒于官。
九年，在任上去世。

人物简析

1. 周纡为官清正廉洁，资财缺乏，生活清贫。免官后甚至经常做砖坯来维持生计，这种不以权谋私饱一己私囊的廉洁品质，于古于今，都显得难能可贵。
2. 周纡任召陵侯相时，廷掾心里不服，弄来一具砍断手脚的尸体，放在相府门前灭他的威风，被周纡发现端倪，将廷掾逮捕入案。体现周纡办案认真，明察秋毫，断案如神。
3. 周纡痛恨豪强，敢于直接和外戚如马氏、窦氏等为敌，终使京师一派太平。其不畏强权、除暴安良的良官的性格显露无遗；在“诸窦”被诛后，还上书弹劾仍在朝中的夏阳侯窦瑰，其嫉恶如仇的性格可见一斑。

考题举隅

1. 对下列句子中加点的词的解释，不正确的一项是（　　）

A. 常筑墼以自给　　墼：没有烧过的砖坯。

B. 下车，先问大姓名主　　下车：从车上走下来。

C. 悉谁载藁入城者　　藁：多年生草本植物，茎直立中空，根可入药。

D. 贵威踧踖　　踧踖：行动小心，十分慌恐的样子。

2. 翻译下面的句子。

（1）到官，晓吏人曰：“朝廷不以长不肖，使牧黎民，而性仇猾吏，志除豪贼，且勿相试！”

（2）臣闻臧文仲之事君也，见有礼于君者，事之如孝子之养父母，见无礼于君者，诛之如鹰鹯之逐鸟雀。

3. 下列句子中体现周纡“明察秋毫”的一组句子是（　　）

①遂杀县中尤无状者数十人，吏人大震。

②便往至死人边，若与死人共语状。

③又问铃下："外颇有疑令与死人语者不？"

④本问贵戚若马、窦等辈，岂能知此卖菜佣乎？

⑤乃密问守门人曰："悉谁载藁入城者？"

⑥纡自谓无全，乃柴门自守，以待其祸。

A. ①②④　　B. ①⑤⑥　　C. ②③⑤　　D. ③④⑥

4. 用"/"给下文的句子断句。

乃密问守门人曰悉谁载藁入城者门者对唯有廷掾耳又问铃下外颇有疑令与死人语者不对曰廷掾疑君乃收廷掾考问具服不杀人取道边死人后人莫敢欺者。

写作点拨

1. 周纡痛恨豪强，直接和外戚如马氏、窦氏等为敌。周纡因过于苛刻被免职回乡，只是一介草民。而窦氏却显贵得势，窦笃等人却仍不敢加害。为人为官做事公正，断不敢加害他。可见周纡的为人为官做事之公正。我们在写作中可以学习侧面描写这种手法。

2. 生动形象的语言描写表现人物的性格特征："至""共语状""阴察视""密问"。通过对周纡动作形态的描写，寥寥数语表现了周纡办案认真，明察秋毫，断案如神；而"性仇猾吏，志除豪贼，且勿相试"慷慨忠告，足见周纡忠正果敢、嫉恶如仇的性格特征。可见人物描写对人物性格的塑造的妙处。

孔奋传

孔奋，字君鱼，扶风茂陵人也。奋少从刘歆受《春秋左氏传》，歆称之，谓门人曰："吾已从君鱼受道[①]矣。"

孔奋，字君鱼，扶风茂陵人。孔奋少年时随从刘歆学习《春秋左氏传》，刘歆称赞他，对学生说："我已从君鱼那里学到了大道。"

遭王莽乱，奋与老母、幼弟避兵河西。建武五年，河西大将军窦融请奋署议曹掾[②]，守姑臧长。八年，赐爵关内侯。时天下扰乱，惟河西独安，而姑臧称为富邑，通货羌胡，市[③]日四合，每居县者，不盈

遭遇王莽之乱，孔奋与老母亲和幼弟到河西地区躲避兵祸。建武五年，河西将军窦融邀请孔奋为自己官署的议曹掾，担任守姑臧长。八年，赐爵位为关内侯。当时天下纷扰混乱，唯有河西地区较安定，姑臧被人们称为富县。这里与羌胡通商贸易，每天有四次集市。每一任县官，没有几个月便都富裕起来。孔

注释

①道：学问，道理。

②曹掾：曹，古代分科办事的官署。掾（yuàn）：原为佐助的意思，后为副官佐或官署属员的通称。泛指分曹治事的属吏，胥吏。

③市：集市。

④致：达到，使达到。
⑤事：侍奉。
⑥珍膳：美食。
⑦躬：亲自。
⑧或：有的人。
⑨徒：白白的。

数月辄致[4]丰积。奋在职四年，财产无所增。事[5]母孝谨，虽为俭约，奉养极求珍膳[6]。躬[7]率妻、子，同甘菜茹。时天下未定，士多不修节操，而奋力行清洁，为众人所笑，或[8]以为身处脂膏，不能以自润，徒[9]益苦辛耳。奋既立节，治贵仁平，太守梁统深相敬待，不以官属礼之，常迎于大门，引入见母。

奋任职四年，财产却一点没有增加。他侍奉母亲非常孝敬谨慎，虽然自己生活俭朴，却极力以美食孝敬母亲。亲自带着妻子儿女一同以普通饭菜为食。当时全国仍未安定，士大夫都不注重操守，而孔奋却尽力以清廉行事。因此被众人所笑，有的人说他身处富庶地区，不能使自己富裕起来，只是白白的自讨苦吃。孔奋注重节操，施政以仁义平和为本，太守梁统对他深为敬重，不以官属的礼节对待他，常到大门口迎接，领入内室引见给自己的母亲。

⑩毂（gǔ）：本义：车轮中心的圆木，周围与车辐的一端相接，中有圆孔，可以插轴，借指车轮或车。
⑪就：靠近；走近；趋向。
⑫既：已经。
⑬除：授官。

陇蜀既平，河西守令咸被征召，财货连毂[10]，弥竟川泽。惟奋无资，单车就[11]路。姑臧吏民及羌胡更相谓曰：“孔君清廉仁贤，举县蒙恩，如今去，不共报德！”遂相赋敛牛马器物千万以上，追送数百里，奋谢之而已，一无所受。既[12]至京师，除[13]武都郡丞。

陇西和蜀地被平定后，河西地区的太守、县令都被征召入京，官员的财物一车连着一车，布满了山川。只有孔奋没有资财，乘一辆空车上路。姑臧的官员百姓以及羌胡都说：“孔君清廉仁义贤惠，全县都蒙受他的恩惠，他如今离去，我们为什么不报答他的恩德！”于是共同凑集收敛了成千上万的牛马器物，追了几百里送给孔奋。孔奋只是拜谢而已，一点都不接受。孔奋抵达京城后，授职为武都郡丞。

⑭妻子：妻子儿女。
⑮顾：回头看，泛指看。
⑯感：被…感动。
⑰乃：于是。
⑱冀：希望。
⑲遂：终于。

时，陇西余贼隗茂等夜攻府舍，残杀郡守，贼畏奋追急，乃执其妻子[14]，欲以为质。奋年已五十，唯有一子，终不顾[15]望，遂穷力讨之。吏民感[16]义，莫不倍用命焉。郡多氐人，便习山谷，其大豪齐钟留者，为群氐所信向。奋乃率厉钟留等令要遮抄击，共为表里。贼窘惧逼急，乃[17]推奋妻子以置军前，冀[18]当退却，而击之愈厉，遂[19]禽灭

当时陇西残余的贼人隗茂等人在深夜攻击官府，残杀了郡太守。贼人害怕孔奋穷追不舍，于是抓住他的妻子儿女，企图作为人质。孔奋当时年已五十，只有一个儿子，但他一心为国，毫不被贼人所动，仍尽力征讨。官员、百姓被他的精神所感动，都拼力与贼人作战。郡中居住着许多氐（dī）人，熟悉山川道路，大首领齐钟留，深为氐人信赖。孔奋便率领勉励齐钟留等人，命他们在要道阻击抄掠贼兵，与官军互相呼应，里应外合，贼人窘迫惶恐，被逼急了，于是把孔奋的妻子儿女推到阵前，希望作为抵挡逼孔奋退兵，而孔奋却攻击得更加急迫，终

茂等，奋妻、子亦为所杀。世祖下诏褒美，拜为武都太守。

于擒获消灭了隗茂等人，但他的妻子和子女却被贼人所杀。光武帝因此而下诏褒扬赞赏了孔奋，拜他为武都太守。

奋自为府丞，已见[20]敬重，及拜太守，举郡莫不改操。为政明断，甄[21]善疾[22]非，见有美德，爱之如亲，其无行者，忿[23]之若仇，郡中称为清平。

孔奋在任府丞时，已深受官民敬重，他担任太守后，全郡的人都以他为榜样，修行操守。孔奋治政明确公正，甄别和表扬善行，痛疾错误行为。看到品德高尚的人，爱他如同爱自己的亲人；对品德不好的人，就像仇人一样痛恨，郡中的人都称他为清廉公平的人。

⑳见：被。

㉑甄：甄别，鉴别、选择录用、鉴别品评。

㉒疾：痛恨。

㉓忿：忿恨。

人物简析

1. 百善孝为先。在艰苦的生活中努力给母亲最好的食物。而自己妻儿粗茶淡饭，孔奋侍奉母亲孝顺谨慎；当时天下未平，士大夫多不重操守，孔奋却力行清洁，坚持树立节操。
2. 孔奋为姑臧长时，“在职四年，财产无所增”。离开时，百姓携“千万以上，追送数百里”“谢之而已，一无所受”，孔奋清正廉洁，不贪图富贵，仁义贤明如此。
3. 在与叛贼隗茂交锋时，他的妻子儿女被携为人质，而“奋年已五十，唯有一子。”在私与公发生冲突时，孔奋“终不顾望”，不顾儿女私情，大义凛然。一心为国为民，以平定天下为己任，终于擒获消灭了叛贼隗茂等人。
4. 孔奋在武都为府丞时，担任太守后，为政明断，亲美德，仇无行，全郡的人受他影响，无不注重修行操守。

考题举隅

1. 对下列句子中加点词的解释，不正确的一项是（　　）

   A. 财货连毂，弥竟川泽　　　　弥：满

   B. 吏民感义，莫不倍用命焉　　感：感谢。

   C. 躬率妻、子，同甘菜茹。　　躬：亲自。

   D. 乃执其妻子，欲以为质。　　妻子：妻子儿女。

2. 把下列句子翻译成现代汉语。

   (1) 时天下扰乱，惟河西独安，而姑臧称为富邑，通货羌胡，市日四合，每居县者，不盈数月辄致丰积。奋在职四年，财产无所增。

(2)陇蜀既平，河西守令咸被征召，财货连毂，弥竟川泽。惟奋无资，单车就路。

3. 下列对原文有关内容的分析和概括，不正确的一项是(　　)

A. 少年时期的孔奋随从刘歆学习《春秋左氏传》，通过对学生说："我已从孔君鱼那里学到了大道。"来表达对自己的学识与智慧的肯定与赞赏。

B. 孔奋在被人们称为富县的姑臧任职四年，当时的士大夫都不注重操守，而孔奋却尽力以清廉行事，四年中自己的财产却一点没有增加。

C. 孔奋在担任太守后，治政明确公正，甄别和表扬善行，痛疾错误行为。亲美德，仇无行，郡中的人都称他为清廉公平的人。

D. 陇西残余的贼人隗茂等人在深夜攻击官府残杀了郡太守。因害怕孔奋的追杀，抓住他的妻子儿女作为人质。但年已五十的孔奋，他一心为国，不肯屈服，最后妻子女儿和唯一的儿子被杀。光武帝因此而下诏褒扬赞赏了孔奋，拜他为武都太守。

4. 用"/"给下文的句子断句。

遂相赋敛牛马器物千万以上追送数百里奋谢之而已一无所受既至京师除武都郡丞

写作点拨

写作手法的学习："每居县者，不盈数月辄致丰积。"和"奋在职四年，财产无所增。"个人生活"俭约"对母亲的"奉养极求珍膳"。都形成鲜明的对比，凸显孔奋的不为物累，廉洁奉公，为人磊落坦荡和奉行"百善孝为先"之品行。善于学习对比的手法的运用。

孔融传

孔融字文举，鲁国人，孔子二十世孙也。七世祖霸，为元帝师，位至侍中。父宙，太山都尉。

孔融字文举，鲁国人，孔子二十世孙。七世祖孔霸，为汉元帝的老师，官至侍中。父亲孔宙，曾任太山都尉。

融幼有异才。年十岁，随父诣①京师。时，河南尹李膺②以简重③自居，不妄④接士宾客，敕⑤外自非当世名人及与通家，皆不得白⑥。融欲观其人，故造⑦膺

孔融小时候就有特异的才能。十岁，跟父亲至京师。当时河南尹李膺为人庄严持重，不随便接见士大夫及宾客，告诉看门的人，不是当代名人及世代有交谊的人家都不得通报。孔融想看看李膺是怎样一个人，

注释

①诣：前往，到。

②李膺：字元礼，东汉颍川襄城(现在河南襄城)人。当时颇有盛名，士有被其接纳者，名为"登龙门"。

③简重：庄严持重；严肃郑重。

④妄：随便。

门。语门者曰："我是李君通家子弟。"门者言之。
有意去李膺家敲门，对门者说："我是李君世交的子弟。"守门的人告
膺请融，问曰："高明祖父尝与仆有恩旧乎？"融曰：
诉李膺，李膺请孔融相见。问道："您的先辈曾经与我有交情吗？"孔融
"然。先君[8]孔子与君先人李老君同德比义，而相师
说："是的。先人孔子与您先人李老君同德同义，又为师友关系。那么，
友，则融与君累世通家[9]。"众坐莫不叹息。太中大夫
我孔融与您为世交了。"在座的人，没有人不为之赞叹。太中大夫陈炜后
陈炜后至，坐中以告炜。炜曰："夫人小而聪了，大未
到，在座的人把这告诉了陈炜。陈炜说："噢，人小的时候聪明懂事，长
必奇[10]。"融应声曰："观君所言，将不早惠[11]乎？"膺
大了就未必出奇。"孔融接着他的话说："听您这么说，谁说您小时不聪
大笑曰："高明必为伟器[12]。"
明呢？"李膺大笑说："你将来必成大器。"

年十三，丧父，哀悴[13]过毁，扶而后起，州里
孔融十三岁时，死了父亲，悲痛过度而损害了身体，要人扶了才能站起来，
归其孝。性好学，博涉多该览[14]。
州里称赞他的孝行。他天性好学习，广泛阅览知识，博览群书。

山阳张俭为中常侍览所怨，览为刊章是下州郡，以
山阳张俭为中常侍侯览所恨，侯览隐匿告人姓名把奏章下达州郡，捉
名捕俭。俭与融兄褒有旧，亡抵[15]于褒，不遇。时融年
拿张俭。张俭与孔融的哥哥孔褒是朋友，逃到孔褒家中，孔褒不在。这时孔融
二六，俭少之而不告。融见其有窘色，谓曰："兄虽在
十六岁，张俭认为孔融年轻，没有告诉他。孔融看见张俭窘迫的样子，对张俭
外，吾独不能为君主邪？"因留舍之。后事泄[16]，国相
说："哥哥虽然不在家，我难道不能为您做主吗？"因此留张俭住在他家。后来
以下，密就掩捕，俭得脱走，遂并收褒、融送狱。二人
事情泄漏出去，国相以下，秘密前来抓捕，张俭有幸得以跑掉。于是把孔褒、孔
未知所坐[17]。融曰："保纳舍藏者，融也，当坐之。"
融一起送入监狱。两人不知道哪个犯了罪。孔融说："收容隐藏张俭的是我，是
褒曰："彼来求我，非弟之过，请甘其罪。"吏问其
我犯了罪。"孔褒说："张俭来找我，不是弟弟的罪过，我情愿负罪。"吏问他们
母，母曰："家事任长，妾当其辜。"一门争死，郡县
的母亲，母亲说："家事要年长的担当，罪责在我。"一家人争着去死，郡县官员
疑不能决，乃上谳[18]之。诏书竟坐褒焉。融由是显名，
不能决断，于是向朝廷请示。诏书最后定了孔褒的罪。孔融因此著名，与平原陶
与平原陶丘洪、陈留边让齐声称。州郡礼命，皆不就。
丘洪、陈留边让齐名，州郡以礼任命，都不到职。

⑤敕：告诫，嘱咐。
⑥白：通告。通报。
⑦造：到，去。
⑧先君：死去的祖先。师资，老师。当年孔子曾问礼于老子，所以说"有师资之尊"。
⑨累世通家：累：接连。通家：世交。世世代代互相交好。
⑩聪了：聪明懂事。未必：不一定；不见得。人小而聪了，大未必奇：指人年幼而聪明才智，长大不一定超出人们的意料是奇才。
⑪惠：古同"慧"，聪明。
⑫伟器：大器。谓堪任大事的人才。
⑬悴：忧伤。
⑭该览：广泛阅览。
⑮抵：到。
⑯泄：泄露。泄密。
⑰坐：定罪，由…而获罪。
⑱谳（yàn）：审判定罪。

⑲幼弱：幼小。
⑳收：逮捕，拘押。
㉑或：有的人。

初，女年七岁，男年九岁，以其幼弱⑲得全，寄它舍。二子方弈棋，融被收⑳而不动。左右曰："父执而不起，何也？"答曰："安有巢毁而卵不破乎！"主人有遗肉汁，男渴而饮之。女曰："今日之祸，岂得久活，何赖知肉味乎？"兄号泣而止。或㉑言于曹操，遂尽杀之。及收至，女谓兄曰："若死者有知，得见父母，岂非至愿！"乃延颈就刑，颜色不变，莫不伤之。

当初，女儿年七岁，男年九岁，都因他们年幼得以保全，寄居在别人家。二个孩子正在下棋，孔融被捕时他们没有动静。左右的人说："父亲被逮捕而不起身，这是为什么呢？"答说："哪里有巢穴被毁坏了卵不被破坏的呢？"主人送来肉汤，男孩口渴就喝了。女孩说："今天这样的祸，难道能够久活，还要知道肉味吗？"哥哥号哭而不再喝。有人对曹操说了，于是决定都杀掉。等到捉拿的人到的时候，女孩对哥哥说："如果死人有知，我能够见到父母，难道不是我们最大的愿望！"于是昂头赴刑，面色不变，没有人不为他们悲伤的。

人物简析

1. 孔融聪明机智地拜访了李元礼，人皆称奇。这里孔融巧妙地运用了"亲戚关系"这个概念，将孔夫子与老子二人之间的师生关系延伸到自己与李元礼的关系上，不可谓不机智巧妙，而后以又机智地反驳陈炜的刁难，再次表现出他聪明机智的特点，其思维不可谓不敏捷，才智不可谓不出众。
2. 因收留在逃张俭而该谁担当罪责一事上，母亲与哥哥都能勇于担当，不遇患避之；在孔融被抓时，年未满十岁的一双儿女，从容不迫，镇定自若；赴死时更是大义凛然，视死如归。可见孔家世代对儿女良好的身教与言教，都是教子有方的典范。

成语积累

1. 人小而聪了，大未必奇：指人年幼而聪明才智，长大不一定超出人们的意料是奇才。
2. 巧用成语："小时了了"引成成语，来说明小孩子从小便生性聪明，懂得的事情很多。但因为下文有"大未必佳"一语，故这句成语的意思便变成了：小时虽然很聪明，一到长大了却未必能够成材的。故表面上虽是赞扬的话，骨子里却是讥诮人、轻蔑人的。所以我们应用时不能用它来称赞别人，否则将被人误解你有心挖苦、轻视人了，可能最后也会像陈炜一样，本想刁难别人，却自取其辱，搬石头砸了自己的脚。

考题举隅

1. 解释下列加点字的意思。

A. 随父诣京师　　B. 则融与君累世通家。

C. 观君所言，将不早惠乎　　D. 年十三，丧父，哀悴过毁

2. 翻译下列句子：

（1）融曰："然。先君孔子与君先人李老君同德比义，而相师友，则融与君累世通家。"众坐莫不叹息。

（2）左右曰："父执而不起，何也？"答曰："安有巢毁而卵不破乎！"

3. 孔文举是采用什么方式来辩驳陈炜的？

4. 结合原文，谈谈本文表现了孔文举怎样的性格特点？

5. 陈炜的"人小而聪了，大未必奇"言外之意是什么？文举曰："观君所言，将不早惠乎。"言外之意又是什么？

写作点拨

1. 写洛阳李膺为人庄严持重，名气很大，不随便接见士大夫及宾客，寻常人等都无缘登门拜访。这里对李元礼名气之盛的描写，为后文孔融成功地以年仅十岁、无官无名之身成为李元礼的座上宾提供了一个背景，做了必要的交代。为后文做铺垫，衬托孔融的智慧。

2. 人们常说"虎父无犬子"意思是说勇猛的父亲不会生出一般的孩子。用于夸奖别人的子辈。也就是老子英雄儿好汉。在文中，年未满十岁的一双儿女，在孔融被抓时从容不迫，镇定自若；赴死时更是大义凛然，视死如归。可见孔融对儿女良好的身教与言教，和昔日孟母一样，都是教子有方的典范。

班超传

班超字仲升，扶风平陵人，徐令彪之少子也。为人有大志①，不修细节②。然内孝谨③，

班超，字仲升，扶风郡平陵县人，徐县县令班彪的小儿子。他为人心怀大志，不注重小节。然而内心却孝顺而恭谨，在家时常常从事繁重的劳作，勤奋而

注释

①为人：指品性方面所表现的特征。大志：远大的志向。

②细节：无关紧要的小事。
③孝谨：孝顺而恭谨。
④耻：以……为耻辱，感到羞耻。
⑤有口辩：指有能言善辩之才。
⑥佣书：受雇为人抄书。
⑦辍(chuò)业：停止劳作。
⑧异域：他乡，外地。
⑨小子：表示轻蔑的称呼。
⑩安：怎能。表反问语气。

居家常执勤苦，不耻④劳辱。有口辩⑤，而涉猎书传。永平五年，兄固被召诣校书郎，超与母随至洛阳。家贫，常为官佣书⑥以供养。久劳苦，尝辍业⑦投笔叹曰：“大丈夫无它志略，犹当效傅介子、张骞立功异域⑧，以取封侯，安能久事笔研间乎？”左右皆笑之。超曰：“小子⑨安⑩知壮士志哉！”

努力，并不以辛勤劳作为可耻的事。他口才极好善于辩论，而且广泛阅读了一些典籍。明帝永平五年（62年），兄长班固受朝廷征召前去担任校书郎，班超和母亲便跟随来到京师洛阳。由于家庭贫困，他常常受雇为官府抄书来供给家庭的生活所需。长时间地劳累辛苦，他曾经停下手中的工作、将毛笔扔在一边叹息地说：“大丈夫没有别的抱负和才略，尚且应当学习傅介子和张骞在他乡建立功业，来博取封侯的赏赐，怎能长期从事抄写的事呢？”身边的人听了这话都笑话他。班超说：“小子又怎能理解壮士的志向呢？”

⑪鄯善：治址在今新疆罗布泊西南。
⑫官属：主要官员的属吏。
⑬北虏：古代对北方匈奴等少数民族的蔑称。
⑭狐疑：犹豫不决。
⑮侍胡：指接待、伺候汉使的胡人。诈：用语言试探、诱使。
⑯会：聚，召集。
⑰因：趁机。
⑱绝域：极其遥远的地方。

超到鄯善⑪，鄯善王广奉超礼敬甚备，后忽更疏懈。超谓其官属⑫曰：“宁觉广礼意薄乎？此必有北虏⑬使来，狐疑⑭未知所从故也。明者睹未萌，况已著邪。”乃召侍胡诈之⑮曰：“匈奴使来数日，今安在乎？”侍胡惶恐，具服其状。超乃闭侍胡，悉会⑯其吏士三十六人，与共饮，酒酣，因⑰激怒之曰：“卿曹与我俱在绝域⑱，欲立大功，以求富贵。今虏使到才数日，而王广礼敬即废；如令鄯善收吾属送匈奴，骸骨长为豺狼食矣。为之柰何？”官属皆曰：“今在危亡之地，死生从司马。”超

班超到了鄯善国。鄯善国王广款待班超，所行的礼节和内心的恭敬都悉心周到，后来突然变得疏远怠慢起来。班超对随从人员说：“难道没觉察鄯善王广的敬意变得淡薄了？这一定是北方匈奴派使者来到这里，使他犹豫不决而不知该依附哪一边的缘故了。聪明人在事情还没有萌芽的时候就能够发现它，何况事情现在已很明显了。”于是召唤一名服侍汉使的鄯善人到跟前试探他说：“匈奴的使者来了已经数日，现在在哪里啊？”这名服侍的鄯善人惊慌害怕，便完全招认了整个情况。班超于是将这名服侍的鄯善人关押起来，把一起出使的属吏和士卒36人全部召集起来，与大家一道饮酒，等到喝得非常尽兴的时候，便趁着酒劲激怒他们说：“诸位和我现在都身处极其遥远的地方，都想建立伟大的功勋，来求取富贵荣华。如今敌虏匈奴的使者来到这里才几天，而鄯善王广对我们的礼数和恭敬便废掉了；如果鄯善国将我们这些人抓捕起来送到匈奴去，那么我们的骸骨就要先行拿去喂食豺狼了。对此我们怎么办啊？”属吏们都说：“现在已处于危急的

曰："不入虎穴，不得虎子。当今之计，
境地，是死是活都听从司马的吩咐。"班超说："不进入猛虎洞穴，便不能捕获虎
独有[19]因夜[20]以火攻虏，使彼不知我多少，
仔。现在的办法是，只有趁着黑夜用火攻击匈奴，使他们不知我们人数究竟有多
必大震怖[21]，可殄[22]尽也。灭此虏，则鄯善
少，肯定极为惊恐，可趁机将他们一举消灭掉。如果消灭了这些匈奴，那么鄯善全
破胆，功成事立矣。"众曰："当与从事
国也都吓破了肝胆，而我们大功铸成、大事确立了。"众人说："应当和郭从事商
议之。"超怒曰："吉凶决于今日。从事
议一下。"班超怒吼说："是凶是吉全在于今日一举。郭从事是个拘守礼法、安于习
文俗吏，闻此必恐而谋泄，死无所名，非
俗的官吏，听到这些肯定会惊恐万分而将我们的谋划泄露出去，会让我们死得不
壮士也！"众曰："善。"初夜[23]，遂将
明不白，这不是壮士的所作所为了！"大家都齐声说："好。"初更的时候，班超就
吏士往奔虏营。会天大风，超令十人持鼓
带领属吏和士卒奔往敌人的营地。正好刮起了大风，班超命令十个人拿了军鼓隐
藏虏舍后，约曰："见火然，皆当鸣鼓大
藏在敌人营寨的后面，和他们约定说："一见大火燃烧起来，就擂响战鼓、大声喊
呼。"余人悉持兵弩[24]夹门而伏。超乃顺风
叫。"其余的人全都手持兵刃、带着硬弓埋伏在寨门的两旁。班超于是顺着风势
纵火，前后鼓噪。虏众惊乱，超手格杀[25]三
放起大火，众人前前后后一起擂鼓呐喊。匈奴受惊一片混乱，班超亲手击杀了三
人，吏兵斩其使及从士三十余级，余众百
个敌人，部下也斩杀了匈奴使者以及随从护卫的三十多人，其余的敌人一百多人
许人悉烧死。明日乃还告郭恂，恂大惊，
统统被大火烧死。第二天班超才向郭恂做了汇报。郭恂一听非常震惊，接着脸色
既而色动。超知其意，举手[26]曰："掾[27]虽不
就变了。班超知道他的心思，双手举上额头敬礼说："您作为正职虽然没有一起行
行，班超何心独擅之乎？"恂乃悦。
动，但我班超又哪有胆量独自占有这份功劳呢？"郭恂这才高兴起来。

⑲独有：只有。
⑳因夜：趁着黑夜。
㉑震怖：惊恐或使惊恐。
㉒殄（tiǎn）：尽，绝。
㉓初夜：初更。
㉔弩：能连发的硬弓。
㉕格杀：击杀。
㉖举手：举手加额（把手举上额头敬礼）。
㉗掾：原为佐助的意思，后为副官佐或官署属员的通称。

【人物简析】

1. 陈涉在年轻时曾经跟别人一起受雇佣给富人家种地，当他说以后富贵了不要相忘，同伴讥笑他时，陈涉说过：燕雀安知鸿鹄之志。意思是平凡的人哪里知道英雄人物的志向呢？班超同陈涉一样，都是心怀大志、志向冲天之贤士。
2. 班超在鄯善国，在国王广不知依附哪一边而犹豫不决的时候，生死关头，班超凭借超人的智谋与胆略，态度果敢，行为果断，将匈奴来使一举消灭。

知识积累

1. 投笔从戎。班超投笔从戎是历史的美谈。他果真率领三十多人奔赴西域制止了匈奴对汉朝的挑拨，巩固了汉在西域的统治。后人用投笔从戎来形容文人从军和弃文就武。陆游《诉衷情》“觅封侯”用班超投笔从戎、立功异域“以取封侯”的典故，写自己报效祖国，发奋收拾旧河山的壮志。
2. “不入虎穴，焉得虎子”出自此文。比喻不冒危险，就不能成事。今也用来比喻不经历最艰苦的实践，就不能取得真知。

考题举隅

1. 下列加点字的意思解释错误的一项（　　）

   ①居家常执勤苦，不耻劳辱。　　耻：以……为耻辱，感到羞耻。

   ②可殄尽也　　殄：尽，绝。

   ③尝辍业投笔叹曰　　辍：停止。

   ④悉会其吏士三十六人　　会：开会。

2. 下列句子中耻字的意思与“不耻劳辱”中的“耻”字意思不相同的一项是（　　）

   A. 越王苦会稽之耻。——《吕氏春秋·顺民》

   B. 而患其志行之少耻也。——《国语·越语上》

   C. 后世且行之而不知以为耻者多矣。——宋·刘开《问说》

   D. 欲收兵回，又恐被蜀兵耻笑。——《三国演义》

3. 翻译下列句子。

   （1）超曰：“不入虎穴，不得虎子。当今之计，独有因夜以火攻虏，使彼不知我多少，必大震怖，可殄尽也。灭此虏，则鄯善破胆，功成事立矣。”

   （2）超怒曰：“吉凶决于今日。从事文俗吏，闻此必恐而谋泄，死无所名，非壮士也！”

4. 用“/”给下文的句子断句。

   久劳苦尝辍业投笔叹曰大丈夫无它志略犹当效傅介子张骞立功异域以取封侯安能久事笔研间乎

写作点拨

生动形象的语言描写表现人物的性格特征：“小子安知壮士志哉”“不入虎穴，不得虎子”“非壮士也”通过对班超动语言的描写，寥寥数语就将班超心怀江山社稷、豪气冲天的贤士的形象表现得栩栩如生。同时表现他集勇猛、果敢、胆识、气魄、智慧于一身。可见人物描写对人物性格的塑造的妙处。

华佗传

华佗字元化，沛国谯人也，一名旉①。游学徐土，兼通数经②。沛相陈珪③举孝廉④，太尉黄琬辟，皆不就⑤。晓⑥养性之术，时人以为年且百岁而貌有壮容。又精方⑦药，其疗疾，合汤⑧不过数种，心解分剂⑨，不复称量，煮熟便饮，语其节度⑩，舍去⑪辄⑫愈。若病结积在内，针药所不能及，当须刳⑬割者，便饮其麻沸散，须臾⑭便如醉死，无所知，因破取。病若在肠中，便断肠湔洗⑮，缝腹膏摩，四五日，差⑯，不痛，人亦不自寤，一月之间，即平复矣。

华佗字元化，是沛国谯县人，又名旉。曾在徐州地区漫游求学，通晓几种经书。沛国相陈硅推荐他为孝廉，太尉黄琬征召他任职，他都不就任。华佗懂得养生之道，当时的人们认为他年龄将近一百岁，可外表看上去还像壮年人一样。又精通医方药物，他治病时，配制汤药不过用几味药，心里掌握着药物的分量、比例，用不着再称量，把药煮热，就让病人服饮，同时告诉服药的禁忌或注意事项，等到华佗一离开，病人也就好了。如果病患集结郁积在体内，扎针吃药的疗效都不能奏效，应须剖开割除的，就饮服他配制的“麻沸散”，一会儿病人就如醉死一样，毫无知觉，于是就开刀切除患处，取出结积物。病患如果在肠中，就割除肠子病变部分，洗净伤口和易感染部分，然后缝好腹部刀口，用药膏敷上，四五天后，病就好了，不再疼痛。开刀时，病人自己并不感到疼痛，一个月之内，伤口便愈合复原了。

府吏倪寻、李延共止，俱头痛身热，所苦正同。佗曰：“寻当下之，延当发汗。”或难其异，佗曰：“寻外实，延内实，故治之宜殊⑰。”即各与药，明旦

郡守府中的官吏倪寻、李延同时到来（就诊），都头痛发烧，病痛的症状正相同。华佗却说：“倪寻应该（把内热通过小便）拉出来，李延应当（把内热通过）发汗排出去。”有人对这两种不同疗法提出疑问。华佗回答说：“倪寻是外实症，李延是内实症，所以治疗它们应当不同。”马上分别给两人服药，次日早

注释

①旉（fū）：古同“敷”。
②经：儒家经典著作称为经。
③陈珪（guī）：三国时名士。
④孝廉：是汉武帝时设立的察举考试的一种科目。孝廉是孝顺父母、办事廉正的意思。孝廉是察举制常科中最主要、最重要的科目。
⑤就：到，从事，开始进入。
⑥晓：知道，懂得。
⑦方：处方，药方
⑧合汤：调制汤药。
⑨心解分剂：心解，熟悉、明白。分，分量。剂，药剂，指各种药物配合的比例。
⑩节度：犹节制，约束。
⑪舍去：离开。舍，放弃，这里的意思是“离开”
⑫辄：总是，就。
⑬刳（kū）：剖，剖开。
⑭须臾：极短的时间，片刻。
⑮湔洗（jiān xǐ）洗涤。
⑯差（chài）：通“瘥”，痊愈。
⑰殊：不同。

并起。
晨两人一同起来好了。

佗行道，见一人病咽塞，嗜食而不得下，家人车载欲往就医。佗闻其呻吟，驻车往视，语之曰："向来道边有卖饼家，蒜齑大酢，从取三升饮之，病自当去。"即如佗言，立吐蛇一枚，县[18]车边，欲造佗。佗尚未还，小儿戏门前，逆见，自相谓曰："似逢我公，车边病是也。"疾者前入坐，见佗北壁县此蛇辈约以十数。

一天，华佗走在路上，看见有个人患咽喉堵塞的病，想吃东西却不能下咽，家里人用车载着他去求医。华佗听到病人的呻吟声，就停车去诊视，告诉他们说："刚才我来的路边上有家卖饼的，有蒜泥和大醋，你向店主买三升来吃，病痛自然会好。"他们马上照华佗的话去做，病人吃下后立即吐出一条蛇一样的虫，他们把虫悬挂在车边，到华佗家去拜谢。华佗还没有回家，他的两个孩子在门口玩耍，迎面看见他们，小孩相互告诉说："像是遇到咱们的父亲了，车边挂着的'病'就是证明。"病人上前进屋坐下，看到华佗屋里北面墙上悬挂着这类寄生虫的标本大约有十几条。

太祖[19]闻而召佗，佗常在左右，太祖苦[20]头风，每发，心乱目眩。佗针鬲[21]，随手而差。

曹操听说华佗善治病，就把他召去，让他常守在身边。曹操被脑神经痛所苦，每当发作，就精神烦乱，眼睛昏花。华佗只要针刺膈俞穴，马上就将曹操治愈。

后太祖亲理，得病笃[22]重，使佗专视。佗辞以妻病，数[23]乞期不反。太祖累[24]书呼，又敕郡县发遣。佗恃能厌食事，犹不上道。太祖大怒，使人往检：若其虚诈，便收送之。于是传付许狱，考验首服。遂考竟佗，佗临死，出一卷书与狱吏，曰："此可以活人。"吏畏法不受，佗亦不强，索火烧之。佗死后，太祖头风未除。太祖曰："佗能愈此，小人养吾病，欲

后来曹操亲自处理国事，病情更加严重，就让华佗专门为他个人看病。华佗以妻子有病为借口来推托，多次请求延长假期不肯回来。曹操几次用书信召他，又命令郡县派人遣送华佗返回。华佗自恃有才能，不愿受别人的驱使，还是不上路。曹操很生气，派人前往查看。发现他若是弄虚作假骗我，便把他抓起来。因此把华佗递解交付许昌监狱，拷问要他服罪。终于判决了华佗死罪。华佗临死前，拿出一卷医书给守狱的官吏，说："这书可以用来救活人。"狱吏害怕触犯法律不敢接受，华佗也不勉强，讨火来把书烧掉了。华佗死了以后，曹操脑神经痛仍旧没有好。曹操说："华佗本来能够治好这种病。他有意留着我的病

⑱县：古同"悬"。系挂。

⑲太祖：曹操的庙号。

⑳苦：苦于，为……所苦。

㉑鬲（gé）：针灸穴位名。在脊骨第七椎下两旁。

㉒笃：重，病重。

㉓数（shuò）：屡次，多次。

㉔累：多次。

以自重，然吾不杀此子，亦终当不为我断此根原耳。”及后爱子仓舒病困，太祖叹曰：“吾悔杀华佗，令此儿强死也。”

根，想借此来抬高自己的地位，既然如此，如果我不杀掉他，他最终也不会替我断掉这病根的。”直到后来他的爱子仓舒病危，曹操才感叹地说：“我后悔杀了华佗，使这个儿子活活地死去了。”

人物简析

1. 华佗与董奉、张仲景被并称为“建安三神医”。其擅长的两大医技，一是利用针灸疗法治病；二是令病人饮其自创的麻沸散，使之醉后无觉，再行刳割疗疾，具有神效，后被尊为“外科鼻祖”。本文叙事简洁，高度称赞了华佗精湛的医技和超群的医术，栩栩如生地为我们勾勒了一代神医的形象。
2. 华佗被害至今已一千七百多年了，但人民还永远怀念他。江苏徐州有华佗纪念墓；沛县有华祖庙，庙里的一副对联，抒发了作者的感情，总结了华佗的一生：医者刳腹，实别开岐圣门庭，谁知狱吏庸才，致使遗书归一炬；士贵洁身，岂屑侍奸雄左右，独憾史臣曲笔，反将厌事谤千秋。
3. 华佗在临死前欲将自己毕生的心血——一卷医书留给狱官，希望在他死后，有更多的人得到医治，欲凭借自己超群的医术，解民间百姓疾苦，他的一心为民、心系百姓的拳拳的爱民之心，永昭天下。
4. 曹操知道华佗医术高明，欲将华佗供他个人使唤。但华佗禀性清高，不愿功利与攀附，去意坚定，曹操竟然把这位在医学上有重大贡献的医生杀害了，可见曹操的心胸狭隘与刚愎自用。

考题举隅

1. 对下列句子中加点词的解释，不正确的一项是（　　）

A. 须臾便如醉死　　须臾：极短的时间，片刻。

B. 若其虚诈，便收送之　　收：逮捕。

C. 应便拔针，病亦行差。　　差：差不多。

D. 立吐蛇一枚，县车边。　　县：古同“悬”。系挂。

2. 翻译句子：

（1）病若在肠中，便断肠湔洗，缝腹膏摩，四五日，差，不痛，人亦不自寤，一月之间，即平复矣。

(2) 佗闻其呻吟，驻车往视，语之曰："向来道边有卖饼家，蒜齑大酢，从取三升饮之，病自当去。"

3. 回答下列问题：

(1) "府吏倪寻、李延共止，俱头痛身热，所苦正同。佗曰：'寻当下之，延当发汗。'或难其异，佗曰：'寻外实，延内实，故治之宜殊。'即各与药，明旦并起。"华佗给病人诊疗时，能够根据不同的情况，开出不同的处方。用一个成语概括他的做法？阐述此成语的意思。并写出该成语的近义词及反义词。

(2) 华佗给病人诊疗时，因人而异，开出不同的处方。这种做法带给你怎样的启示？

【写作点拨】

1. 曹操因华佗不愿专为他一人看病，而残忍地将其杀害。华佗死了以后，曹操脑神经痛仍旧没有痊愈，备受折磨时，仍不知悔改；直至他的爱子仓舒病危，方后悔不迭。突出了华佗精湛的医技和超群的医术，品性的清高。我们在写作中可以学习侧面描写这种手法。

2. 从为人品格的角度：本文使我们赞叹华佗医术的精湛与超群的同时，更感慨华佗在临死前，仍心系百姓，欲凭借自己超群的医术，解民间百姓疾苦的拳拳的爱民之心，以及不畏曹操之淫威的坦荡。使一代神医的形象丰满充实。学习典型选材对突出中心的作用。

李膺传

李膺字元礼，颍川襄城人也。膺性简亢①，无所交接，唯以同郡荀淑、陈寔为师友。

李膺字元礼，是颍川襄城人。李膺性情高傲，没有什么交际往来的人。只以同郡荀淑、陈寔成为师友。

南阳樊陵求为门徒，膺谢不受，陵后以阿附宦官，致位太尉，为节者所羞。荀爽尝就谒膺，因为其御②，既还，喜曰："今日乃得御李君

南阳的樊陵请求做他的门徒，李膺推辞不接纳。樊陵后来凭着阿谀攀附宦官，官位达到太尉，被有节操的人看作是羞耻的事情。荀爽曾经来拜见李膺，借机替李膺驾了车，回去以后，高兴地说："今天才能够为李先生驾上车呀。"李

注释

①亢：高，高傲。

②御：驾驶车马。

矣。”其见慕如此。
膺被人仰慕就像这样。

复拜司隶校尉。时张让弟朔为野王令，贪残无道，至乃杀孕妇，闻膺厉威严，惧罪逃还京师，因匿兄让第舍，藏于合柱中。膺知其状，率将吏卒破柱取朔，付洛阳狱。受辞[③]毕，即杀之。让诉冤于帝，诏膺入殿。御亲临轩，诘[④]之不先请便加诛辟之意。膺对曰：“昔晋文公执[⑤]卫成公于京师，《春秋》是焉。《礼》云：公族有罪，虽曰宥[⑥]之，有司执宪不从。昔仲尼为鲁司寇，七日而诛少正卯。今臣到官已积一旬，私惧以稽留为愆[⑦]，不意获速急之罪。诚[⑧]自知衅责[⑨]，特乞留五日，克殄[⑩]元恶，退就鼎镬[⑪]，始生之愿也。”帝无复言，顾谓让曰：“此汝弟之罪，司隶何愆？”乃遣出之。自此，诸黄门常侍皆鞠躬屏气，休沐不敢复出宫省。帝怪问其故，并叩头泣曰：“畏李校尉。”
再次调动官职，任命为司隶校尉。当时，张让的弟弟张朔做野王县令，残忍无道，以至于杀死怀孕的妇女。听说李膺执法严厉威严，惧怕获罪，逃回京师洛阳。藏在其兄张让屋子里的柱子中。李膺得知这一情况，率人击破柱子逮捕张朔，交付洛阳的监狱。审讯得到供词之后就杀了他。张让向皇帝诉说冤情，皇帝下诏召李膺到大殿，皇帝亲自到场，追问李膺为什么不先请示就斩了张朔。李膺回答说：“从前晋文公擒获卫成公回到京师，孔子在《春秋》中认为这样做是对的。《礼》说诸侯贵族有罪，即使国君说要宽恕他，但主管官员依照法律也不肯服从的。从前孔子做鲁国的司寇，上任七天就杀了少正卯。今天我到任已经十多天了，我怕办案迟延而有罪，不料却因办案太快而被皇上指责。我确实知道自己有罪，即使去死也不会犹豫。但希望能乞求皇上宽限五天，等我把元凶除掉，即使被放入大鼎煮了也不后悔。这也是我平生的愿望呀。”皇帝没有再说，转头对张让说：“这是你弟弟的罪过，司隶有什么错？”于是将张让遣送出宫。从此以后各个黄门常侍都弯着腰屏住呼吸，休息沐浴都不敢再出宫殿。皇帝觉得奇怪问为什么，都磕头哭着答道：“是害怕李校尉啊。”

③受辞：指审讯口供。
④诘：追问，谴责，问罪。
⑤执：捉拿，抓捕。
⑥宥：宽恕，原谅。
⑦稽留：停留。愆：罪过，过失。
⑧诚：确实。
⑨衅责：罪责。
⑩殄：尽，绝。
⑪鼎镬：古炊具，也指烹刑。指古代刑具。

是时朝廷日乱，纲纪颓弛，膺独持风裁，以声名自高。士有被其容接者，名为登龙门。及遭党事，当考[⑫]实膺等。案经三府，太尉陈蕃却之。帝愈怒，遂下膺等于黄门北寺狱。膺等颇引宦官子弟，宦官多
这时候朝廷一天比一天混乱，法令败坏，李膺独自持守法度纲纪，自我保持声名高洁。士人有被他接纳的，称为“登龙门”。等到党锢之祸发生，要考问核实李膺等人的情况。案卷经过三府时，太尉陈蕃拒绝了。皇帝更加愤怒，于是把李膺等人交付给黄门北寺狱。李膺等人多揭发宦官子弟，宦官害怕，乞请皇帝

⑫考：假借为“拷”。拷打。

惧，请帝以天时宜赦，于是大赦天下。膺免归乡里，
以天时不正为由赦免囚犯。于是大赦天下。李膺被赦免后回归故里，住在阳城山
居阳城山中，天下士大夫皆高尚其道，而污秽朝廷。
中，天下的士大夫都认为他道德高尚，而认为朝廷十分污秽黑暗。

后张俭事起，收捕钩党，乡人谓膺曰：“可
后来张俭的事件发生，朝廷缉捕株连的同党，同乡人对李膺说：“你可以
去[13]矣。”对曰：“事不辞难，罪不逃刑，臣之节
逃走。”李膺回答说：“有事不避危难，有罪不逃刑罚，这是臣子的节操。我已
也。吾年已六十，死生有命，去将安之？”乃诣[14]
经六十岁了，死生有命运的安排，逃走将到哪里去呢？”于是就去了奉诏监禁犯
诏狱。考死，妻子[15]徙边，门生、故吏及其父兄，
人的监狱。李膺被拷问处死，妻子儿女被流放到边远的地方，李膺的门生、旧吏
并[16]被禁锢。
以及他们的父兄，一律限制不准做官。

⑬去：逃跑，离开。
⑭诣：到，去，往。
⑮妻子：妻子和儿女。
⑯并：一起。

人物简析

1. 李膺不喜欢交往，不喜欢攀附结贵，不愿与当时的世俗同流合污，只是与同郡的荀淑、陈寔作为师友，可见李膺性格刚直高傲。尤其是在朝廷纲纪败坏时，他仍能独自坚持操守，保持高洁的品格，高洁伟岸，洁身自好。
2. 李膺执法严厉，法度严明，嫉恶如仇，办案果断，上任十几天，就依法处死了惨无人道的野王县令张朔，大快人心；而张让为其弟鸣冤时，李膺不惧皇帝的责问，义正词严，慨而以慷，引经据典，证明自己无罪可惩，桓帝听后只好承认“司隶无罪”，严厉打击了宦官的嚣张气焰。
3. 因“李膺不接受樊陵为门生，后来樊陵即使官位达到太尉也被有节操的人看为是“羞耻”“荀爽以给李膺驾车为荣”，“士被接纳”称“登龙门”，如鲤鱼跳上龙门般荣耀；可见李膺的节烈高义、德高望重，为当时有志之士仰慕尊崇至此。
4. 受张俭事件牵连，有祸而不避，临危不惧，亲自挺身受罚，最后受刑致死。让那些苟且偷生、委曲求全的贪生怕死之徒汗颜无面。

考题举隅

1. 下列句子中加粗的词语的解释，不正确的一项是（　　）

A. 因为其**御**　　御：驾驶车马。

B. **诘**之不先请便加诛辟之意　　诘：谴责，问罪。

C. 公族有罪，虽曰宥之　　　　宥：宽仁；宽待。

D. 考死，妻子徙边　　　　妻子：指男子配偶。

2. 下列句子全部表现李膺“威慑四方”的一组是（　　）

①无所交接，唯以同郡荀淑、陈实为师友。

②膺等颇引宦官子弟，宦官多惧，请帝以天时宜赦，于是大赦天下。

③南阳樊陵求为门徒，膺谢不受。

④帝怪问其故，并叩头泣曰：“畏李校尉。”

⑤自此诸黄门常侍皆鞠躬屏气，休沐不敢复出宫省。

⑥受辞毕，即杀之。

A. ①③⑤　　B. ①②④　　C. ②④⑤　　D. ③⑤⑥

3. 下列对原文有关内容的概括和分析，不正确的一项是（　　）

A. 他不喜欢交往，不喜欢攀附结贵，不愿与当时的世俗同流合污，只是与同郡的荀淑、陈寔作为师友。

B. 李膺谢不受樊陵为门生，后樊陵官位达到太尉之尊也自己看成是羞耻。

C. 李膺为官清廉，做度辽将军时在与鲜卑大战之后，将所掳掠的人口全都送还塞下。

D. 张俭事发之后，李膺敢于担当，没有像乡人劝说的那样逃走，而是主动前往诏狱。

4. 翻译下列句子。

（1）膺对曰：“昔晋文公执卫成公于京师，《春秋》是焉。《礼》云：公族有罪，虽曰宥之，有司执宪不从。昔仲尼为鲁司寇，七日而诛少正卯。今臣到官已积一旬，私惧以稽留为愆，不意获速急之罪。诚自知衅责，特乞留五日，克殄元恶，退就鼎镬，始生之愿也。”

（2）对曰：“事不辞难，罪不逃刑，臣之节也。吾年已六十，死生有命，去将安之？”乃诣诏狱。

【写作点拨】

正侧面相结合的手法塑造人物形象：办理张朔案时，李膺不惧皇帝的责问，义正词严，慨而以慷，引经据典，证明自己无罪可惩，法度严明，办案果断；“李膺谢不受樊陵为门生，即使官位达到太尉也被有节操的人看为是羞耻”“荀爽以给李膺驾车为荣”，“士被接纳”称“登龙门”，如鲤鱼跳上龙门般荣耀；可见李膺德高望重。使人物形象更鲜明。

杜乔传

注释

①徇察：巡行察访。
②季父：叔父。亦指最小的叔父。
③孽：长辈骂后辈为不肖子弟的话
④绂(fú)：系印章或佩玉用的丝带，亦指官印。乖滥：错杂不当。
⑤胡：怎样；何。
⑥诘：谴责，问罪。
⑦衔：心里怨恨。

杜乔字叔荣，河内林虑人也。少为诸生，举孝廉。

杜乔字叔荣，河内郡林虑县人。年轻时还是一介儒生，就被郡里推荐为孝廉。

汉安元年，以乔守光禄大夫，使徇察①兖州。表奏太山太守李固政为天下第一；陈留太守梁让、济阴太守汜宫、济北相崔瑗等赃罪千万以上。让即大将军梁冀季父②。还，拜太子太傅，迁大司农。时梁冀子弟五人及中常侍等以无功并封，乔上书谏曰："臣闻古之明君，褒罚必以功过；末世暗主，诛赏各缘其私。今梁氏一门，宦者微孽③，并带无功之绂，裂劳臣之土，其为乖滥④，胡⑤可胜言！夫有功不赏，为善失其望；奸回不诘⑥，为恶肆其凶。"书奏不省。

顺帝汉安元年，起用杜乔为光禄大夫，让他巡察兖州。他上表称赞太山太守李固政绩突出天下第一；陈留太守梁让、济阴太守汜宫以及济北相崔瑗等人贪污千万以上银两。梁让是大将军梁冀的小叔父。杜乔回京后，任太子太傅，又调任大司农。当时，梁冀的子弟五人及中常侍等人无功，却被一同封官。杜乔上书劝谏顺帝说："我听说古代的明君，奖罚一定要凭功过；末世的昏君，诛赏各自依照自己的私心。现在梁氏一门，是地位低下的宦官之后，没有任何功勋，却一齐带上立功的绶带，同时分得功臣的土地，他们的行为错杂不当，放纵无度，怎么能够说得尽！有功者得不到奖赏，做善事的失掉了自己美好的期望；奸诈者得不到应有的谴责，问罪，做坏事的便放纵自己的恶行。"奏章送上去后，顺帝没有察看。

益州刺史种嵩举劾永昌太守刘君世以金蛇遗梁冀，事发觉，以蛇输司农。冀从乔借观之，乔不肯与，冀始为恨。累迁大鸿胪。时冀小女死，令公卿会丧，乔独不往，冀又衔⑦之。建和

益州刺史种嵩检举弹劾永昌太守刘世君将金蛇送给梁冀，事情败露后，把金蛇送到了大司农杜乔的手中。梁冀想从杜乔手里借来看看，杜乔不肯，梁冀开始怀恨起杜乔来。累迁大鸿胪。这时梁冀的小女儿死了，命令公卿齐去吊丧，唯独杜乔没去，梁冀心里更加怨恨杜乔。桓帝建和元年，杜乔取代胡广任太

元年，代胡广为太尉。桓帝将纳梁冀妹，冀欲令以厚礼迎之，乔据执旧典，不听。又冀属[8]乔举汜宫为尚书，乔以宫赃罪明著，遂不肯用，因此日忤[9]于冀。先是李固见废，内外丧气，群臣侧足而立，唯乔正色无所回桡。由是海内叹息，朝野瞻望焉。在位数月，以地震免。宦者唐衡、左悺等因共谮[10]于帝曰："陛下前当即位，乔与李固抗议言上不堪奉汉宗祀。"帝亦怨之。及清河王蒜事起，梁冀遂讽有司劾乔及李固与刘鲔等交通，请逮案罪。而梁太后素知乔忠，但策免而已。冀愈怒，使人胁乔曰："早从宜，妻子[11]可得全[12]。"乔不肯。明日冀遣骑至其门，不闻哭者，遂白执系之，死狱中，妻子归故郡。与李固俱暴尸于城北，家属故人莫敢视者。

尉。桓帝将要纳梁冀的妹妹为妃，梁冀想要让桓帝用厚礼迎娶，杜乔拿出旧典据理力争，桓帝不听。同时，梁冀嘱咐杜乔推举汜宫为尚书，杜乔以汜宫贪赃罪明显，于是不肯起用，从此一天天抵触了梁冀。开始是李固无故被废，朝廷内外十分丧气，各位大臣侧身而立，不敢正视梁冀，只有杜乔面不改色地直视，没有一点屈服。从此国内一片叹息，朝野上下徘徊观望。杜乔在官位当太尉没有几个月，因为地震被免职。宦官唐衡、左悺（guàn）等趁机一齐在桓帝面前说坏话诬陷别人说："陛下先前即位时，杜乔与李固违抗，散布言论说皇上不能继承汉室。"桓帝便也怨恨杜乔。等到清河王刘蒜与国舅之间发生矛盾，梁冀于是暗示有关官员弹劾杜乔、李固与刘鲔（wěi）等人勾结，请求逮捕并查究他们的罪过。但梁太后一向了解杜乔的忠诚，只下了道文书免去了杜乔的官职罢了。梁冀更加恼怒，派人威胁杜乔说："听我梁冀的话自杀而死比较合适，妻子儿女得到保全。"杜乔不肯屈服，第二天梁冀派人到杜乔家，听不到有哭泣者，就用白布缚住杜乔，使杜乔死在大狱中。杜乔的妻子儿女都回了老家。不久，杜乔和李固的尸体一起在城北示众，家属和老朋友没有谁敢看一眼。

⑧属：通"嘱"。叮嘱，嘱咐。

⑨忤：逆，不顺从。

⑩谮（zèn）：说别人的坏话，诬陷，中伤。

⑪妻子：妻子和儿女。

⑫全：保全。

【人物简析】

1. "杜乔做光禄大夫巡察兖州，处事公正，上表称赞太山太守李固政绩突出"；"且不惧怕陈留太守梁让与大将军梁冀有亲属关系，而勇于揭发其收受贿赂的行为"；"梁冀子弟五人及中常侍等没有功绩而被封官，杜乔上书顺帝要赏罚分明，并揭发梁氏一门的罪行"。可见杜乔为人一心为公，光明磊落，明辨是非，不畏强权。

2. 诸葛亮在《出师表》中曾向后主刘禅提出建议："宫中府中，俱为一体。陟罚臧否，不宜异同。"在梁冀的子弟五人及中常侍等人无功，却被一同封官时，杜乔同样义正词严："有功者得不到奖赏，奸诈者得不到应有的谴责。"希望顺帝能不乱纲纪，严明赏罚，惩善扬恶，使政治清明。

3. 梁冀曾威胁杜乔："早从宜，妻子可得全"但"乔不肯"。杜乔在生死抉择面前，不为势屈，临危不惧，大义凛然，永葆操守，最后舍生取义。

【考题举隅】

1. 对下列句中加点词语的解释，不正确的一项是（　　）

A. 以乔守光禄大夫，使徇察兖州　　徇察：巡行察访。

B. 又冀属乔举汜宫为尚书　　属：嘱托。

C. 并带无功之绂　　绂：系印章或佩玉用的丝带，亦指官印。

D. 早从宜，妻子可得全　　妻子：男子的配偶。

2. 下列对原文有关内容的分析和概括，不正确的一项是（　　）

A. 陈留太守梁让、济阴太守汜宫等人贪污千万以上银两。梁让是大将军梁冀的小叔父。杜乔因为梁让与大将军梁冀有亲属关系，而徇私舞弊，有意讨好梁冀，没有揭发其收受贿赂的行为。

B. 梁冀子弟五人及中常侍等没有功绩而被封官，杜乔上书顺帝要赏罚分明，并揭发梁氏一门的罪行，奏章送上去后，顺帝没有察看。

C. 宦官唐衡等人共同诬陷杜乔，请求逮捕并治他的罪，但梁太后一向知道杜乔忠诚，没有治他的罪，这使梁冀非常愤怒。

D. 梁冀因为杜乔一天天抵触他，派人威胁杜乔说："听我梁冀的自杀而死比较合适，妻子儿女得到保全。"但杜乔临危不惧，不为势屈，不肯屈服。

3. 翻译下列句子。

（1）"臣闻古之明君，褒罚必以功过；末世暗主，诛赏各缘其私。今梁氏一门，宦者微孽，并带无功之绂，裂劳臣之土，其为乖滥，胡可胜言！夫有功不赏，为善失其望；奸回不诘，为恶肆其凶。"

（2）先是李固见废，内外丧气，群臣侧足而立，唯乔正色无所回桡。

4. 用"/"给下文的句子断句。

明日冀遣骑至其门不闻哭者遂白执系之死狱中妻子归故郡与李固俱暴尸于城北家属故人莫敢视者。

写作点拨

1. 对比手法的运用："太山太守李固政绩突出天下第一"他上表称赞；"陈留太守梁让贪污千万以上银两，即使他是大将军梁冀的小叔父"他亦揭发梁氏一门的罪行。在两种态度的对比中，杜乔嫉恶如仇、光明磊落、不畏强权的性格体现得淋漓尽致。

2. 孟子说："富贵不能淫，贫贱不能移，威武不能屈，此之谓大丈夫。"梁冀曾威胁杜乔"早从宜，妻子可得全"但"乔不肯"。杜乔在生死抉择面前，不为势屈，能够舍身取义，启示后人要将仁义看得比生命还重要。

陈寔传

陈寔字仲弓，颍川许人也。出于单微。自为儿童，虽在戏弄，为等类所归[1]。少作县吏，常给事厮役，后为都亭佐。而有志好学，坐立诵读。县令邓邵试与语，奇之，听受业太学。

陈寔字仲弓，颍川郡许县人。出身于势单位卑之家。从儿童时起，哪怕是做游戏，伙伴们都听从他。年轻时作县吏，常常干些粗重活计。后为亭佐，而有志向好好学习，一有空就坐下来学习。县令邓邵试着和他说话，很惊奇他的学识，就让他入太学深造。

后令复召为吏，乃避隐阳城山中。时有杀人者，同县杨吏以疑寔，县遂逮系，考掠无实，而后得出。及为督邮，乃密托许令，礼召杨吏。远近闻者，咸叹服之。

后来县令又招聘他为吏，他便避居阳城山中。这时有个杀人者，同县杨姓小吏怀疑是陈寔，县里便逮捕了他。拷问得不到证据，这才释放了他。及至陈寔作了督邮，就悄悄地托县令礼召杨吏。远近凡获知这件事的人，无不叹服陈的气量。

家贫，复为郡西门亭长，寻转功曹。时中常侍侯览托太守高伦用吏，伦教署为文学掾。寔知非其人，怀檄[2]请见。言曰："此人不宜用，而侯常侍不可违。寔乞从外署，不足以尘明德。"伦从之。于

他家很贫苦，就又出来当了西门亭长。不久转为郡功曹。这时中常侍侯览托太守高伦用一个人为吏，高伦就录用其人为文学掾。陈寔知道此人不能胜任此职，怀中藏了任命书来请见，说明道："此人不能用，但侯常侍也得罪不得。请允许我用个人名义从外面按通常办法推荐他，不能让骂名玷污您的清誉。"高

注释

①类：同类。归：归附。

②檄：古代官府用以征召或声讨的文书。

是乡论怪其非举，寔终无所言。伦后被徵[3]为尚书，郡中士大夫送至轮氏传舍。伦谓众人言曰：“吾前为侯常侍用吏，陈君密持教还，而于外白署。比[4]闻议者以此少[5]之，此咎[6]由故人畏惮强御，陈君可谓善则称君，过则称己者也。”寔固自引愆，闻者方叹息，由是天下服其德。

伦采纳了。这一来乡里舆论都责怪陈寔为什么推荐这种人，陈寔始终不予辩白。高伦后来被任命为尚书，郡中士大夫为他送行到轮氏县传舍。高伦对众人说：“我先前因为侯常侍用了一个人，陈寔他秘密地收存了任命书，却以他的名义从外举荐。近来听说有人因这件事而因此责怪他，这过失是因为我这位故交畏惧强权。陈寔先生可谓好事归与上司而责任留给自己的贤士啊！”陈寔仍然坚持说自己有错，闻者这才佩服他。从此天下都钦敬他的德行。

③徵：征召。

④比：近来。

⑤少：轻视。

⑥咎：过失，罪过。

灵帝初，大将军窦武辟以为掾属。时中常侍张让权倾天下。让父死，归葬颍川，虽一郡毕至，而名士无往者，让甚耻之，寔乃独吊焉。及后复诛党人，让感寔，故多所全宥[7]。

灵帝初年，大将军窦武聘他为僚属。那时中常侍张让权倾天下，其父死了，归葬于颍川，虽一郡之人都来吊孝，但没有一个名士前往的。张让感到非常羞愧。唯独有陈寔前往悼念。及至后来又一次大诛党人，张让感激他，所以多次宽免保全他。

⑦宥：宽容，饶恕。

寔在乡间，平心率[8]物。其有争讼，辄求判正，晓譬[9]曲直，退无怨者。至乃[10]叹曰：“宁为刑罚所加，不为陈君所短[11]。”

陈寔在家乡能以平和的心对待事物。百姓间出现争执官司时，他总是公正判断，向当事人剖析道理的曲直，百姓回去后没有埋怨的。大家感叹说：“宁愿被刑罚处治，也不愿被陈寔批评。”

时岁荒民俭，有盗[12]夜入其室，止于梁上。寔阴[13]见，乃起自整拂，呼命子孙，正色训之曰：“夫[14]人不可不自勉。不善之人未必本恶，习以性成，遂至於此。梁上君子者是矣！”盗大惊，自投于地，稽颡[15]归罪。寔徐譬之曰：“视君状貌，不似恶人，宜深克[16]己反善。然此当由贫困。”令遗[17]

当时灾荒百姓生活艰苦，有小偷夜间进入陈寔家里，躲在房梁上。陈寔暗地发现了，就起来整顿衣服，把子孙们都叫进来严肃地训话说：“人不可以不自我勉励。不善良的人不一定本性是坏的，只是习惯成为习性，于是到了这样的地步。梁上君子就是这样的人！”小偷大惊，立刻自投下地，磕头请罪。陈寔一句一句地训导他说：“看你这面貌，不像是恶人，应深刻地反省自己回到善道上来。不过你这样可能是由于太穷困了。”结果还赠送二匹绢给小偷。从此全县没

⑧率：做人们的表率。

⑨晓譬：开导。

⑩至乃：连词。提出突出事例，表示达到某种程度。犹言甚至，竟至，竟然。

⑪短：批评。

⑫盗：指小偷；盗与贼。现代汉语中，盗指强盗，贼指小偷，而文言中恰恰与此相反：盗多指小偷，贼多指强盗。

⑬阴：暗中。

⑭夫：句首助词，无义。

⑮稽颡（qǐ sǎng）：古代一种跪拜礼，屈膝下拜，以额触地，表示极度的虔诚。

⑯克：克制.

⑰遗（wèi）：给予；馈赠。

绢二匹，自是一县无复盗窃。

有再发生盗窃。

人物简析

1. 当陈寔避隐阳城山中时，“杨吏怀疑陈寔杀人，把他抓获；等到陈寔为督邮时，他不计前嫌，对杨吏以礼相待”。“陈寔替太守高伦举用一个不称职的人而遭受谴责，却不为自己辩解。”可见其豁达磊落、宽宏大量、隐忍担当的谦谦君子的风范。
2. 陈寔在乡间时，乡里人宁可受到官司，也不愿让陈寔批评一顿。可见陈寔在人们的心目当中的地位，人们对他尊重有加，是一个德高望重之人。
3. 梁上君子的故事可谓家喻户晓，陈寔对待准备偷盗的小偷，没有绳之以法，反而是谆谆教诲，给其改过自新的机会，并给予资助，做事讲究方法的同时，又见其爱民如子，有一颗谅人之心。

成语积累

梁上君子：梁，房梁。躲在房梁上的君子。原指窃贼。后比喻上不沾天，下不着地的、脱离实际的人。

近义词：道貌岸然、偷鸡摸狗　　反义词：正人君子。

考题举隅

1. 下列各项中，对加点词语的解释不正确的一项是（　　）

A. 寔知非其人，怀檄请见。　檄：古代官府用以征召或声讨的文书。

B. 比闻议者以此少之　比：近来。

C. 稽颡归罪　稽颡古代一种跪拜礼，屈膝下拜，以额触地，表示极度的虔诚。

D. 令遗绢二匹　遗：遗留。

2. 下列加点的“为”与文中“宁为刑罚所加”中的“为”字意义相同的一项是（　　）

A. 为汝多智。——《列子·汤问》

B. 东周欲为稻，西周不下水，东周患之。——《战国策》

C. 周年处少时，凶强侠气，为乡里所患。

D. 人之为学，有难易乎。——清·彭端淑

3. 下列各项中，对文中内容的理解不符合原文意思的一项是（　　）

A. 当陈寔避隐阳城山中时，同县杨姓小吏怀疑是陈寔，县里便逮捕了他。拷问得不

到证据，这才释放了他。等到陈寔为督邮时，他不计前嫌，对杨吏以礼相待。

B. 陈寔替太守高伦举用一个不称职的人而遭受当时众人的谴责，却不为自己辩解。

C. 陈寔的训子之言不是主要给梁上的盗贼听的，只是教育孩子不要做这样的不耻之事。

D. 乡里人很敬佩陈寔，没有人对他的劝告不服气。

4. 将下列句子翻译成现代汉语。

(1) 而有志好学，坐立诵读。县令邓邵试与语，奇之，听受业太学。

(2) 寔阴见，乃起自整拂，呼命子孙，正色训之曰："夫人不可不自勉。不善之人未必本恶，习以性成，遂至於此。梁上君子者是矣！"

5. 陈寔梁上君子的做法给你怎样的启示？

6. 用"/"给下文的句子断句。

突徐譬之曰视君状貌不似恶人宜深克己反善然此当由贫困令遗绢二匹自是一县无复盗窃

【写作点拨】

从选材的角度：陈寔不计杨吏诬陷之前嫌，反之以礼相待；众人宁可受重罚，也不愿意被陈寔批评；为保全太守高伦的一世清名，宁可被众人误会，也不愿说明事情的真相。这些材料的选择，将一个为人隐忍、胸襟坦荡、光明磊落的形象塑造得淋漓尽致。尤其是梁上君子的故事，更是为人们所称道。不但教育了一个误入歧途之人，而使整个县城社会风气井然。典型的选材使人物形象生动，丰满。

蔡邕传

蔡邕字伯喈，陈留圉人也。少博学，唯辞章、数术、天文是好，妙操[①]音律。

蔡邕字伯喈（jiē），是陈留圉地人。少年时博学多才，喜欢写文章、研究算术和天文，精于音乐演奏。

桓帝时，中常侍徐璜等五侯擅恣[②]，闻邕善鼓琴，遂白天子，敕陈留太守督促发遣。邕不得已，行到偃

桓帝时，中常侍徐璜等五侯专权肆行，他们听说蔡邕善于弹琴，于是奏明皇帝，命令陈留太守督促蔡邕进京，蔡邕不得已，走到偃师，托词生病回到家乡

注释

①操：弹奏。

②恣：肆意，放纵，无拘束。

师，称疾而归。闲居玩③古，不交当世。感东方朔《客难》及杨雄、班固之徒设疑以自通④，乃斟酌群言，韪⑤其是而矫其非，作《释诲》以戒厉⑥云尔。

了。他在家闲居，沉迷于古代文化，不和世人交往。他有感于东方朔的《客难》以及杨雄、班固等人借反问抒发志意的做法，于是仔细研究各家学说，肯定他们正确的说法，纠正他们错误的说法，写了《释诲》来自我勉励。

在吴。吴人有烧桐以爨⑦者，邕闻火烈⑧之声，知其良木，因⑨请而裁⑩为琴，果有美音，而其尾犹焦，故时人⑪名⑫曰“焦尾琴”焉。

蔡邕在吴地时。吴地有人烧桐木做饭，蔡邕听到桐木在火中爆裂的声音，知道这是一段很好的木头，就向主人要来并用这个木头做了一张琴，果然弹出了美妙的音乐，但琴的尾部还保留着烧焦的痕迹，所以当时的人把这把琴就叫作“焦尾琴”。

初，邕在陈留也，其邻人有以酒食召⑬邕者，比⑭往而酒以酣焉。客有弹琴于屏，邕至门试潜⑮听之，曰：“憘！以乐召我而有杀心，何也？”遂反。僮仆告主人曰：“蔡君向⑯来，至门而去。”邕素⑰为邦乡所宗⑱，主人遽⑲自追，而问其故，邕具以告，莫不怃然⑳。弹琴者曰：“我向鼓弦㉑，见螳螂方向鸣蝉，蝉将去而未飞，螳螂为之前却㉒不止。吾心耸然㉓，惟㉔恐螳螂之失之也。此岂㉕为杀心而形㉖于声者乎？”邕莞然㉗而笑曰：“此足以当之矣。”

当初，蔡邕在陈留时，他的邻居用酒食招待蔡邕，等到蔡邕去时大家酒劲正酣，有一个客人在屏风后弹琴，蔡邕到门口偷偷地听，大惊道：“啊！用音乐招请我来却有杀心，是什么原因呢？”于是就回去了。仆人告诉主人说：“蔡君刚才来了，到门口却离开了。”因为蔡邕向来是被同乡敬重的人，主人急忙亲自追上去并且追问他逃离的原因，蔡邕详细把情况告诉了他，大家都感到茫然不知。弹琴的人说：“我刚才弹琴时，看见螳螂爬向一只正在鸣叫的蝉，蝉将要离开却没有飞起，螳螂为之进退不停。我内心很紧张，只是希望螳螂抓不到它啊。这难道就是产生杀心并且在琴声中流露出来的原因吗？”蔡邕笑着说：“这就完全符合了。”

董卓重邕才学，厚相遇待。及卓被诛，邕在司徒王允坐，不意言之而叹，有动于色。允勃然叱之，即收付廷尉治罪。邕陈辞谢，乞黥首刖足㉘，继成汉史。士大夫多矜救之，不能得。太尉驰往谓

董卓器重蔡邕的才学，对他很优待。等到董卓被杀后，蔡邕在司徒王允家做客，蔡邕无意中谈起此事，深为叹息，并在表情上流露出来。王允怒斥他。立即逮捕蔡邕并把他交给廷尉去治罪。蔡邕上书谢罪，请求只刻额染墨，截断双脚，以便继续修成汉史。在朝官员们很多人同情营救他，但都未奏效。太尉骑

③玩：玩赏，摩玩。
④设疑以自通：自问自答。设疑：设问。
⑤韪（wěi）：对，是。
⑥戒厉：告诫，勉励。
⑦爨（cuàn）：烧饭。
⑧烈：同“裂”。
⑨因：于是。
⑩裁：制作。
⑪时人：当时的人。
⑫名：命名。
⑬召：同“招”，招待。
⑭比：等到。
⑮潜：偷偷地。
⑯向：刚才。
⑰素：向来。
⑱宗：尊重。
⑲遽（jù）：急忙，匆忙。
⑳怃然：失落的样子。
㉑我向鼓弦：向：刚刚。鼓：弹奏。
㉒却：后退。
㉓耸然：惊动的样子。
㉔惟：只是希望。
㉕岂……乎：难道……吗？
㉖形：表现。
㉗莞然：微笑的样子。
㉘黥首刖足（qíng shǒu yuè zú）：刻额染墨，截断双脚。

㉙坐：定罪，由……而获罪。

㉚搢绅：有官职的或做过官的人。一般都称之为缙绅。

允曰："伯喈旷世逸才，多识汉事，当续成后史，为一代大典。且忠孝素著，所坐[29]无实，诛之无乃失人望乎？"允不纳。太尉退而告人曰："王公其不长世乎？善人，国之纪也，制作，国之典也。灭纪废典，其能久乎？"

着快马去见王允，对他说："蔡邕是当代少有的奇才，对汉朝的史事很熟悉，应该让他续成后汉史，修成一代典籍。况且他一向以忠孝著名，所犯罪行又无确切事实，杀了他恐怕会失去人心吧？"王允没有采纳他的意见。太尉退出来对人说："王允大概要不久于人世了吧！善人是国家的楷模，史著是国家的经典。毁灭楷模，废除经典，国家难道能够长久？"

允悔，欲止而不及。时年六十一。搢绅[30]诸儒莫不流涕。北海郑玄闻而叹曰："汉世之事，谁与正之！"兖州、陈留间皆画像而颂焉。

王允后悔，想要阻止却来不及了，蔡邕于是死在狱中。终年六十一岁。官员学者没有不为此而流泪的。北海人郑玄得到这一消息感叹说："关于汉代的史事，还有谁能匡正呢！"兖州、陈留等地都画他的像来称颂他。

人物简析

1. 历史上高山流水觅知音的故事广为流传，蔡邕同样是一位音乐的知音。从蔡邕焚木听音，听琴识意可见蔡邕是一个人精通音律、善于辨识琴声的音乐家。

2. 蔡邕精通经史，擅长辞赋等文学，对编写历史典籍方面贡献非常大；书法精于篆、隶。尤以隶书造诣最深，名望最高；是博学多才，多识汉事，难得的旷世逸才。

3. 虽然所犯的罪行没有确切的事实依据，却被处以死刑。但他却宁可忍受求刻额染墨，截断双脚的耻辱，忍辱负重，也要继续修成汉史。可见性情的隐忍和为史学文化的传承而甘作牺牲的魄力勇气与责任。

4. 奇闻异事：东汉灵帝熹平四年（175），京城洛阳出了一件大事。在太学门口，立了一通石碑，内容是官方钦定的《六经》，作为天下读书人校订文字的范本，这就是著名的《熹平石经》。一时之间，太学热闹非凡，每天来此观览摩写的人很多，车有上千辆，道路为之阻塞。石经的书写者，是东汉大文学家、大史学家、大音乐家、大画家、大书法家蔡邕。

5. 据传有一种叫作虞美人草的植物对古琴有欣赏能力，懂得古琴的音律。古人演奏某一个曲子时，虞美人草会十分激动，枝叶都会自然地摇动起来。据说，这是在合着琴声的节拍和旋律，高兴地翩翩起舞。这个曲子后来被人命名为《虞美人曲》。

考题举隅

1. 对下列句子中加点词的解释，不正确的一项是（　　）

A. 邕闻火烈之声　　烈：同“裂”。

B. 比往而酒以酣焉　　比：等到。

C. 所坐无实　　坐：坐下。

D. 邕莞然而笑曰　　莞然：微笑的样子。

2. 翻译下列句子：

（1）我向鼓弦，见螳螂方向鸣蝉，蝉将去而未飞，螳螂为之前却不止。吾心耸然，惟恐螳螂之失之也。此岂为杀心而形于声者乎？

（2）善人，国之纪也，制作，国之典也。灭纪废典，其能久乎？

3. 对原文有关内容的分析和概括，不正确的一项是（　　）

A. 蔡邕少年时博学多才，因擅长弹琴，由陈留太守举荐而被征召，但进京途中，走到偃师就假托有病回家了。

B. 蔡邕在吴地的时候，从灶中桐木燃烧时发出的声音听出这块桐木是制作乐器的良材，果然弹出了美妙的音乐，但琴的尾部还保留着烧焦的痕迹，所以当时的人把这把琴就叫作“焦尾琴”，成就了一段佳话。

C. 蔡邕一向以忠孝著名于世，并对汉朝的史事十分熟悉，他在获罪后宁可忍受求刻额染墨，截断双脚的耻辱，也要续成后汉史，修成一代典籍。得到王允的默许。

D. 王允后悔杀死蔡邕，想要阻止但已经来不及了，蔡邕于是死在狱中。终年六十一岁。官员学者没有不为此而流泪惋惜的。

4. 历史上四大才女之一的蔡文姬是蔡邕之女。文姬自幼博学能文。相传凭记忆即可默写四百篇文章而且文无遗误。蔡文姬一生三嫁，先嫁河东卫家，被掳至南匈奴后再嫁给匈奴左贤王。后被曹操赎回，在“回归故土”与“母子团聚”不能两全的痛苦中终成千古名曲“胡笳十八拍”。自朔漠归来后蔡文姬嫁给了董祀。蔡文姬一生悲惨。请列举历史上其他才女的故事。（任选一位）

写作点拨

1. 从为人品格的角度：在自己获罪之后，宁可忍受刻额染墨，截断双脚的耻辱，忍辱负重，也要继续修成汉史。蔡邕这种性情的隐忍和为史学文化的传承而甘作牺牲的魄力勇气与责任。不但值得我们学习，还可以作为议论文的论据使用，一片丹心照汗青。

2. 选材的技巧。文中焚木听音，听琴识意两个小故事，不但趣味性强，激发阅读兴趣，更可见蔡邕是一个人精通音律，善于辨识琴声的音乐家。学习典型选材对突出中心的作用。

张衡传

张衡字平子，南阳西鄂人也。衡少善属①文，游于三辅，因入京师，观太学，遂通五经，贯六艺②。虽才高于世，而无骄尚③之情。常从容淡静，不好交接俗人。永元中，举孝廉不行，连④辟公府不就。时天下承平日久，自王侯以下，莫不逾侈⑤。衡乃拟班固《两都》作《二京赋》，因以讽谏。精思傅会，十年乃成。大将军邓骘奇其才，累召⑥不应⑦。

张衡，字平子，是南阳郡西鄂县人。张衡年轻时就擅长写文章，游学三辅，于是进入京城，在太学学习。通晓五经，贯通六艺，虽然才华比一般的人高，但并不因此而骄傲自大。平时举止淡泊恬静，不喜欢与世俗之人交往。永元年间，他被推举为孝廉，却不应荐，屡次被公府征召，都没有就任。此时社会长期太平无事，从王公贵族到一般官吏，没有不过度奢侈的。张衡于是模仿班固的《两都赋》写了《二京赋》，婉言讽喻规劝。他精心构思润色，用了十年才完成。大将军邓骘认为他的才能出众，屡次征召他，他也不去应召。

衡善机巧⑧，尤致思于天文、阴阳、历算。安帝雅⑨闻衡善术学，公车特征⑩拜郎中，再迁为太史令。遂乃研核阴阳，妙尽璇玑之正⑪，作浑天仪，著《灵宪》、《算罔论》，言甚详明。

张衡善于制造灵巧的机械，尤其在天文、气象和历法的推算等方面很用心。汉安帝常听说他擅长术数方面的学问，命公车特地征召他，任命他为郎中。两次迁升为太史令。于是，张衡就精心研究阴阳之学，精辟地研究出测天文仪器的正确道理，制作浑天仪，著成《灵宪》《算罔论》等书籍，论述非常详尽清楚。

阳嘉元年，复造候风地动仪。以精铜铸成，员⑫径八尺，合盖隆⑬起，形

顺帝阳嘉元年，张衡又制造了候风地动仪。这个地动仪是用纯铜铸造的，直径有8尺，上下两部分相合盖住，中央凸起，样子像个大酒樽。外面用篆体

注释

①属：连缀，写作。

②五经：汉武帝时将《诗》、《书》、《礼》、《易》、《春秋》定为“五经”。六艺：指礼、乐、射、御、书、数六种学问和技艺。

③尚：矜夸自高自大。

④连：屡次。

⑤逾侈：极其过度的奢侈。

⑥累召：多次召请。

⑦应：接受。

⑧巧：技巧、技能。

⑨雅：副词，素来，常。

⑩特征：对有特出才德的人指名征召，为的与平常的乡举里选相区别，故称特征。

⑪妙尽：精妙地研究透了。璇玑：玉饰的测天仪器。正：道理。

⑫员：通“圆”。

⑬隆：高。

似酒尊[14]，饰以篆文山龟鸟兽之形。中有都柱，傍[15]行八道，施关发机。外有八龙，首衔铜丸，下有蟾蜍，张口承之。其牙机巧制[16]，皆隐在尊中，覆盖周密无际。如有地动，尊则振龙，机发吐丸，而蟾蜍衔之。振声激扬[17]，伺者因此觉知。虽一龙发机，而七首不动，寻其方面，乃知震之所在。验之以事，合契若神。自[18]书典所记，未之有也。尝一龙机发而地不觉动，京师学者咸怪其无征。后数日驿至，果地震陇西，于是皆服其妙。自此以后，乃令史官记地动所从方起。

文字和山、龟、鸟、兽的图案装饰。内部中央有根粗大的铜柱，铜柱的周围伸出八条滑道，还装置着枢纽，用来拨动机件。外面有八条龙。龙口各含一枚铜丸，龙头下面各有一个蛤蟆，张着嘴巴，准备接住龙口吐出的铜丸。仪器的枢纽和机件制造得很精巧，都隐藏在酒樽形的仪器中，覆盖严密得没有一点缝隙。如果发生地震，仪器外面的龙就震动起来，机关发动，龙口吐出铜丸，下面的蛤蟆就把它接住。铜丸震击的声音清脆响亮，守候机器的人因此得知发生地震的消息。地震发生时只有一条龙的机关发动，另外七个龙头丝毫不动。按照震动的龙头所指的方向去寻找，就能知道地震的方位。用实际发生的地震来检验仪器，彼此完全相符，真是灵验如神。从古籍的记载中，还看不到曾有这样的仪器。有一次一条龙的机关发动了，可是洛阳并没有感到地震，京城的学者都奇怪它这次没有应验。几天后，驿站上传送文书的人来了，证明果然在陇西地区发生地震，大家这才都叹服地动仪的绝妙。从此以后，朝廷就责成史官根据地动仪记载每次地震发生的方位。

⑭尊：同“樽”，古代盛酒器具。

⑮傍：同“旁”，旁边。

⑯牙机巧制：互相咬合制作精巧的部件。

⑰激扬：这里指声音响亮。

⑱自：在，可译为“在……中”。

时政事渐损[19]，权移于下，衡因上疏陈事。后迁侍中，帝引在帷幄[20]，讽议左右。尝问天下所疾[21]恶者。宦官惧其毁己，皆共目之，衡乃诡对[22]而出。

当时政治昏暗，中央权力向下转移，张衡于是给皇帝上书陈述这些事。后来被升为侍中，皇帝让他进皇宫，在皇帝左右，对国家的政事提意见。皇帝曾经向张衡问起天下人所痛恨的是谁。宦官害怕张衡说出他们，都给他使眼色，张衡于是没对皇帝说实话。

⑲损：腐败。

⑳帷幄：指帝王。天子居处必设帷幄。

㉑疾：痛恨，憎恨。

㉒诡对：不用实话对答。

永和初，出为河间相。时国王骄奢，不遵典宪；又多豪右，共为不轨。衡下车[23]，

永和初年，张衡调离京城，担任河间王的相。当时河间王骄横奢侈，不遵守制度法令；又有很多豪族大户，他们一起胡作非为。张衡上任之后治

㉓下车：官员初到任。

㉔肃然：这里是敬畏恭顺不敢为非作歹的意思。
㉕乞骸骨：古代官吏因年老请求退职的一种说法。

治威严，整法度，阴知奸党名姓，一时收禽，上下肃然㉔，称为政理。视事三年，上书乞骸骨㉕，征拜尚书。年六十二，永和四年卒。

理严厉，整饬法令制度，暗中探得奸党的姓名，一下子同时逮捕，拘押起来，于是上下敬畏恭顺，称赞政事处理得好。（张衡）在河间相位上任职三年，给朝廷上书，请求辞职回家，朝廷任命他为尚书。张衡活了六十二岁，于永和四年去世。

人物简析

1. “遂乃研核阴阳，妙尽璇玑之正，作浑天仪”“著《灵宪》、《算罔论》”张衡是一位具有多方面才能的科学家。他的成就涉及天文学、地震学、机械技术、数学乃至文学艺术等许多领域。为我国天文学、机械技术、地震学的发展做出了不可磨灭的贡献。
2. “才高于世，无骄尚之情，常从容淡静，不好交接俗人。”具有谦逊稳重、超凡脱俗不恃才放旷，不随波逐流的品格。“不行”“不就”“不应”等词语表现他的不贪慕荣利，不贪图荣华富贵的高洁品德。而《二京赋》表现张衡出众的文学才能及品行端正，忧国忧民精神。
4. “讽议左右”及“衡乃诡对而出”表现了张衡心思细密、小心谨慎的性格，表现其卓越的政治上的才干。

考题举隅

1. 下列加点字的词语的解释错误的一项是（　　）

　A. 而无骄尚之情　　尚：矜夸自高自大。
　B. 连辟公府不就　　连，屡次。
　C. 妙尽璇玑之正　　正：道理。
　D. 衡下车，治威严　　下车：从车上走下来。

2. 翻译下列句子。

　（1）以精铜铸成，员径八尺，合盖隆起，形似酒尊，饰以篆文山龟鸟兽之形。
　（2）尝一龙机发而地不觉动，京师学者咸怪其无征。后数日驿至，果地震陇西，于是皆服其妙。

3. 下列句子中，表现张衡的高尚品德的是（　　）

　（1）“虽才高于世，而无骄尚之情。”

（2）“善属文”，写作著名的《二京赋》。

（3）品行端正，忧国忧民，作《二京赋》讽谏王侯，整治法度收拿奸党。

（4）“从容淡静”，不慕世俗的虚荣，“举孝廉不行，连辟公府不就”，大将军“累召不应”，“不慕当世”。

（5）善机巧，作浑天仪，造候风地动仪。

（6）善政事，为政机智果断，不畏权贵，“称为政理”。

【写作点拨】

1. 详略得当的剪裁方法：短文介绍了张衡的为人，文学、科学技术和政治上几方面的突出作为。而记叙的重点却放在张衡在科学上的才能和贡献。详略得当，重点突出，层次清晰，条理分明。

2. 说明的准确详实：介绍构造特点时选取了四个方位词为顺序：“中”“傍”“外”“下”，便由里及外，由上至下，简明扼要而又清晰有序的详述了它的构造特点；以“似酒尊”描写其形状非常形象具体，用“验之以事，合契若神”的夸张描写和“自书典所记，未之有也”的热烈赞叹着力描写了仪器的准确无误。最后叙述了生动有趣的事件检验浑天仪的功效，使文章于平实中不乏情趣。

马融传

马融字季长，扶风茂陵人也。为人美辞貌，有俊才。初，京兆挚恂以儒术教授，隐于南山，不应征聘，名重关西，融从其游学，博通经籍。恂奇[①]融才，以女妻之。

马融字季长，扶风茂陵人。马融长相英俊，善于言辞很有才气。起初，京城的挚恂用儒术教授生徒，在南山隐居，不答应朝廷征召聘任，在关西一带名气很大，马融跟着他游学，学识渊博精通儒学经典。挚恂认为马融有奇才，就把女儿嫁给了他。

永初二年，大将军邓骘闻融名，召为舍人[②]，非其好也，遂不就[③]命，客于凉州武都、汉阳界中。会[④]羌

永初二年（公元108年），大将军邓骘闻马融有名，召为舍人，他不喜欢这个，就没答应，客居在凉州的武都和汉阳境内。恰逢羌虏迅猛扰边，边境混

注释

①奇：奇异，怪异。认为……奇异。

②舍人：古代豪门贵族家里的门客。

③就：到，从事，开始进入。

④会：恰巧，碰上。

⑤赀：假借为"资"。财货，资财。

⑥殆：表推测，相当于"大概"、"几乎"。

虏飙起，边方扰乱，米谷踊贵。自关以西，道殣相望。融既饥困，乃悔而叹曰："古人有言：'左手据天下之图，右手刎其喉，愚夫不为'。所以然者，生贵于天下也。今以曲俗咫尺之羞，灭无赀⑤之躯，殆⑥非老庄所谓也。"故往应骘召。

乱不安，米谷价格飞涨，自关以西，道上饿死的一个接一个。马融陷入饥饿困苦后，就后悔起来，对他的朋友说："古人有这样的话：'左手拿着天下地图，右手割断自己的喉管，这是愚蠢的人都不做的事情。'之所以这样的原因，是生命比天下要宝贵。现在为了怕乡曲之士耻笑，使无价的身体受到摧残，大概这也不符合老庄的道理。"就去应了邓骘的征召。

⑦狩：打猎，古代指冬天打猎。

⑧滑贼：奸狡之人。

⑨感激：感奋激发。

⑩讽谏：指下对上，不直指其事，而用委婉曲折的言语规劝，使其改正错误。

四年拜为校书郎中，诣东观曲校秘书。是时邓太后临朝，骘兄弟辅政。而俗儒世士以为文德可兴，武功宜废，遂寝狩⑦之礼，息战陈之法，故猾贼⑧从横，乘此无备。融乃感激⑨，以为文武之道，圣贤不坠，五才之用，无或可废。元初二年，上《广成颂》以讽谏⑩。

永初四年，被任命成为校书郎中，到东观做典校秘书。这个时候邓太后主持朝政，邓骘兄弟辅佐她。当时的一般人以及儒生，都认为从此天下太平，可以能够大兴文德，武力应该废止，于是停息打猎的礼仪，停止发动战争的法令，所以狡猾的盗贼放纵霸道，是乘朝廷当时没有防备。马融于是感动激愤，认为文武之道，圣贤都没有放弃，勇、智、仁、信、忠五才，没有一个可以废止。元初二年，上奏《广成颂》来规劝进谏此事。

⑪忤：逆，不顺从。

⑫劾：揭发罪状。

⑬禁锢：束缚；强力限制。

颂奏，忤⑪邓氏，滞于东观，十年不得调。因兄子丧自劾⑫归。太后闻之怒，谓融羞薄诏除，欲仕州郡。遂令禁锢⑬之。

《广成颂》上奏之后，违逆得罪了邓太后，于是被滞留在东观得不到升迁，十年都没有调任新职。因为哥哥的孩子死了他便向朝廷请求回乡。太后听到这个消息很生气，认为马融轻视羞辱了朝廷的任命，想到州郡做官，于是下令禁锢他做官。

太后崩，安帝亲政，召还郎署，复在讲部。出为河间王长史。时车驾东巡岱宗，融上《东巡颂》，帝奇其文，召拜郎中。及北乡侯即位，融移病去，为郡功曹。

太后死了后，安帝刘祜亲政，把他召回郎署做侍从郎官，接着又做了皇帝的侍讲官。后离开京师做了河间王的长史。当时皇帝车马东巡泰山，马融上了一篇《东巡颂》，皇帝认为他的文章写得很不一般，召他进京任命为郎中。等到北乡侯即位，马融因病离开职位，做了部里的功曹。

阳嘉二年，诏举敦朴[14]，城门校尉岑起举融，征诣公车，对策，拜议郎。大将军梁商表为从事中郎，转武都太守。时西羌反叛，征西将军马贤与护羌校尉胡畴征之，而稽久不进。融知其将败，上疏乞自效。朝廷不能用。

阳嘉二年（公元133年），朝廷推举敦朴之士。城门校尉岑起举马融，征召赴公车，经过考试，拜议郎，大将军梁商荐为从事中郎，升武都太守。这时西羌反叛，征西将军马贤与护羌校尉胡畴征讨，而拖延不进。马融知道将败，上疏要求效命。朝廷没有重用他的意见。

三迁，桓帝时为南郡太守。先是融有事忤大将军梁冀旨，冀讽有司奏融在郡贪浊，免官，髡徙朔方[15]。自刺不殊，得赦还，复拜议郎，重在东观著述，以病去官。

（马融）经三次迁官，桓帝时为南郡太守。在这之前，马融有事触犯了大将军梁冀的意旨，梁冀暗示官吏告马融在郡贪污，免官，剃掉头发，迁徙朔方。自杀不死，得免罪还。再拜议郎，又在东观著述。因病辞去官职。

融才高博洽，尝欲训《左氏春秋》，及见贾逵、郑众注，乃曰：“贾君精而不博，郑君博而不精，既精既博，吾何加焉？”

马融才高博学。曾经想注解《左氏春秋》，等到看到贾逵、郑众的注解，就说：“贾先生精深而不广博，郑先生广博而不精深。又精深又广博的，谁又能超过我呢？

⑭敦朴：笃厚，朴实。

⑮髡（kūn）：古代剃去男子头发的一种刑罚。朔方：北方。

人物简析

1. “恂奇融才，以女妻之”和“帝奇其文，召拜郎中”马融俊才善文，才高，学问渊博，是当世的通家。
2. “邓太后掌权，浅见的儒生学士认为文德可兴，武功宜废”马融不随波逐流，而能审时度势，远见卓识，积极进谏，上奏《广成颂》委婉曲折的言语规劝。
3. “邓骘闻融名，召为舍人”“遂不就命”表现马融的倚世独立，不贪慕荣利，不贪图荣华富贵的高洁品德。

成语积累

博而不精（bó ér bù jīng）：形容学识丰富，但不精深。

考题举隅

1. 下列加点字的意思不正确的一项（　　）

A. 非其好也，遂不就命　　　　就：完成。

B. 会羌虏飙起， 会：恰巧，碰上。

C. 殆非老庄所谓也 殆：表推测，相当于“大概”、“几乎”。

D. 因兄子丧自劾归 劾：揭发罪状。

2. 下列句子中“为”的意思与“四年拜为校书郎中”意思相同的一项是（ ）

A. 人之为学，有难易乎？ B. 不为远者小，不为近者热。

C. 诸葛瑾为豫州 D. 何遽不为福

3. 翻译下列句子。

（1）初，京兆挚恂以儒术教授，隐于南山，不应征聘，名重关西，融从其游学，博通经籍。恂奇融才，以女妻之。

（2）融既饥困，乃悔而叹曰：“古人有言：‘左手据天下之图，右手刎其喉，愚夫不为’。所以然者，生贵于天下也。今以曲俗咫尺之羞，灭无赀之躯，殆非老庄所谓也。”

4. 对原文有关内容的分析和概括，不正确的一项是（ ）

A. 京城的挚恂用儒术教授生徒，在南山隐居，在关西一带名气很大；马融跟着他游学时，挚恂因为马融学识渊博，精通儒学经典，有奇才，就把女儿嫁给了他。

B. 永初四年，在邓太后主持朝政时，上奏《广成颂》批评一般人以及儒生的认为大兴文德，废止武力，得罪了邓太后，于是被滞留在东观得不到升迁，十年都没有调任新职。

C. 安帝刘祜亲政，当时皇帝车马东巡泰山，马融上了一篇《广成颂》，皇帝认为他的文章写得很不一般，召他进京任命为郎中。

D. 阳嘉二年，大将军梁商荐为从事中郎，升武都太守。这时西羌反叛，马融知将败，上疏要求效命。

5. 用“/”给下文的句子断句。

融才高博洽尝欲训《左氏春秋》及见贾逵郑众注乃曰贾君精而不博郑君博而不精既精既博吾何加焉

写作点拨

对比手法的运用：“当时的一般人，都认为从此天下太平，可以能够大兴文德，武力应该废止”，而马融却“感动激愤，认为文武之道，一个不可以废止”。并上奏《广成颂》来规劝进谏此事。众人皆醉而马融独醒。在对比中就将一个不随波逐流，而能审时度势，远见卓识，积极进谏忠臣之士的形象塑造出来。

傅燮传

傅燮字南容，北地灵州人也。本字幼起，慕南容三复白珪，乃易①字焉。身长八尺，有威容。少师事太尉刘宽。再举孝廉。闻所举郡将丧，乃弃官行服。

傅燮字南容，是北方灵州县人。本来字幼起，因仰慕南容三复白珪，因而改变字南荣。他身长八尺，相貌威武。少时以太尉刘宽为师。两次举为孝廉。听说举荐他的郡守死去了，便弃官为他服丧。

燮素②疾中官，既行，因上疏曰："臣闻天下之祸，不由于外，皆兴于内。今张角起于赵、魏，黄巾乱于六州。此皆衅发萧墙③，而祸延四海者也。陛下仁德宽容，多所不忍，故阉竖④弄权，忠臣不进。诚使张角枭夷⑤，黄巾变服，臣之所忧，甫⑥益深耳。何者？夫邪正之人不宜共国，亦犹冰炭不可同器。彼知正人之功显，而危亡之兆见，皆将巧辞饰说，共长虚伪。夫孝子疑于屡至，市虎成于三夫⑦。若不详察真伪，忠臣将复有杜邮之戮⑧矣。"书奏，宦者赵忠见而忿恶。及破张角，燮功多当封，忠诉谮⑨之。灵帝钺识燮言，得不加罪，竟亦不封。

傅燮平常痛恨宦官，上任以后，就上疏说："我听说天下的灾祸，不是在朝廷以外产生的，都是从内部产生。现在张角在赵、魏一带起事，黄巾在六州一带作乱。这些都是内部开始出现灾祸的征兆，灾祸也由此延伸到全国。陛下为人仁厚，恩德宽容，多数不忍（处理专权的宦官），所以宦官玩弄权术，忠臣不肯进言。果真能诛戮张角，平定黄巾，臣所忧虑的，就更深了。为什么呢？因为忠臣和奸臣不适宜共处一国，也就如同冰炭不能放在同一器物中。他们一旦知道忠臣的功名显赫，自己危险的征兆出现了，就会用花言巧语哄骗皇帝，共同助长虚伪之风。孝子因为极为孝敬而遭人怀疑，市中本无虎，因三人都说有虎，别人信以为真。如果不仔细明察其真伪，忠臣将再会像杜邮一样被杀。"上书了奏章后，宦官赵忠见了（对傅燮）怀恨在心。等到平定了张角，傅燮功劳多应当封赏，赵忠在皇帝面前诋毁傅燮。灵帝因记得傅燮的话，所以没有治他的罪，但最终亦没有给他封赏。

所拜议郎。会⑩西羌反，边章、韩遂作乱陇右。

后担任议郎一职。恰好西羌谋反，边章、韩遂在陇右发动叛乱。司徒崔

注释

①易：改。改变。

②素：向来，一向。

③萧墙：古代宫室内当门的小墙。指祸乱发生在家里。比喻内部发生祸乱。

④阉竖：对宦官的蔑称。

⑤枭夷：诛戮。

⑥甫：大，深。

⑦市虎成于三夫：市中本无虎，然三人言而成虎。喻流言可混淆视听。

⑧杜邮之戮：秦将白起因受诬陷免职，自杀于杜邮。

⑨谮：说别人的坏话，诬陷，中伤。

⑩会：恰逢，正赶上。

⑪念：考虑。
⑫弭：平息，停止，消除。
⑬窃：私自，暗中。
⑭左衽之虏：指当时北方少数民族。

司徒崔烈以为宜弃凉州。诏会公卿百官，烈坚执先议。燮厉言曰："斩司徒，天下乃安。"尚书郎杨赞奏燮廷辱大臣。帝以问燮。燮对曰："烈为宰相，不念[11]为国思所以弭[12]之之策，乃欲割弃一方万里之土，臣窃[13]惑之。若使左衽之虏[14]得居此地，士劲甲坚，因以为乱，此天下之至虑，社稷之深忧也。"帝以燮议。由是朝廷重其方格，每公卿有缺，为众议所归。

烈认为应该放弃凉州。皇帝下诏聚集公卿百官商量，崔烈固执地坚持先前的意见。傅燮正言厉色地说："杀掉司徒，天下才会安定。"尚书郎杨赞上奏说傅燮在朝廷上羞辱大臣。皇帝以此责问傅燮。傅燮回答说："崔烈身为宰相，不考虑为国家消除灾祸的策略，竟然想要割让一个地方上万里的疆土，我私下里对此迷惑不解。如果让西羌人得以住在这一地方，兵强马壮，乘机作乱，就会成为国家最大的隐患。"灵帝采纳了傅燮的建议。从此朝廷看中傅燮的端正品行，公卿有空缺职位时，傅燮便成了众望所归的人选。

⑮万户侯：汉代侯爵的最高一级，享有食邑万户。后来泛指高官贵爵。
⑯岂：助词，表示反诘。难道。

顷之，赵忠为车骑将军，诏忠论讨黄巾之功，执金吾甄举等谓忠曰："傅南容前在东军，有功不侯，故天下失望。今将军亲当重任，宜进贤理屈，以副众心。"忠纳其言，遣弟城门校尉延致殷勤。延谓燮曰："南容少答我常侍，万户侯[15]不足得也。"燮正色拒之曰："遇与不遇，命也；有功不论，时也。傅燮岂[16]求私赏哉！"

不久，赵忠担任车骑将军，皇帝下诏表彰赵忠平定黄巾叛乱的功劳，执金吾甄举等人对谓赵忠说："傅南荣以前在东军，有功没有封侯。所以天下人失望。现在将军亲自担当重任，应当引进贤能之士，理清冤屈，以符合众心"赵忠采纳他的话，派遣他弟弟城门校尉赵延表达了诚恳的情谊。赵延对傅燮说："你稍微用心理会一下我家那位常侍，你得到万户侯的赏赐也是轻而易举呀。"傅燮正色拒绝道："碰到机会与碰不到机遇，这是命运；有功却没有得到封赏，这是时运。傅燮难道是追求私赏的人吗？"

人物简析

1. "本字幼起，慕南容三复白珪，乃易字南容。"仰慕圣贤之士，以此自勉自约，向名士看齐。"闻所举郡将丧，乃弃官行服"可见傅燮的知恩图报，重情重义，以仁义行天下。
2. "臣闻天下之祸，不由于外，皆兴于内。""不详察真伪，忠臣将复有杜邮之戮。"傅燮在佞臣衡行，朝纲混乱之际，冒死上疏请命，充分体现了他的大义凛然，心怀天下，永济苍生，有勇敢为，为社稷堪忧，誓死报效国家的赤胆忠心。
3. "斩司徒，天下乃安"恰逢西羌谋反，司徒崔烈以为应该放弃凉州时，傅燮直言不讳，对卖国求荣贪求一己求安的司徒崔烈极尽厌恶之情，体现他立场坚定，对江山社稷的赤胆忠诚。

4. “傅燮岂求私赏哉”不为利动，不被势屈。“每公卿有缺，为众议所归”信立天下，众望所归。

【考题举隅】

1. 对下列句子中加粗的词的解释，不正确的一项是（　　）

A. 燮**素**疾中官　　素：向来，一向。

B. 不**念**为国思所以弭之之策　　念：考虑。

C. **市**虎成于三夫　　市：买。

D. 傅燮**岂**求私赏哉！　　岂：助词，表示反诘。难道。

2. 下列各组句子中，加点的词的意义和用法相同的一组是（　　）

A. a. **会**西羌反　　b. 长风破浪**会**有时

B. a. 不**念**为国思所以弭之之策　　b. **念**窦娥身首不完全。

C. a 臣**窃**惑之　　b. 凡**窃**木者有刑罚。

D. a 乃**易**字焉。　　b. 阴阳**易**位，时不当兮

3. 以下句子全都表现傅燮“忠谏直言”的一组是（　　）

①臣闻天下之祸，不由于外，皆兴于内。

②遇与不遇，命也；有功不论，时也。傅燮岂求私赏哉？

③夫邪正之人不宜共国，亦犹冰炭不可同器。

④每公卿有缺，为众议所归。

⑤闻所举郡将丧，乃弃官行服。

⑥若不详察真伪，忠臣将复有杜邮之戮矣。

A. ②④⑤　　B. ①③⑥　　C. ①④⑥　　D. ②③⑤

4. 下列对原文的叙述和分析，正确的一项是（　　）

A. 傅燮认为天下的灾祸，不是在朝廷以外的西羌产生的，都是内部产生的黄巾作乱，这些都是内部开始出现灾祸的征兆，灾祸也由此延伸到全国。

B. 对于流传的谣言，傅燮认为君主如果不仔细地考察真伪，忠臣就有像秦将白起一样遭受诬陷被杀戮的危险。

C. 宦官赵忠对傅燮一直怀恨在心。等到平定了张角，傅燮功劳多应当封赏，灵帝因记

得傅燮的话，不顾赵忠的诋毁，非但没有治傅燮的罪，反而对傅燮给予奖赏。

D. 面对西羌的反叛，皇帝诏令朝廷百官讨论，崔烈要割让一个地方上万里的疆土，傅燮正言厉色予以反对，并说只有杀了他，天下才能太平。

5. 翻译下列句子。

（1）夫邪正之人不宜共国，亦犹冰炭不可同器。彼知正人之功显，而危亡之兆见，皆将巧辞饰说，共长虚伪。

（2）烈为宰相，不念为国思所以弭之之策，乃欲割弃一方万里之土，臣窃惑之。若使左衽之虏得居此地，士劲甲坚，因以为乱，此天下之至虑，社稷之深忧也。

写作点拨

用多种方法对人物形象的塑造。“臣闻天下之祸，不由于外，皆兴于内。”言辞慷慨，见地深刻；“烈为宰相，不念为国思所以弭之之策，乃欲割弃一方万里之土”“斩司徒，天下乃安”义愤填膺，立场坚定；“傅燮岂求私赏哉”不为利动，不被势屈。“每公卿有缺，为众议所归”信立天下，众望所归。生动形象的语言的描写，加之陪衬的手法的运用，体现了傅燮的有胆敢为、胸怀天下的赤胆忠心和冒死请命，不为名利所驱的大义。使人物形象充盈丰满，立体感极强，给读者留下深刻的印象。

虞诩传

虞诩字升卿，陈国武平人也。诩年十二，能通《尚书》。早孤①，孝养祖母。县举顺孙，国相奇②之，欲以为吏。诩辞曰：“祖母九十，非诩不养。”相乃止。

虞诩，字升卿，陈国武平人。虞诩十二岁，便能通习尚书。他早年丧父，孝顺奉养祖母。县里推荐他为顺孙，陈国国相认为他是难得的人才，想任他为官。虞诩推辞说：“祖母九十岁了，没有我就没有人奉养了。”国相这才作罢。

羌乃率众数千，遮③诩于陈仓、崤谷，诩即停军不进，而宣言上书请兵，须到当发。羌闻之，乃分钞傍④县，诩因其兵散，日夜进道，兼

羌人首领率领几千人马，在陈仓道上、崤山山谷一带堵住虞诩军队。虞诩立即命令随行人马停止不前，并且下令宣称已上奏朝廷请求援兵，等援军到来再一起进发。羌人听说这一消息，就分头到旁边临近的县城去抢掠。虞诩趁羌军兵

注释

①孤：幼年死去父亲或父母双亡。
②奇：对……感到惊奇。
③遮：阻止，拦阻。
④傍：同“旁”。旁边，侧。
⑤或：有的人。
⑥徐：缓慢行走。
⑦易：容易。
⑧虏：指敌人；叛逆。
⑨谓：对……说。
⑩惮：怕，畏惧。

行百余里。令吏士各作两灶，日增倍之，羌不
力分散放松警惕之际，就率兵日夜前进，每天行军一百里，命令将士们每人挖两
敢逼。或[5]问曰：“孙膑减灶而君增之。兵法日
个灶坑，以后每人每天再增挖两个。羌人便不敢逼近他们。有人问虞诩：“孙膑减
行不过三十里，以戒不虞，而今日且二百里。
灶而您增灶。兵法上说日行不过三十里，防备意外情况的发生，而我们现在一天行
何也？”诩曰：“虏众多，吾兵少。徐[6]行则易[7]
军二百里，为什么呢？”虞诩回答：“敌人众多，我们兵少。走得慢了容易被追上，
为所及，速进则彼所不测。虏[8]见吾灶日增，必
快速行进他们就难以知道我们的底细。敌人看到我们的灶每天都增加，一定会认
谓[9]郡兵来迎。众多行速，必惮[10]追我。孙膑见[11]
为是援兵来接应我们了。我们士兵众多，行军又迅速，他们一定害怕追我们。孙膑
弱，吾今示强，势有不同故也。”
是显示自己的弱小，我们是显示我们的强大，是形势不同的缘故。”

既[12]到郡，兵不满三千，而羌众万余，攻
虞诩到武都郡，兵不满三千人，而羌人有一万多人，他们围攻赤亭几十日。虞
围赤亭数十日。诩乃令军中，使强弩[13]勿发，
诩命令将士不要发射强弩，只用小弩射击。羌人认为汉军弓箭的力量很弱，射不到
而潜[14]发小弩。羌以为矢力弱，不能至，并兵
自己，使集中兵力加紧攻城。虞诩命令二十副强弩同时射一个羌人，没有一次射不
急攻。诩于是使二十强弩共射一人，发无不
中。羌人大为震恐，连忙退却。虞诩趁机率领部下出城奋勇追击，杀伤很多敌人。
中，羌大震，退。诩因出城奋击，多所伤杀。
第二天虞诩集合所有士兵，命令他们从东边城门出去，转一圈，再从北边城门进
明日悉陈[15]其兵众，令从东郭门出，北郭门
城。然后更换衣服，又从这个城门出发，那个城门进来，并不断更换衣服以迷惑
入，贸易衣服，回转数周。羌不知其数，更相
羌人。这样反复进出很多次。羌人不知城内有多少人马，越来越惊恐不安。虞诩
恐动。诩计贼当退，乃潜遣五百余人于浅水设
估计羌人要退兵，就秘密派遣五百余人在城外河流浅水处设下埋伏，守候在敌人
伏，候其走路。虏果大奔，因掩击，大破之。
撤退的必经之路上。羌人果然逃走了，汉军趁机截击掩杀，大败羌军。

时中常侍张防特用权势，每请托受取，诩辄案[16]
当时中常侍张防利用权势，经常受人请托，收受贿赂，虞诩多次请求将
之，而屡寝不报。诩不胜其愤，乃自系廷尉，奏言
他查办，但屡次上书，都得不到朝廷批复。虞诩不胜愤怒，命人把自己捆起来，
曰：“昔孝安皇帝任用樊丰，遂交乱嫡统[17]，几亡
自投廷尉狱中，并且上书说：“过去孝安皇帝任用樊丰，于是混乱正统，几乎让

⑪见：同“现”，出现，显露。

⑫既：不久，后来。
⑬弩：一种用机械力量射箭的弓，泛指弓。
⑭潜：隐藏的，秘密地。
⑮悉：全，都。陈：集合。

⑯案：查办。
⑰嫡统：正统。

⑱坐：定罪，由……而获罪。
⑲考：假借为"拷"，拷打。
⑳忤：违抗，抵触，不顺从。

社稷。今者张防复弄威柄，国家之祸将重至矣。
国家灭亡。现在张防玩弄威势，国家之祸将再次降临。我不想与张防在朝廷同

臣不忍与防同朝，谨自系以闻，无令臣袭杨震之
列，就自投廷尉狱中来使陛下了解。免得让我重陷杨震的覆辙！"虞诩表章奏

迹。"书奏，防流涕诉帝，诩坐[18]论输左校。防必
上后，张防在皇帝面前流着眼泪解释诉说，虞诩因此被定罪，被贬到左校当苦

欲害之，二日之中，传考[19]四狱。狱吏劝诩自引，
役。张防不肯罢休，又想加害虞诩，二天之内，虞诩被审讯拷打四次。狱吏劝虞

诩曰："宁伏欧刀以示远近。"
诩自杀，他说："我宁可受行刑人之刀求死而让远近的人都知道。"

诩好刺举，数忤[20]权威，遂九见谴考，三遭刑
虞诩喜爱检举揭发坏人的过错与恶行，屡次得罪权贵，于是多次受到责

罚。而刚正之性，终老不屈。
备，多次遭受刑罚的折磨。虞诩刚强正直的性格，到死都没有改变。

人物简析

1. "日夜进道，兼行百余里。令吏士各作两灶，日增倍之。"从初攻时的"强弩勿发，而潜发小弩"到"二十强弩共射一人""贸易衣服，回转数周"。在敌众我寡之时，虞诩都能临危不惧，镇定自若，沉着应对；且因地制宜，机敏多变，胸中有韬略，足智多谋，豪爽英武，有卓越的军事才能。

2. "诩辄案之，而屡寝不报。防由是忿诩。乃自系廷尉。"在佞臣张防不能得到严惩之时，虞诩自缚并自投狱中，以死请命，明示世人，力除奸佞，以死明志。"数忤权威，遂九见谴考，三遭刑罚。""九见"与"三遭"都是虚数，表示多次。充分体现虞诩嫉恶如仇、威武不屈、不畏强权的性格特征。"而刚正之性，终老不屈"为人刚正不阿，誓不改节。

考题举隅

1. 对下列句子中加点词语的解释，不正确的一项是（　　）

   A. 徐行则易为所及，速进则彼所不测。　　易：容易。

   B. 明日悉陈其兵众。　　悉：全，都。

   C. 虏见吾灶日增，必谓郡兵来迎。　　谓：对……说。

   D. 每请托受取，诩辄案之。　　案：案件。

2. 下列句子分为四组，全都表现虞诩有卓越的军事才能的一项（　　）

   ①令吏士各作两灶，日增倍之

②徐行则易为所及，速进则彼所不测。

③今者张防复弄威柄，国家之祸将重至矣

④县举顺孙，国相奇之，欲以为吏

⑤令从东郭门出，北郭门入，贸易衣服，回转数周

⑥诩好刺举，数忤权威

A. ①③⑥　　B. ①②⑤　　C. ②④⑥　　D. ③④⑤

3. 下列对文中有关内容的分析和概括，错误的一项是（　　）

A. 虞诩二十岁时，便能通晓尚书。但早年丧父，对祖母非常孝顺，县里推荐他为顺孙。陈国国相认为他是难得的人才，想让他做官，但虞诩因孝顺奉养祖母而不就。

B. 在陈仓道上、崤山山谷一带与羌人交手时，又等不到朝廷的援兵的危急时刻，虞诩让士兵每天行军一百里，命令将士们每人挖两个灶坑，以后每人每天再增挖两个，来显示我军的强大，迷惑了羌人，使部队得以保全。

C. 虞诩到武都郡，在我兵不满三千人，而羌人有一万多人的敌众我寡之时，不要发射强弩，只用小弩射击迷惑敌人使其靠近，又用二十副强弩同时射一个羌人，没有一次射不中，杀伤很多敌人。

D. 虞诩喜爱检举揭发坏人的过错与恶行，屡次得罪权贵，于是多次被责备，多次遭受刑罚的折磨，而刚强正直的性格，到死都没有改变。

4. 翻译下列句子。

（1）诩曰："虏众多，吾兵少。徐行则易为所及，速进则彼所不测。虏见吾灶日增，必谓郡兵来迎。众多行速，必惮追我。孙膑见弱，吾今示强，势有不同故也。"

（2）防必欲害之，二日之中，传考四狱。狱吏劝诩自引，诩曰："宁伏欧刀以示远近。"

【写作点拨】

典型选材的角度：在被羌军围堵而朝廷救兵未到之时，虞诩命令手下："日夜进道，兼行百余里。令吏士各作两灶，日增倍之。"到武都郡，兵不满三千人，而羌人有一万多人千钧一发之际，从初攻时的"强弩勿发，而潜发小弩"到"二十强弩共射一人""贸易衣服，回转数周"。这些典型的材料，成功塑造了虞诩在敌众我寡时的临危不惧，镇定自若，沉着应对；且能因地制宜，机敏多变，将一个胸中有韬略、足智多谋、卓越的军事家的形象塑造的淋漓尽致。典型的选材人物形象生动，丰满。

张纲传

注释

①虽：即使。
②布衣：布衣，麻布衣服，借指平民。古代平民不能衣锦绣，多穿布衣。
③举：举用，选拔。
④就：从事，就任。
⑤慨然：指感慨、激愤、豪爽的样子。
⑥秽恶：邪恶，污浊。
⑦徇（xùn）：巡行。
⑧耆：年老，六十岁以上的人。（指在社会上有名望的老年人）。
⑨二千石：汉官秩，又为郡守（太守）的通称。

张纲少明经学，虽[①]为公子，而厉布衣[②]之节，举[③]孝廉不就[④]，司徒辟为侍御史。时顺帝委纵宦官，有识危心。纲常慨然[⑤]叹曰：“秽恶[⑥]满朝，不能奋身出命扫国家之难，虽生，吾不愿也。”

张纲年轻时就通晓经学，虽然是官宦家庭的公子，却以平常百姓对待自己。他被举荐孝廉却不赴命，后来被司徒任命为侍御史。当时顺帝任用并纵容宦官，有识之士都恐惧担心。张纲对此感愤激切叹息说道：“污秽邪恶的人聚满了朝廷，却不能奋不顾身扫除国家的灾难，即使活着，也是我所不愿意的。”

汉安元年，选遣八使徇[⑦]行风俗，皆耆[⑧]儒知名，多历显位，唯纲年少，官次最微。余人受命之部，而纲独埋其车轮于洛阳都亭，曰：“豺狼当路，安问狐狸！”帝虽知纲言直，终不忍用。

汉安元年，朝廷选派八位使者巡视各地的风土民情，出使的人大都是年老而德高的儒者和知名人士，大多先后担任要职，只有张纲年纪轻，官位低。其他人都奉命到位，只有张纲独自把自己的车轮埋在洛阳都亭，说：“豺狼一般暴虐奸邪的人当政，怎么还要查问那些像狐狸一样奸佞狡猾的坏人！”皇帝虽然明白张纲说话直率，但最终还是不愿意重用他。

时，广陵贼张婴等众数万人，杀刺史、二千石[⑨]，寇乱扬、徐间，积十余年，朝廷不能讨。以纲为广陵太守。前遣郡守，率多求兵马，纲独请单车之职。既到，乃将吏卒十余人，径造婴垒，以慰安之，求得与长老相见，申示国恩。婴初大惊，既见纲诚信，乃出拜谒。纲延置上坐，问所疾苦。乃譬之曰：“前后二千石多肆贪暴，故致

当时，广陵的张婴等人率领数万人反叛，他们杀了刺史、太守，在扬州、徐州一带作乱已经有十多年，朝廷却一直不能讨伐征服他们。于是，派张纲担任广陵太守。先前派遣的郡守，大多向朝廷要求很多的兵马，唯独张纲却请求轻车简行赴命任职。到任以后，就率领差吏兵卒十几个人，径直造访张婴营垒，安抚慰问他们，要求与头目会见，一再表明国家的恩惠。张婴起初非常吃惊，见到张纲的诚信后，才出来拜见。张纲请他坐在上座，询问疾苦。劝导他说：“前任太守大多肆虐贪婪残暴，所以致使你们各位心怀愤怒而聚到了一起。太守确实有

公等怀愤相聚。二千石信[10]有罪矣，然为之者又非义也。今主上仁圣，欲以文德服叛，故遣太守，思以爵禄相荣，不愿以刑罚相加，今诚[11]转祸为福之时也。若闻义不服，天子赫然[12]震怒，大兵云合，岂不危乎？若不料强弱，非明也；充善取恶，非智也；去顺效逆，非忠也；身绝血嗣，非孝也；背正从邪，非直也；见义不为，非勇也。六者成败之几，利害所从。公其深计之。”婴深感悟，明日，将所部万余人与妻子面缚[13]归降。

罪，然而你们这样做也是不义的。如今皇上仁慈圣明，要以文德劝服反叛之人，所以派我前来，想以官爵俸禄使你们荣耀，不想用刑法惩罚你们，现今实在是转祸为福的好时机啊。如果你们听从道义却还不顺服，一旦天子勃然震怒，派遣大军聚集于此，难道不危险吗？如果不能正确估量双方力量的强弱，就是不明智；冒充美善而趋从邪恶，就是不聪明；放弃顺服而效仿叛逆，就是不忠诚；自己断送了子孙的性命，就是不孝顺；违背正道而走向邪路，就是不正直；明白正义而没有作为，就是不勇敢；这六方面是关系到你们成败、利害的重要因素，希望你能够仔细考虑。”张婴被深深地感动并醒悟，第二天，率领部下万人和妻子儿女，双手反绑投降归顺。

⑩信：诚实，不欺骗。
⑪诚：实在。
⑫赫然：形容大怒。
⑬缚：捆绑。

纲乃单车入婴垒，散遣部众，任从所之；子弟欲为吏者，皆引召之。人情悦服，南州晏然。天子嘉美，征欲擢[14]用纲，而婴等上书乞留，乃许之。纲在郡一年，年四十六卒。百姓老幼相携，诣[15]府赴哀者不可胜数。张婴等五百余人制服行丧，负土成坟。

张纲就单车进入张婴营垒，遣散了张婴的部下，让他们去自己想去的地方；想要当差的，都召而来之。于是人们喜悦信服，南州一片安定。皇上给予了好评，想提拔张纲，而张婴等人上书乞求留任张纲，皇上应允了。张纲在郡守位上一年，四十六岁时逝世。百姓老幼相互搀扶，到张纲府邸吊唁的人多得无法计数。张婴等五百多人穿着丧服为他操办丧事，背负泥土为他垒筑坟墓。

⑭擢：提拔，提升。
⑮诣：到，旧时特指到尊长那里去。

人物简析

1. 张纲少时勤奋好学，对经学有一定研究。他虽出身官宦家庭，但少纨绔习气，很注重气节方面的修养。

2. “秽恶满朝，不能奋身出命扫国家之难，虽生，吾不愿也。”外戚与宦官互相勾接，专横跋扈，陷害忠良，危邦乱国之时，张纲目睹此情，深以为忧，毅然向顺帝上书，陈述对国事的见解和主张，充分表明张纲心系苍生社稷太平，以铲除奸佞为己任，以死明志，有誓不改节的仁义之志。

3. “豺狼当路，安问狐狸”此言表明张纲对当朝众臣凶狠残暴，奸佞狡猾，人心不古的现状表示强烈的不满与厌恶。体现它的性情直率，刚正不阿。
4. “非明也；非智也；非忠也；非孝也；非直也；非勇也”排山倒海式的劝说慷慨激越，入情入理，力排众议，使十几年朝廷不能征服的叛军一举降服，可见张纲的大智大勇，对朝廷忠贞不二。
5. “纲乃单车入婴垒，散遣部众，任从所之。”处人不疑，真诚实意，体恤人心，以德服人。

成语积累

张纲埋轮：比喻不畏权贵，直言正谏，敢于弹劾当权者。

考题举隅

1. 下列加点字的意思不正确的一项（　　）

A. 选遣八使徇行风俗	徇：巡行。
B. 二千石信有罪矣	信：诚实，不欺骗。
C. 天子赫然震怒	赫然：形容令人惊讶或引人注目的事物突然出现。
D. 将所部万余人与妻子面缚归降	缚：捆绑。

2. 下列对原文有关内容的分析和概括，不正确的一项是（　　）

A. 张纲年轻时就通晓经学，虽然贵为官宦公子，却不恃物放旷，以平常百姓对待自己。他被举荐孝廉却不赴命，后来被司徒任命为侍御史。

B. 汉安元年，朝廷选派八位使者巡视各地的风土民情，出使的人大都是年老而德高的儒者和知名人士，大多先后担任要职，只有张纲埋轮，不畏权贵，直言正谏，敢于弹劾当时的权贵。

C. 张纲降服张婴后，南州一片安定。皇上给予了好评，想提拔张纲，而张婴等人上书乞求留任张纲，皇上没有应允。

D. 张纲担任广陵太守时，轻车简行赴命任职。并从六方面阐述归附朝廷的成败、利害关系，最后以理服人，使张婴降服。

3. 翻译下列句子。

（1）纲常慨然叹曰：“秽恶满朝，不能奋身出命扫国家之难，虽生，吾不愿也。”

（2）百姓老幼相携，诣府赴哀者不可胜数。张婴等五百余人制服行丧，负土成坟。

4. 下列句子不是体现表现张纲“忠于朝廷”的句子是(　　)

A. 虽为公子，而厉布衣之节。

B. 秽恶满朝，不能奋身出命扫国家之难，虽生，吾不愿也。

C. 豺狼当路，安问狐狸！

D. 纲乃单车入婴垒，散遣部众，任从所之；子弟欲为吏者，皆引召之。

5. 用“/”给下文的句子断句。

若不料强弱非明也充善取恶非智也去顺效逆非忠也身绝血嗣非孝也背正从邪非直也见义不为非勇也六者成败之几利害所从公其深计之

【写作点拨】

1. 用多种方法对人物形象的塑造。“虽生，吾不愿也”铲除奸佞为己任，以死明志；“豺狼当路，安问狐狸！”性情直率，刚正不阿。六个非也，入情入理，大智大勇。不同情境下语言的描写，将张纲这个人物的形象淋漓尽致地刻画出来。写作时注意人物的身份与情景，选择合适的语言塑造人物形象。

2. 衬托的写法：“张婴等五百余人制服行丧，负土成坟。”张纲死后，张婴等人不忘张纲生前仁义。亲自穿丧服，背土筑坟，更衬托了张纲的人格魅力。

臧洪传

臧洪字子源，广陵射阳人也。董卓杀帝，图危社稷，洪说广陵太守张超曰：“明府历世受恩，兄弟并据[①]大郡，今贼臣未枭[②]，此诚[③]天下义烈报恩效命之秋[④]也。今郡境尚全，吏民殷富，若动枹鼓[⑤]，可得二万人，以此诛除国贼，为天下倡先，义之大者也。”超然其言。邈亦素[⑥]有心，邈

臧洪字子源，广陵郡射阳县人。董卓杀了少帝，图谋危害社稷，臧洪劝广陵太守张超说道：“明府您祖先数代均在朝为官，而现在你们兄弟俩一起担任重要地方的郡守，今日乱臣贼子犯下滔天之罪而未被消灭，这正是天下义烈之士报恩效命的时候呀！眼下广陵郡未受侵犯，吏民富裕，若是大力号召，马上可得两万人马，凭着这个力量诛除国贼，给天下人做个榜样，这才是义之大者。”张超非常赞同他的话。张邈也早有这个想法。张邈对张超道：“听说弟弟你担任

注释

①并：合在一起，一齐。据：占据一定的防御设施守卫，防守。

②枭：指一种恶鸟，捕捉后悬头树上以示众。这里指消灭。

③诚：实在。

④秋：指某一时期、某一时刻。这里是“时”的意思。

⑤枹鼓：指战鼓。

⑥素：向来。

⑦谓：对……说。

⑧歃血：古代会盟，把牲畜的血涂在嘴唇上，表示诚意。泛指发誓订盟。

⑨虽：即使。卒伍：指士兵。厮养：厮役。

⑩恃：依赖，仗着。

⑪跣：光着脚，不穿鞋袜。

⑫勒：率领。

⑬徼利：谋利，求利。

谓[7]超曰："闻弟为郡守，政教威恩，不由己出，动任臧洪，洪者何人？"超曰："洪才略智数优超，超甚爱之，海内奇士也。"邈即引见洪，与语，大异之。

广陵太守的时候，行政教化赏罚等的措施均不自己施行，而是每每交由臧洪来做。臧洪是怎样的一个人呀？"张超答道："臧洪才略智数均优于我，我非常器重他，像臧洪这样的人真可谓海内奇士。"张邈随即接见臧洪，与他对话，张邈大大惊异于臧洪的才能。

洪乃升坛操盘歃血[8]而盟，洪辞气慷慨，涕泣横下，闻其言者，虽卒伍厮养[9]，莫不激扬，人思致节。

臧洪因而登上祭坛持盘歃血而盟，臧洪语气慷慨激昂，说到激动处涕泗纵横，当时在场听到这篇誓言的，就算是卒伍仆隶等人，没有不因此热血沸腾的，人人想着誓死报效国家。

太祖围张超于雍丘，超言："唯恃[10]臧洪，当来救吾。"众人以为袁、曹方睦，而洪为绍所表用，必不败好招祸，远来赴此。超曰："子源，天下义士，终不背本者，但恐见禁制，不相及逮耳。"洪闻之，果徒跣[11]号泣，并勒[12]所领兵，又从绍请兵马，求欲救超，而绍终不听许。超遂族灭。洪由是怨绍，绝不与通。

曹操在雍丘包围了张超，张超说道："大概只有依赖臧洪会来救我吧！"众人认为袁绍与曹操的关系非常密切，而臧洪又被袁绍所重用，恐怕不会毁坏友好关系远道而来，空自遭来祸患而远来赴难吧。张超道："臧洪是天下讲义气的人，始终不会背叛本心的，只是恐怕会被袁绍控制，可能来不及赶到这里。"臧洪听到张超被围，就赤着脚痛哭，并率领所带领的军队，又向袁绍请求援军，准备解救张超的危难，但袁绍不肯臧洪前往救援张超。于是张超全家都被曹操杀光。臧洪因此怨恨袁绍，不再听袁绍的命令。

绍兴兵围之，历年不下。绍令洪邑人陈琳书与洪，喻以祸福，责以恩义。洪答曰：足下徼利[13]于境外，臧洪授命于君亲。子谓余身死而名灭，仆亦笑子生死而无闻焉，悲哉！绍见洪书，知无降意，增兵急攻。城中粮谷以尽，外无强救，洪

袁绍兴兵包围东武阳，打了一年还打不下来。袁绍命令洪邑县人陈琳写信给臧洪，分析利害，并指责他不知恩情道义。臧洪回信道：你急于求利而成为盟主，则我当效命尽忠于天子。你说我身死而名灭，我还笑你苟活老死而不能称闻于天下，真是让人悲伤呀！袁绍见到臧洪的回信，知道臧洪决心不降，因此增加兵力猛力进攻。臧洪城中粮食已尽，城外又缺乏有力的援助。臧洪自己估计

自度必不免，呼吏士谓曰：“袁绍无道，所图不轨，且不救郡将。洪于大义，不得不死。今诸君无事空与此祸，可先城未败，将[14]妻子[15]出。”将吏士民皆垂泣曰：“明府与袁绍本无怨隙，今为本朝郡将之故，自致残困，吏民何忍当舍明府去也！”初尚掘鼠煮筋角，后无可复食者。主簿启内厨米三斗，以为糜粥，洪叹曰：“独食此何为！”使作薄粥，众分饮之。城陷，绍生执洪。绍素亲洪，盛施帏幔[16]，大会诸将见洪。洪终不服。

不能免于灾难，把部下叫来对他们说：“袁绍无道，图谋不轨，且不救援郡将张超。我臧洪于大义不得不死。如今你们白白承担这次灾祸，可以在城池没被攻破之前，带着妻子和儿女逃跑吧。”臧洪的部属百姓皆垂泣道：“大人您与袁绍本来没有任何怨恨隔阂，今日为了郡将张超的缘故，自己遭致危困，我们这些下属怎么忍心离您而去呢！”一开始还有老鼠和牛筋兽骨可吃，后来可吃的全部被吃光了。臧洪的主簿拿出了官府仅存的三斗米，煮成稀饭给臧洪吃，臧洪叹道：“我一个人吃有什么用处呢？”于是把这三斗米煮成像白水一样的稀饭给所有的人吃。东武阳被攻陷后，袁绍把臧洪生擒住。袁绍一向亲近臧洪，用了很多布幔来布置现场，大会诸将来召见臧洪。臧洪始终不服。

⑭将：统率；率领。
⑮妻子：妻子和儿女。
⑯帏幔：帐幕。

人物简析

1. “诛除国贼，为天下倡先，义之大者。”“歃血而盟，洪辞气慷慨，涕泣横下，”充分的表现臧洪以天下为己任，永济苍生，有勇敢为，誓死报效国家的赤胆忠心。
2. “臧洪听到张超被围，赤脚痛哭，向袁绍请求救张超”在张超危难之际，臧洪不顾个人安危，冒死请命，重情重义，士为知己者死的义胆昭著。
3. “城中粮谷以尽”“主簿启内厨米三斗，以为糜粥”“ 众分饮之”誓死不投降袁绍，危难至极之时，不苟且偷生，体恤下属，爱其如子。
4. “子谓余身死而名灭，仆亦笑子生死而无闻”在反驳袁绍时，言辞有力，威武不屈，誓死不屈。

考题举隅

1. 下列句中加点词的解释，不正确的一项是（　　）

A. 邈亦素有心　　素：非肉类的食品，与“荤”相对。

B. 洪乃升坛操盘歃血而盟　　歃血：古代会盟，把牲畜的血涂在嘴唇上，表示诚意。泛指发誓订盟。

C. 足下徼利于境外　　　　　　　徼利：谋利，求利。

D. 果徒跣号泣　　　　　　　　　跣：光着脚，不穿鞋袜。

2. 下列各句分别编为四组，全部直接体现臧洪“讲义气”的一项是（　　）

①洪由是怨绍，绝不与通。

②使作薄粥，众分饮之

③洪由是怨绍，绝不与通。

④今诸君无事空与此祸，可先城未败，将妻子出。

⑤盛施帏幔，大会诸将见洪。

⑥唯恃臧洪，当来救吾。

A. ①③④　　B. ③④⑥　　C. ②③⑥　　D. ②④⑥

3. 下列对原文有关内容的分析和概括，不正确的一项是（　　）

A. 臧洪登上祭坛持盘歃血而盟时，慷慨激昂宣读誓言的，使在场的人没有不热血沸腾的，人人想着誓死报效国家。

B. 袁绍兴兵包围东武阳，臧洪的军队被困，主簿拿出了官府仅存的三斗米，煮成稀饭给臧洪吃。但臧洪却将其煮成像白开水一样的稀饭给所有的人吃。

C. 张超被曹操包围时，众人认为袁绍与曹操的关系非常密切，而臧洪又被袁绍所重用，恐怕不会毁坏友好关系远道而来赴难相救。臧洪请求袁绍援兵相救，但袁绍不肯臧洪前往救援。

D. 东武阳被攻陷后，袁绍生擒臧洪。因一向赏识臧洪，袁绍隆重的装饰布置现场，并大会诸将来召见臧洪。臧洪最终降服。

4. 翻译下列句子。

（1）明府历世受恩，兄弟并据大郡，今贼臣未枭，此诚天下义烈报恩效命之秋也。今郡境尚全，吏民殷富，若动枹鼓，可得二万人，以此诛除国贼，为天下倡先，义之大者也。

（2）足下徼利于境外，臧洪授命于君亲。子谓余身死而名灭，仆亦笑子生死而无闻焉，悲哉！

【写作点拨】

1. 用多种方法对人物形象的塑造。“诛除国贼，为天下倡先，义之大者。”言辞慷慨，掷地有声；“歃血而盟，洪辞气慷慨，涕泣横下”“卒伍厮养，莫不激扬”义愤填膺，感天动地；“徒跣号泣”“由是怨绍，绝不与通”肝胆相照，赤胆仁心。语言、动作的描写，加之陪衬的手法的运用，将一个永济苍生，有勇敢为，誓死报效国家的赤胆忠心和冒死请命、重情重义、士为知己者死的义胆昭著的形象，淋漓尽致地塑造出来。

2. 陪衬的写法：“子源，天下义士，终不背本者，但恐见禁制，不相及逮耳。”在张超被围困的危难之际，对臧洪的仁义至信的确信与理解，更可见臧洪的人格的可贵。

陈宠传

陈宠字昭公，少为州郡吏，辟司徒鲍昱府。是时①三府掾属专尚交游，以不肯视事②为高③，宠常非之，独勤心务物，数④为昱陈当世便宜⑤。昱高其能，转为辞曹，掌天下狱讼⑥。其所平决，无不厌⑦服众心。

陈宠字昭公，年轻时做过州郡吏，被司徒鲍昱府征召。当时三府掾属专们喜好交游，以不肯做实际工作为清高，陈宠常常批评这种做法，总是独自勤勤恳恳办事，多次向鲍昱陈说当时有益的事宜。鲍昱认为他的才能非凡，因此转任辞曹，掌管天下的狱讼案件。他所判决的案件都很公平，没有不使众人的心意感到满足的。

三迁，肃宗初，为尚书。是时承永平故事⑧，吏政尚严切，尚书决事率⑨近于重，宠以帝新即位，宜改前世苛俗。帝敬纳宠言，每事务于宽厚。其后遂诏有司⑩，绝钻钻⑪诸惨酷之科，解妖恶之禁，除文致之请谳⑫五十余事，定著于令。是后人俗和平，屡有嘉瑞⑬。

陈宠经三次升迁，章帝初年，担任尚书。这时办事演习永平时的旧制，为政崇尚严厉苛刻，尚书审判案件多数近于重刑。陈宠认为皇帝刚刚即位，应该改变以前严厉苛刻的做法，皇帝采纳了他的建议，每每办案近于宽厚了。后来又诏令有关官员，废止那些以铁制刑具束颈、凿去髌骨的等酷刑的条文，解除妖言的禁忌，取消请求裁决的五十余件罗织罪名的案件，明白写于条令之中。此后天下太平无事，多次出现祥瑞之兆。

宠性周密，常称人臣之义，苦不畏慎。自在枢机，谢遣门人，拒绝知友，唯在公家而已。朝廷器之。

陈宠性格谨慎处事周密，常说做人臣的节义，苦于不能警惕谨慎。他身居要职，就遣散门生、弟子，谢绝知交故友的拜访，只在官署做事而已。朝廷非常器重他。

注释

①是时：当时。
②视事：办公；接任治事。
③高：清高。
④数：多次。
⑤便宜：指有利国家，合乎时宜之事。
⑥狱讼：讼事；讼案。
⑦厌：满足。
⑧故事：先例，旧日的典章制度。
⑨率：一律，全部。
⑩有司：指官吏。古代设官分职，各有专司，故称有司。
⑪绝：断绝。钻钻（zuàn zuàn）：以铁制刑具束颈、凿去髌骨的一种酷刑。
⑫谳（yàn）：审判定罪。
⑬嘉瑞：祥瑞。

⑭素：一向，平时。
⑮臧：古同"赃"，赃物。
⑯抵罪：因犯罪而受到相应的处罚。
⑰中（zhòng）：中伤。

皇后弟侍中窦宪荐真定令张林为尚书，帝以问宠。宠对"林虽有才能，而素[14]行贪浊"，宪以此深恨宠。林卒被用，而以臧[15]抵罪[16]。及帝崩，宪等秉权，常衔宠，乃白太后，令典丧事，欲因过中[17]之。黄门侍郎鲍德素敬宠，说宪弟环曰："陈宠奉事先帝，深见纳任，故久留台阁，赏赐有殊。进不蒙忠能之赏，而计几微之故，诚伤辅政容贷之德。"环亦好士，深然之，故得出为太山太守。

皇后的弟弟侍中窦宪，推荐真定令张林做尚书，皇帝拿这件事来问陈宠的意见。陈宠说："张林虽有才能，而平日里的行为一向贪婪污浊。"窦宪于是因为这件事怀恨陈宠。张林最终还是被重用了，却因贪污而获罪。等到皇帝死了，窦宪等人掌权，常常对陈宠衔恨在心。于是向太后报告，让陈宠主管丧事，想找他的过失中伤他。黄门侍郎鲍德素一向敬重陈宠，劝说窦宪的弟弟夏阳侯窦环说："陈宠侍奉先帝时，深受信任，所以久留在尚书台，赏赐也与众不同。现在得不到忠诚能干的赏赐，却去计较他很细微的过失，确实有伤他宽容的德行。"窦环也是一个喜欢贤士的人，认为他说的很对，因此陈宠得到出任太山太守的机会。

后转广汉太守。西州豪右并兼，吏多奸贪，诛讼日百数。宠到，显用良吏王涣、镡显等，以为腹心，讼者日减，郡中清肃。

后来调任广汉太守。西州豪强兼并，官吏多数奸猾贪婪，每天诉讼的案件数以百计。陈宠到任后，重用贤臣王涣、镡显等人，把他们视为心腹，诉讼的人一天比一天少，全县清平肃静。

⑱濯：通"擢"。拔引。

及窦宪为大将军击匈奴，公卿以下及郡国无不遣弟子奉献遗者，而宠守正不阿。后和帝闻之，濯[18]宠大司农。

后来窦宪做大将军去征讨匈奴，公卿以下以及郡国没有不派官吏子弟去敬献财物的，而陈宠守正不阿。后来汉和帝听说了，提升陈宠做了大司农。

⑲狱：案件。
⑳辄：于是，就。
㉑济：救。
㉒甚：十分，特别。众：多。

永元六年，为廷尉。性仁矜。及为理官，数议疑狱[19]，常亲自为奏，每附经典，务从宽恕，帝辄[20]从之，济[21]活者甚众[22]。

永元六年，陈宠做了廷尉，他的性格仁厚谨慎。等做了廷尉之后，多次议论疑案，常常亲自处理奏章，每每附上经典，务必做到宽恕，皇帝总是听从他的话，被他救活的人很多。

人物简析

1. “独勤心务物，数为昱陈当世便宜。”在三府掾属以不肯做实际工作为清高时，陈宠却独自勤勤恳恳办事，不随波逐流，做事踏实肯干，脚踏实地，时刻以大局为重。
2. “绝钻钻诸惨酷之科，解妖恶之禁，除文致之请谳五十余事，”一改法律执行的苛刻残酷，废除了法律天文的附赘悬疣，取消请求裁决的多件罗织罪名的案件，表现陈宠为人宽厚，有一颗仁爱谅人之心；不但使很多人免于残酷刑罚，天下也一片祥和太平。
3. “自在枢机，谢遣门人，拒绝知友，唯在公家而已。”为臣时性格谨慎处事周密，且恪尽职守，一心为公，心无旁骛。
4. “数议疑狱，常亲自为奏，每附经典，务必做到宽恕。”办案时态度认真，不玩忽职守；事无巨细，事必躬亲，避免冤假错案，湛湛青天，明镜高悬，是一个好的执法者。
5. “帝敬纳宠言”陈宠克己奉公，守正不阿，虽然屡受权贵的陷害，仍然为民请命，坚持斗争。

考题举隅

1. 下列四句中，加点字的解释正确的一项是（　　）

A. 无不厌服众心。　　厌：满足。

B. 数为昱陈当世便宜。　　便宜：指有利国家，合乎时宜之事。

C. 其后遂诏有司　　有司：指官吏。古代设官分职，各有专司，故称有司。

D. 数议疑狱　　狱：监狱。

2. 下列句子中加点字的意思与“而以臧抵罪”的“以”字意思相同的一项是（　）

①不以物喜，不以己悲。　②宠以帝新即位

③及窦宪为大将军击匈奴　④常亲自为奏

⑤以刀劈狼。　⑥以乡人子谒余。

3. 以下六句话，全都是表现陈宠在执法上的主张的一项是（　）

①宠常非之，独勤心务物，数为昱陈当世便宜。

②其所平决，无不厌服众心。

③宠以帝新即位，宜改前世苛俗。

④自在枢机，谢遣门人，拒绝知友，唯在公家而已。

⑤宠性周密，常称人臣之义，苦不畏慎。

⑥每附经典，务从宽恕，帝辄从之，济活者甚众。

A. ①②④　　B. ①⑤⑥　　C. ②③⑥　　D. ③④⑥

4. 下列叙述符合原文意思的一项是(　　)

A. 黄门侍郎鲍德素一向敬重陈宠，劝说窦宪的弟弟夏阳侯窦环，窦环也是一个喜欢贤士的人，认为鲍德素说得很对，因此陈宠得到出任太山太守的机会。

B. 后来窦宪做大将军去征讨匈奴，公卿以下以及郡国没有不派官吏子弟去敬献财物的，而陈宠也以同样的方式被提升陈宠做了大司农。

C. 陈宠到任后，重用贤臣王涣、镡显等人，把他们视为心腹，诉讼的人一天比一天少，全县清平肃静。

D. 陈宠认为皇帝刚刚即位，应该改变以前严厉苛刻的做法，皇帝没有采纳了他的建议，反而是一意孤行。

写作点拨

1. 写作手法的学习：对比的写法：陈宠在处治张林一类贪官，毫不心慈手软；而对无辜百姓却宽厚仁慈，使很多人都活下来。在对比中将陈宠秉公执法、嫉恶如仇、宽厚仁爱的性格特征淋漓尽致地体现出来。

2. 为人品行方面：陈宠在年轻时就办事勤恳，不浮华，且一直不改其志，坚守为人的本性，并分别得到了鲍昱，鲍德素，汉和帝的赏识与认可，才有后来的几次擢举，有机会充分展示了自己的才能。所以一个人在社会生活中，要先德行天下，以德服人，不断完善自己的人格，不失本心，方可立足。

种暠传

注释

①悉：尽，全，都。

②交通：交往。

③擢：提拔，提升。

种暠字景伯，河南洛阳人，仲山甫之后也。父为定陶令，有财三千万。父卒，暠悉[①]以赈恤宗族及邑里之贫者。其有进趣名利，皆不与交通[②]。

种暠，字景伯，河南洛阳县人，是仲山甫的后代。父亲担任过定陶县令，有财产三千万。父亲死后，种暠将这些财产都用来救济宗族和周围乡里的穷人。凡是追求名声、利益的人，种暠都不与他们往来。

顺帝末，为侍御史。帝擢[③]暠监太子于承光宫。中常侍高梵从中单驾出迎太子，时太傅杜乔等疑不欲

汉顺帝末年，担任侍御史。顺帝提拔种暠在承光宫监护太子。中常侍高梵从宫中单车出来迎接太子，当时太傅杜乔等人心中怀疑，不想依从，但惶恐迷惑

从，惶惑不知所为。暠乃手剑当车，曰：“太子国之储副，人命所系。今常侍来无诏信，何以知非奸邪？今日有死而已。”梵辞屈，不敢对，驰命奏之。诏报，太子乃得去。乔退而叹息，愧暠临事不惑。帝亦嘉其持重，称善者良久。

不知道怎么办。种暠就手持刀剑挡在车前，说：“太子，是国家皇位的继承人，关系到天下人的命运。今天常侍来接人无诏书，我有何凭据知道不是奸邪呢？今天死也不让太子走。”高梵理屈词穷，不敢对答，另派人赶快上奏。诏书回复，太子才得以离去。杜乔事后感叹，自愧不如种暠遇到大事而不受迷惑。皇帝也嘉奖他老成持重，称赞了很长时间。

出为益州刺史。暠素慷慨[④]，好立功立事。在职三年，宣恩远夷，开晓殊俗[⑤]，岷山杂落皆怀服汉德。其白狼、槃[⑥]木、唐菆、邛[⑦]、僰[⑧]诸国，自前刺史朱辅卒后遂绝；暠至，乃复举种向化。时永昌太守冶铸黄金为文蛇，以献大将军梁冀，暠纠发逮捕，驰传上言，而二府畏懦，不敢案[⑨]之，冀由是衔怒于暠。会[⑩]巴郡人服直聚党数百人，自称“天王”，暠与太守应承讨捕，不克，吏人多被伤害。冀因此陷之。传逮暠、承。太尉李固上疏救。梁太后省奏，乃赦暠、承罪，免官而已。

后来出任为益州刺史。种暠素来慷慨激昂，喜欢建功立业。在益州任上三年，向边远的部族传播皇上的恩德，开通教化那极为不同的乡俗，岷山上杂居的部族都感念和服从汉朝的恩德。那白狼、盘木、唐菆、邛、僰等几个国家，自从前任刺史朱辅死后就与汉朝断绝了来往；种暠到任后，才又集体向汉朝归顺。当时，永昌太守冶炼黄金熔铸了一条有花纹的蛇，用来献给大将军梁冀，种暠发现后就将永昌太守逮捕，并快马奏报朝廷，但二府怯懦畏惧，不敢查办此事，梁冀从这件事后对种暠心怀愤怒。正好碰到巴郡人服直聚集党徒数百人，自称“天王”，种暠与太守应承率兵前去征讨，没有打败他们，而且许多官吏、士卒却被伤害。梁冀因为这件事诬陷他。传诏逮捕种暠、应承。太尉李固上疏援救。梁太后阅读奏疏后采纳了李固的奏请，就赦免了种暠、应承的罪，仅仅免官而已。

④慷慨：意气风发，慷慨激昂。

⑤殊俗：风俗、习俗不同。

⑥槃：音（pán）。

⑦邛：音（qióng）。

⑧僰：音（bó）。

⑨案：查办。

⑩会：恰巧碰上。

后凉州羌动，以暠为凉州刺史，甚得百姓欢心。被征当迁，吏人诣阙请留之，太后叹曰：“未闻刺史得人心若是。”乃许之。暠复留一

后来凉州羌人发生动乱，朝廷就派种暠为凉州刺史，深得百姓的欢心。当种暠又被朝廷征用调迁时，官吏百姓投书朝廷请求挽留他，梁太后感叹道：“我还没听说过刺史像这样得人心的。”于是准许了凉州官吏百姓的请求。种

年，迁汉阳太守，戎夷男女送至汉阳界，暠与相

暠又留任一年，之后，迁任汉阳太守，梁州戎夷不分男女相送到汉阳地界，种暠

揖谢，千里不得乘车。及到郡，化行羌胡，禁止

才与他们作揖告别，这样步行千里没有乘车。等到了汉阳郡，教化羌人，禁止侵

侵掠。迁使匈奴中郎将。时辽东乌桓反叛，复转

犯掠夺。后调任出使匈奴的中郎将。当时，辽东的乌桓人反叛朝廷，种暠又转任

辽东太守，乌桓望风率服，迎拜于界上。

辽东太守，乌桓人相率望风而服，在辽东边境上迎接种暠赴任。

入为大司农。延熹四年，迁司徒。在位三年，年

种暠入京担任大司农。延熹四年，升迁为司徒。在司徒任上三年，年

六十一薨[11]。并、凉边人，咸[12]为发哀。匈奴闻暠卒，举

六十一岁死去。 并、凉两州的边民都为他发丧致哀。匈奴听说种暠死了，举国

国伤惜。单于[13]每入朝贺，望见坟墓，辄哭泣祭祀。

之人都伤心惋惜。匈奴单于每每入朝致贺时，看见种暠坟墓，就哭泣祭祀。

⑪薨：古代称诸侯或有爵位的大官死去。

⑫咸：全，都。

⑬单于（chán yú）：是匈奴人对他们部落联盟的首领的专称。

人物简析

1. “有财三千万。父卒，暠悉以赈恤宗族及邑里之贫者。”不为外物所累，轻财重义，一片仁义的拳拳爱民之心。

2. “今常侍来无诏信，何以知非奸邪？今日有死而已。”在千钧一发之际，种暠临危不乱，头脑清醒，机智应对，持重老成，以大局为重，为国家命运把个人安危置之度外，保全太子安危，得到了皇帝的嘉奖。

3. 揭发大将军梁冀收受永昌太守的金蛇，可见其刚正不阿，胸襟坦荡，不畏强权之磊落。

4. “宣恩远夷，开晓殊俗，岷山杂落皆怀服汉德”在边远的部落，种暠不以武屈人，而是以皇恩教化百姓，归顺朝廷；“被征当迁，吏人诣阙请留之”“暠与相揖谢，千里不得乘车”“望见坟墓，辄哭泣祭祀”。种暠受到当地百姓如此的爱戴，深得民心，可见种暠以德服人，德行天下，恩济四方，凭借自己的仁厚与德行使百姓感念朝廷，臣服汉朝，为朝政太平立下汗马功劳。

考题举隅

1. 对下列各句中加点的词的解释，不正确的一项是（　　）

A. 暠悉以赈恤宗族及邑里之贫者。　　悉：尽，全，都。

B. 其有进趣名利，皆不与交通。　　交通：交往。

C. 宣恩远夷，开晓殊俗。　　殊俗：风俗、习俗不同。

D. 会巴郡人服直聚党数百人　　会：开会。

2. 下列句子，直接表现种暠“深得民心”的句子是（　　）

①以暠为凉州刺史，甚得百姓欢心。　②迁汉阳太守，戎夷男女送至汉阳界。

③被征当迁，吏人诣阙请留之。　④单于每入朝贺，望见坟墓，辄哭泣祭祀。

⑤未闻刺史得人心若是。　⑥暠与相揖谢，千里不得乘车。

A. ①②⑥　B. ①⑤⑥　C. ②③⑤　D. ③④⑥

3. 下列对文中有关内容的分析和概括，错误的一项是（　　）

A. 种暠一生淡泊名利，凡是追求名声、利益的人，种暠都不与他们往来。将父亲死后的三千万财产，都纷赐给宗族和周围乡里的穷人。

B. 种暠为人为官十分的小心谨慎，在监护太子时，临危不乱，危难时机镇定自若，机智地保护了太子的安危，深得太傅杜乔的赞赏与钦佩；皇帝也嘉奖他老成持重。

C. 种暠担任为益州刺史时敢作敢为，揭发大将军梁冀收受永昌太守的金蛇。梁冀伺机报复，后梁太后降罪种暠。

D. 种暠为凉州刺史，深得百姓的欢心。在边远的部落，种暠不以武屈人，而是以皇恩教化百姓，使百姓归顺朝廷。

4. 用“/”给下列句子断句。

并凉边人咸为发哀匈奴闻暠卒举国伤惜单于每入朝贺望见坟墓辄哭泣祭祀

5. 翻译下面的句子。

（1）父卒，暠悉以赈恤宗族及邑里之贫者。其有进趣名利，皆不与交通。

（2）太子国之储副，人命所系。今常侍来无诏信，何以知非奸邪？今日有死而已。

写作点拨

1. 梁太后的评价作为对种暠的侧面描写起到了很好的突出作用，“征用调迁的挽留”“迁任时的千里相送”“匈奴单于的哭泣祭祀”深受边地百姓的爱戴，都侧面突出了种暠兼济苍生、德行天下、恩济四方、操守高洁的品格和卓越的管理才能。我们在写作中可以学习这种手法。

2. 从人与环境的关系角度：种暠除了品行高洁，重义轻财，还有特殊的才能去处理案件，应急时临危不乱，头脑清醒，机智应对，持重老成，所谓濯清濯足，人的本质品格才是左右一个人的关键，提升和修养自己的身心是最根本最重要的。

3. 对比手法的运用：“前任刺史朱辅死后几个国家与汉朝断绝了来往”而“种暠到任集体向汉朝归顺”凸显种暠的以德服人和卓越的管理才能，这种手法的运用使人物形象更加鲜明。

陈球传

注释

①黠：聪明而狡猾。

②寇钞：寇钞亦作“寇抄”。劫掠。

③陆梁：跳跃奔走的样子，引申为跋扈。形容十分嚣张，肆无忌惮。

④方略：计划；权谋；策略。

⑤期月：期(jī)，整月、整年。期月一整月的意思。

⑥虎符：虎符是中国古代金属制的虎形调兵凭证，传说是西周姜子牙所发明，由中央政府发给掌兵大将，其背面刻有铭文，分为两半，右半存于朝廷，左半发给统兵将帅或地方长官，调兵时需要两半合对铭文才能生效。虎符专事专用，每支军队都有相对应的虎符。这里指兵权。

⑦矢：箭。

陈球字伯真，下邳淮浦人也。球少涉儒学，善律令。阳嘉中，举孝廉，稍迁繁阳令。

陈球字伯真，是下邳郡淮浦县人。陈球年轻时就广泛阅览儒学经典，擅长于律法政令。阳嘉年间，被推荐为孝廉，逐渐升迁为繁阳县令。

复辟公府，举高第，拜侍御史。是时，桂阳黠①贼李研等群聚寇钞②，陆梁③荆部，州郡懦弱，不能禁。太尉杨秉表球为零陵太守。球到，设方略④，期月⑤间，贼虏消散。

后陈球又被公府征召，考试及官吏考核成绩优秀，被授予侍御史的官职。这时候，桂阳狡猾的贼寇李研等人聚集贼众强抢劫掠，荆楚一带十分嚣张，肆无忌惮。当地州郡官军怯懦软弱，不能禁止他们。太尉杨秉上表推荐陈球为零陵太守。陈球到任后，制定征讨的方法与策略，一月之间，李研等贼虏就被消灭驱散了。

而州兵朱盖等反，与桂阳贼胡兰数万人转攻零陵。零陵下湿，编木为城，不可守备，郡中惶恐。掾吏白遣家避难，球怒曰：“太守分国虎符⑥，受任一邦，岂顾妻子而沮国威重乎？复言者斩！”乃悉内吏人老弱，与共城守，弦大木为弓，羽矛为矢⑦，引机发之，远射千余步，所杀伤众。

州兵朱盖等人反叛，跟桂阳的贼寇胡兰等几万人辗转攻打零陵。零陵地势低洼潮湿，用木桩排列起来作为城墙，不能守卫防备，郡中的人惊慌失措。下属官吏劝陈球要他把家属送走以避难，陈球发怒说：“太守分掌国家的重任，主管一个地区，难道可以只考虑妻子儿女却败坏国家的权威吗？再说这种话的人就杀头！”于是陈球集合所有官吏，包括年老体弱的，与他共同守卫城池，给粗大的木头安上弦做成弓，把长矛装上羽毛制成箭，拉动机关发射，可以射到一千多步以外，被这种武器杀伤的贼虏很多。

贼复激流灌城，球辄于内因地势反决水淹贼。相拒十余日，不能下。会中郎将度尚将救兵

贼虏又引河水灌进城内，陈球就在城内借助地势反过来放水淹贼。双方对抗了十多天，贼虏没法攻下零陵。适逢中郎将度尚率领救兵赶到，陈球招募

至，球募士卒，与尚共破斩朱盖等。
士卒，与度尚一起击破了朱盖的部队，并斩杀了朱盖等人。

初，郃兄侍中鯈[8]，与大将军窦武同谋俱死，故郃与球相结。事未及发，球复以书劝郃曰："公出自宗室，位登台鼎，天下瞻望，社稷[9]镇卫，岂得雷同容容无违而已？今曹节等放纵为害，而久在左右，又公兄侍中受害节等，永乐太后所亲知也。今可表徙卫尉阳球为司隶校尉，以次收节等诛之。政出圣主，天下太平，可翘足而待也。"又，尚书刘纳以正直忤[10]宦官，出为步兵校尉，亦深劝于郃。郃曰："凶竖[11]多耳目，恐事未会，先受其祸。"纳曰："公为国栋梁，倾危不持，焉用彼相邪？"郃许诺，亦结谋阳球。
起初，刘郃的哥哥侍中刘鯈，和大将军窦武一同谋划诛灭宦官，都被宦官杀死，所以刘郃与陈球联合起来共同谋划。事情没有到动手的时候，陈球又写信劝刘郃说："您是宗室的后代，地位在三公之首，被天下的人所敬仰，是国家的卫护者，难道可以随声附和容忍宦官专权不加反对？现在曹节这些人极为放肆成为朝中祸害，况且他们一直在皇上的左右，还有您的哥哥刘鯈也被曹节等人害死，这些都是永乐太后知道的。现在可以上表调卫尉阳球做司隶校尉，依次收捕曹节等人然后杀掉他们。国家的政令重新出自圣明的君主，天下太平，很快就指日可待了。"同时，尚书刘纳因为正直触犯了宦官，降职为步兵校尉，他也对刘郃尽力劝说。刘郃说："凶恶的宦官有很多耳目，只怕事情还未准备好，就先被他们祸害了。"刘纳说："您是国家的栋梁，国家将要倾覆了，您不扶持，还要你这辅助的人干什么呢？"刘郃答应了，也与阳球一同谋划。

球小妻，程璜之女，璜用事于宫中。节等颇得闻知，乃重赂于璜，且胁之。璜惧迫，以球谋告节，节因共白帝曰："郃等常与藩国交通，有恶意。数称永乐声势，受取狼藉[12]。步兵校尉刘纳及永乐少府陈球、卫尉阳球交通书疏，谋议不轨。"帝大怒，策免郃，郃与球及刘纳、阳球皆下狱死。球时年六十二。
陈球的小妾，是程璜的女儿，程璜在皇宫里面做事。曹节等人稍微得知了刘郃与阳球的谋划，就用重金贿赂程璜，并且威胁他。程璜很害怕，又被胁迫，就把陈球的谋划告诉了曹节，于是曹节等人对皇帝说："刘郃这帮人经常与藩国交往互通，图谋不轨。多次宣示永乐太后的声望势力，接受很多的贿赂。步兵校尉刘纳和永乐少府陈球、卫尉阳球交往互通书信，图谋商议犯法作乱。"皇帝大怒，下诏罢免刘郃，刘郃与陈球及刘纳、阳球都被关进了监狱并被处死。陈球当时六十二岁。

⑧鯈：音（tiáo）。
⑨社稷：国家。"社"指土地神，"稷"指农作物之神后稷。古代国家的国君都祭社稷，后来就用"社稷"代指"国家"。
⑩忤：逆，不顺从，触犯。
⑪凶竖：凶险的小人。犹言恶贼。
⑫狼藉：指多而散乱堆积。

人物简析

1. “球到，设方略，期月间，贼虏消散。”从“弦大木为弓，羽矛为矢，引机发之，远射千余步，所杀伤众。”到“贼复激流灌城，球辄于内因地势反决水淹贼”。陈球在与强敌交战时，都能临危不惧，镇定自若，沉着应对；且因地制宜，机敏多变，胸中有韬略，足智多谋，豪爽英武，有卓越的军事才能。
2. “太守分国虎符，受任一邦，岂顾妻子而沮国威重乎？”在下属劝陈球要他把家属送走以避难时，陈球慷慨陈词，义正词严的拒绝建议；并以“复言者斩”严明军纪，负隅顽强，誓死抵抗顽敌，护卫一方疆土。以安抚苍生社稷为己任，有强烈的责任感。
3. “以次收节等诛之。政出圣主，天下太平。”在劝说刘郃时，希望他能以三公之首的尊贵来护卫天下，锄奸去佞，使国内政治清明。一片赤胆忠心，令人钦佩的拳拳爱国之心日月昭著。

考题举隅

1. 对下列句子中加点词语的解释，不正确的一项是（　　）
   A. 桂阳黠贼李研等群聚寇钞　　黠：聪明而狡猾。
   B. 数称永乐声势，受取狼藉　　狼藉：喻行为不检，名声不好。
   C. 尚书刘纳以正直忤宦官　　忤：逆，不顺从，触犯。
   D. 天下瞻望，社稷镇卫　　社稷：国家。
2. 下列句子中，充分表现陈球“卓越的军事才能”的一组句子是（　）
   ①公出自宗室，位登台鼎，天下瞻望，社稷镇卫，岂得雷同容容无违而已？
   ②弦大木为弓，羽矛为矢，引机发之，远射千余步，所杀伤众。
   ③贼复激流灌城，球辄于内因地势反决水淹贼。
   ④受任一邦，岂顾妻子而沮国威重乎。
   ⑤球到，设方略，期月间，贼虏消散。
   ⑥球少涉儒学，善律令。
   A. ①②④　　B. ①⑤⑥　　C. ②③⑤　　D. ③④⑥
3. 下列对原文有关内容的分析和概括，不正确的一项是（　）
   A. 桂阳的贼寇十分嚣张，肆无忌惮聚众抢劫。当地州郡官军怯懦软弱，不能禁止他们。陈球就任零陵太守后，精心制定征讨的方法与策略，一月之间，李研等贼虏就被消灭驱散了。
   B. 州兵朱盖与胡兰一同反叛，合力进攻零陵，陈球集合所有官吏，包括年老体弱的，安弦做成弓，用羽毛制箭，拉动机关发射；又借助地势放水淹贼。保全了零陵，并与度尚一起斩杀了朱盖等人。
   C. 刘郃的哥哥刘儵与大将军窦武因谋划诛灭宦官而被宦官杀死，故陈球联合司徒刘郃、尚书刘纳、卫尉阳球，欲合谋诛灭曹节等宦官，拯救朝政。
   D. 曹节等人对刘郃与阳球的谋划略知一二，就用重金贿赂陈球小妾的父亲程璜，并且威胁他。但程璜并不畏惧，死守住陈球的计划。

写作点拨

典型的选材突出人物的性格特征，细腻的描写使人物形象异常丰满：“弦大木为弓，羽矛为矢，远射千余步，所杀伤众”“球辄于内因地势反决水淹贼”。细节描写突出陈球卓越的军事才能；“岂顾妻子而沮国威重乎？”语言描写突出陈球誓死抵抗顽敌，护卫一方疆土。以安抚苍生社稷为己任，有强烈的责任感。学习用多种方法塑造人物的性格特征。

杨震传

杨震字伯起，弘农华阴人也。震少好学，受《欧阳尚书》于太常桓郁，明经博览，无不穷究①。诸儒为之语曰：“关西孔子杨伯起。”常客居于湖，不答州郡礼命数十年，众人谓之晚暮，而震志愈笃。

杨震字伯起，是弘农华阴人。少年时代就喜欢学习，曾向太常卿桓郁学习《欧阳尚书》，明习经学，博览群书，对学问没有不深究到底的。当时的儒生因此称赞他是“关西的孔子杨伯起。”平常客居在湖城，几十年都不应州郡的征召，人们都说他年纪老了，想出来做官也迟了，而杨震却更加坚定了他的志向。

大将军邓骘闻其贤而辟之，举②茂才，四迁荆州刺史、东莱太守。当之郡，道经昌邑，故所举荆州茂才王密为昌邑令，谒见，至夜怀③金十斤以遗④震。震曰：“故人⑤知君，君不知故人，何也⑥？”密曰：“暮夜无知者。”震曰：“天知，神知，我知，子知。何谓无知！”密愧而出。后转涿郡太守。性公廉⑦，不受私谒。子孙常蔬食步行，故旧长者⑧或⑨欲令为开产业，震不肯，曰：“使后世

大将军邓骘听到他有才能就举荐他，推举他为杰出人才，屡次升迁为荆州刺史、东莱太守。在他上任时，途径昌邑。先前他所举荐的荆州秀才昌邑令王密拜见他，在夜里揣着十斤金赠给他。杨震说：“作为老朋友，我了解你，你却不了解老朋友，这是为什么呢？”王密说：“深更半夜没人知道。”杨震说：“上天知道，神明知道，我知道，你知道。怎么能说没人知道！”王密惭愧地退出客舍。后来他转任涿郡太守。他品行公正廉洁，不接受私人请托。杨震的子孙经常吃素菜，出门步行，亲戚朋友和长辈有人想让他为子孙置办产业，他不答应，说：“让后世称道他们是清白官吏的子孙，把清名留给他们，不也是丰

注释

①穷究：深入钻研。

②举：推荐。

③怀：怀揣。

④遗（wèi）：给予。

⑤故人：老朋友（杨震自称）。

⑥何也：为什么。

⑦公廉：公正廉洁。

⑧故旧长者：老朋友及德高望重的人

⑨或：有的人。

称为清白吏子孙，以此遗之。不亦厚乎！”
厚的遗产吗？”

元初四年，征入为太仆，迁太常。先是博士选举多不以实，震举荐明经名士陈留杨伦等，显传学业，诸儒称之。
元初四年，杨震征召入朝廷为太仆，后来又升为太常。在此之前博士的选拔举荐大多不按实际才华，杨震举荐了通晓经典的名士陈留人杨伦等，使儒学得以彰显承传，为众多的儒生所称道。

延光二年，代刘恺为[10]太尉。帝舅大鸿胪耿宝荐中常侍李闰兄于震，震不从。宝乃自往候震，遂拒不许，宝大恨而去。皇后兄执金吾阎显亦荐所亲厚于震，震又不从。
延光二年，代替刘恺担任太尉。国舅大鸿胪耿宝向杨震举荐中常侍李闰的哥哥，杨震不听从。耿宝就亲自前往拜候杨震，杨震拒绝他没有答应，耿宝恨恨地离开了。皇后的哥哥执金吾阎显也向杨震举荐他亲近的人，杨震又不答应。

丰等复恶之，乃请大将军耿宝奏震大臣不服罪，怀恚望，有诏遣归本郡。震行至城西几阳亭，乃慷慨谓其诸子门人曰：“死者士之常分。吾蒙恩居上司，疾奸臣狡猾而不能诛，恶嬖女[11]倾乱而不能禁，何面目复见日月。身死之日，以杂木为棺，布单被裁足盖形，勿归冢次，勿设祭祠。”因饮鸩[12]而卒，时年七十余。
樊丰等人又憎恶他，就请求大将军耿宝诬奏杨震不服罪，心怀愤恨，皇帝下诏遣送杨震回原籍。杨震走到城西几阳亭，就慷慨激昂地对他的儿子和门生们说：“死是读书人的本分。我承蒙皇恩官居高位，痛恨奸诈狡猾的人却不能惩处他们，厌恶后宫作乱却不能禁止她们，还有什么脸面再见天地日月！我死的那天，用杂木做棺材，用布单薄被盖住尸体，不要埋进祖坟，不要设祠祭祀。”说罢喝毒酒而死，终年七十多岁。

岁余，顺帝即位，樊丰、周广等诛死，震门生虞放、陈翼诣阙[13]追讼震事。朝廷咸[14]称其忠，以礼改葬于华阴潼亭，远近毕[15]至。先[16]葬十余日，有大鸟高丈余，集震丧前，俯仰悲鸣，泪下沾地，葬毕，乃飞去。郡以状上。于是时人立石鸟象于其墓所。
一年多以后，顺帝即位，樊丰，周广等人被处死。杨震的门生虞放，陈翼到朝廷追诉杨震的冤屈。朝廷都称赞杨震的忠臣，于是按照礼仪把杨震改葬在华阴县潼亭，那天远近的人都来了。在改葬前十几天，有高达一丈多的大鸟，停在杨震棺前，俯仰悲鸣，泪下湿地，改葬完后，这只鸟才飞走。弘农郡把情况上报给皇帝。当时人在杨震墓前立了一尊石鸟的雕像。

⑩为：担任。

⑪嬖女：嬖（bì），宠爱，引申为受宠爱的人。嬖女，受宠爱的姬妾。

⑫鸩：传说中的毒鸟，用它的羽毛浸的酒喝了能毒死人。

⑬诣阙：诣，到……去。阙：代指朝庭。

⑭咸：全部，都。

⑮毕：完全，全部。

⑯先：在……之前。

人物简析

1. 杨震“少好学，明经博览，无不穷究”，表明他是个勤奋好学，博学多才，苦心钻研的人。且到老不改其志。以孔子喻他，可见学问至深，至博。
2. “使后世称为清白吏子孙，以此遗之。不亦厚乎”不但体现了他为人奉公职守，清正廉明，更体现他一世英名，教子有方，为儿女留下一笔丰厚的精神财富。
3. “天知，神知，我知，子知。何谓无知！”杨震拒贿的故事中，他并没有因为没有别人看见，就背后偷偷做对不起自己良心的事情；在物质的诱惑面前，没有利欲熏心，而是坚守本心，富贵不淫，表现他为人诚实敦厚，严于自律，不为物累，不贪钱财的高贵品行。
4. “震不从”“震又不从”在职期间，无论是帝舅，还是皇后兄长，想凭借个人关系举荐不才之人，都被杨震拒绝。可见杨震不徇私舞弊，不阿谀讨好，不攀附权贵，而是恪尽职守，不畏强权。
5. “身死之日，以杂木为棺，布单被裁足盖形，勿归冢次，勿设祭祠。”为臣不能尽进忠心，不能惩恶扬善，杨震将其视为是自己的羞耻，于是有了这样的遗训。可见其为国为民的一片赤胆，忠心耿耿。并以死明志，初衷不改。

考题举隅

1. 对下列各句中加横线词的解释，不正确的一项是（　　）

   A. 故所举荆州茂才王密为昌邑令　举：推荐。

   B. 至夜怀金十斤以遗震。　遗：给予。

   C. 远近毕至。　毕：终归；终究；到底。

   D. 因饮鸩而卒　鸩：传说中的毒鸟，用它的羽毛浸的酒喝了能毒死人。

2. 以下句子中，全都表现杨震“不畏强权”品质的一项是（　　）

   ①子孙常蔬食步行，故旧长者或欲令为开产业，震不肯。

   ②震少好学，受《欧阳尚书》于太常桓郁，明经博览，无不穷究。

   ③宝乃自往候震，遂拒不许，宝大恨而去。

   ④常客居于湖，不答州郡礼命数十年，众人谓之晚暮，而震志愈笃。

   ⑤帝舅大鸿胪耿宝荐中常侍李闰兄于震，震不从。

   ⑥皇后兄执金吾阎显亦荐所亲厚于震，震又不从。

A. ①②④　　B. ②③⑤　　C. ③⑤⑥　　D. ①④⑥

3. 下列对原文有关内容的分析和概括，不正确的一项是（　　）

A. 杨震从小是个勤奋好学，博学多才，苦心钻研的人。且到老不改其志。儒生们以孔子喻他，可见学问至深，至博。

B. 杨震举荐了通晓经典的名士陈留人杨伦等，使儒学得以彰显承传，为众多的儒生所称道。

C. 杨震任司徒时，国舅大鸿胪耿宝向杨震举荐中常侍李闰的哥哥，杨震不听从。

D. 杨震的门生虞放、陈翼到朝廷追诉杨震的冤屈。朝廷都称赞杨震的忠臣，于是按照礼仪把杨震改葬在华阴县潼亭。

4. 把文中画横线的句子翻译成现代汉语。

（1）震曰："天知，神知，我知，子知。何谓无知！"密愧而出。

（2）先葬十余日，有大鸟高丈余，集震丧前，俯仰悲鸣，泪下沾地，葬毕，乃飞去。

写作点拨

1. 详略得当的剪裁方法：短文介绍了杨震的学识渊博、富贵不淫、不畏强权、誓死不改其志的性情特征。而记叙的重点却放在杨震拒不受贿和为国为民的一片赤胆忠心上。充分展示了杨震非凡的人格魅力。是我们的效仿学习的榜样。详略得当，中心突出。

2. 材料的积累：在物欲横流的今天，在官二代、富二代炫耀老子天下的时代，杨震选择将高洁的品行留给后世子孙。为当今世人树立了丰碑。是"孟母三迁"教子有方的又一佐证，是孟子"富贵不能淫"的又一论据。

乐恢传

注释

①矜：怜悯，怜惜.

乐恢字伯奇，京兆长陵人也。其父，为县吏，得罪于令，收将杀之。恢年十一，常俯伏寺门，昼夜号泣。令闻而矜[①]之，即解出亲。

乐恢字伯奇，京城长陵人。他的父亲是县里的小吏，得罪了县令，县令拘禁了他并要把他杀死。乐恢当时十一岁，常常伏在官署门前从早到晚号啕大哭。县令听说此事便非常同情他，就放出了他的父亲。

恢长好经学，事博士焦永。永为河东太

长大后，乐恢喜好经学，跟随博士焦永学习。焦永做了河东太守，乐恢跟

守，恢随之官，闭庐精诵，不交人物。后永以
随他到了官府，他闭门精心诵读，不与外界人物交往。后来，焦永因事被审查，他
事被考②，诸弟子皆以通关被系③，恢皦④不污
的弟子们因为替焦永疏通关系被囚禁。乐恢保持自己的清白而没有触犯法律，
于法，遂笃⑤志为名儒。
于是他笃定心志而成为有名的儒生。

后仕⑥本郡吏，太守坐⑦法诛，故人莫敢往，恢
后来在本郡做官，太守因犯法被杀，朋友中没有谁敢前往奔丧，只有乐
独奔丧行服。归，复为功曹，选举不阿⑧，请托无
恢为他服丧。回来后，又做了功曹，推选、举荐从不屈从，别人的请求、托付也
所容。同郡杨政数⑨众毁⑩恢，后举⑪政子为孝廉，
从来没有接受。同郡的杨政多次当众诋毁乐恢，后来乐恢举荐了杨政的儿子做
由是乡里归⑫之。辟⑬司空牟融府，会蜀郡太守第五
了孝廉，从此乡里的人都归附他。被征辟到司空牟融的府中。正赶上蜀郡太守第
伦代融为司空，恢以与伦同郡，不肯留，荐颍川杜
五伦代替牟融做司空，乐恢因为与第五伦是同乡，不肯留下来，在举荐了颍川杜
安而退。诸公多其行，连辟之，遂皆不应。
安之后辞去官职。许多人都称赞他的行为，接连几次征辟他，他都没有答应。

后征拜议郎。会车骑将军窦宪出征匈奴，恢数
乐恢后来被征召做了议郎。正赶上车骑将军窦宪要出征匈奴，乐恢多次
上书谏争，朝廷称其忠。入为尚书仆射。是时河南
上书劝阻，朝廷称道他的忠心。入朝为尚书仆射。当时河南尹王调、洛阳令李阜
尹王调、洛阳令李阜与窦宪厚善，纵舍自由⑭。恢
和窦宪关系密切，放纵家人胡作非为。乐恢弹劾王调、李阜以及司吏校尉。他检
劾⑮奏调、阜，并及司隶校尉。诸所刺举⑯，无所
举指责，从不回避，因而显贵的外戚们就非常厌恶他。窦宪的弟弟夏阳侯窦瑰想
回避，贵戚恶⑰之。宪弟夏阳侯瑰欲往候⑱恢，恢
要问候乐恢，乐恢谢绝了他，不与他交往。窦宪兄弟两个行为放纵，又愤恨乐恢
谢不与通。宪兄弟放纵，而忿⑲其不附己。妻每谏
不依附自己。妻子常常劝谏乐恢说："古人为了保全自身而躲避灾祸，你为什么
恢曰："昔人有容身避害。何必以言取怨⑳？"恢
要用言语来招致别人的怨恨呢？"乐恢慨叹地说："我怎么能够容忍那些尸位素
叹曰："吾何忍素餐立人之朝乎？"遂上疏谏曰：
餐之人立于朝廷之中呢？"于是上书劝谏说："我听说众多帝王的过失，都是由
"臣闻百王之失，皆由权移于下。诸舅不宜干㉑正
于权利下移造成的。国舅们不应该干预王室的事情，以此表明天下是个人的天
王室，以示㉒天下之私。政失不救，其极不测。方
下。政治有了过失，如果不加补救，其结果不可预测。当今应该做的，帝王应以

②考：审察，察考
③系：拘囚。
④皦：清白。
⑤笃：忠实，笃定，一心一意。
⑥仕：做官。
⑦坐：定罪。因……犯罪。
⑧不阿：不屈从，不奉迎。
⑨数：多次。
⑩毁：诽谤，说别人的坏话。
⑪举：推选，推举。
⑫归：归顺，依服。
⑬辟：指君主招徕，授予官职。
⑭纵：放任；不拘束。自由：随心所欲去做事。
⑮劾：揭发罪状。
⑯刺举：检举。
⑰恶：讨厌，憎恨。
⑱候：看望，问好。
⑲忿：生气。
⑳怨：仇恨。
㉑干：干预。
㉒示：表明，把事物拿出来或指出来使别人知道。

㉓乞骸骨：自请退职，意为请求使骸骨归葬故乡。
㉔因是：于是，就。
㉕缞绖：丧服。
㉖庶：众多。
㉗陈：述说，陈述。
㉘除：任命官职。

今之宜，上以义自割，下以谦自引。”书奏不省。
大义为重，断绝这种联系，国舅应以谦逊为主自我引退。”上书没有取得效果。

时窦太后临朝，和帝未亲万机，恢以意不得行，乃
此时，窦太后临朝，和帝没有亲政，乐恢因为主张没有能够施行，于是称病回乡。

称疾乞骸骨[23]。窦宪因是[24]风厉州郡迫胁。恢遂饮药
窦宪因为这一缘故，迅速而又严厉地告知各州郡对乐恢进行逼迫、威胁。于是

死。弟子缞绖[25]挽者数百人，庶[26]众痛伤之。后窦氏
乐恢服毒药而死。穿丧服哀丧的弟子有几百人，广大百姓非常悲痛。后来，窦氏

诛，帝始亲事，恢门生何融等上书陈[27]恢忠节，除[28]
被诛杀，和帝即位，乐恢的门生何融等上书陈述乐恢的忠心、气节，朝廷任命乐

子己为郎中。
恢的儿子乐己为郎中。

人物简析

1. “百善孝为先”因为乐恢的孝顺而勇敢的行为救父亲免于一死；并勤奋笃学，用心专一，更能洁身自好，明哲保身，在老师与同学皆被牵连之时，独保持高尚的操行。
2. 行为磊落，心胸坦荡，刚正不阿，坚守本性，不随波逐流。太守因犯法被杀，朋友中没有谁敢前往奔丧，只有乐恢敢为他服丧。
3. 以大局为重，不计较个人得失，不计前嫌，不公报私仇，为人正直坦荡。同郡的杨政多次当众诋毁乐恢，乐恢却举荐了杨政的儿子做了孝廉一职。
4. 身为臣子，心系天下与国事，以国家社稷的稳定为己任。不攀附权贵，直言敢谏，揭发国舅的过失，遇祸而不避，是一代忠臣的典范。

考题举隅

1. 下列各组句子中，加点词语的意义错误的一项是（　）

   A. 诸公多其行，连辟之　　辟：指君主招来，授予官职。

   B. 恢皦不污于法　　皦：清白。

   C. 窦宪因是风厉州郡迫胁　　因是：于是，就。

   D. 庶众痛伤之　　庶：表示希望发生或出现某事，进行推测；但愿，或许。

2. 下列加点字各组句子意义相同的一项是（　　）

   A. a. 太守坐法诛，故人莫敢往。　　b. 席不正不坐。

   B. a. 连辟之，遂皆不应。　　b. 故患有所不辟也。

   C. a. 宪弟夏阳侯瑰欲往候恢。　　b. 候太公太母起居。

D. a. 恢门生何融等上书陈恢忠节。　　　b. 山肴野蔌，杂然而前陈者，太守宴也。

3. 下列句子分为四组，都以间接描写的手法表现乐恢“性情耿直”性格的一组是（　　）

①后永以事被考，诸弟子皆以通关被系，恢皦不污于法

②故人莫敢往，恢独奔丧行服

③吾何忍素餐立人之朝乎

④宪兄弟放纵，而忿其不附己

⑤诸舅不宜干正王室，以示天下之私

⑥弟子缞绖挽者数百人，庶众痛伤之

A. ①④⑥　　B. ②④⑥　　C. ②③⑥　　D. ①②⑤

4. 下列对原文有关内容的概括和分析，不正确的一项是（　　）

A. 乐恢为人至孝。乐恢十一岁时，他的父亲当县里的小吏，因得罪了县令被拘禁并要将其处死。乐恢在官署门前从早到晚号啕大哭。县令因同情他，就放出了他的父亲。

B. 乐恢在本郡做官时，太守因触犯法律而被杀，出丧时朋友中没有谁敢前往奔丧，乐恢也没有前往。

C. 蜀郡太守第五伦与乐恢是同郡故人，所以当第五伦取代牟融为司空时，乐恢在推荐了杜安之后，坚决请退，表现了他为人正直的一面。

D. 入朝为尚书仆射。当时河南尹王调、洛阳令李阜和窦宪关系密切，放纵家人胡作非为。乐恢上书弹劾他们。显贵的外戚们都非常厌恶他，但乐恢不听妻子的劝阻，最后自己被迫害而死。

5. 翻译下列句子

（1）后永以事被考，诸弟子皆以通关被系，恢皦不污于法，遂笃志为名儒。

（2）臣闻百王之失，皆由权移于下。诸舅不宜干正王室，以示天下之私。政失不救，其极不测。方今之宜，上以义自割，下以谦自引。

何敞传

何敞字文高，扶风平陵人也。其先家[①]于汝阴。

何敞字文高，是扶风平陵人，他的祖辈在汝阴安家。何敞秉性公

敞性公正。自以趣舍不合时务，每请召[②]，常称疾不

正。自己认为自己的取舍与时俗不和，所以每被征召，他都假称有病不

注释

①家：安家。

②召：征召来授予官职或

另有调用。
③殊礼：特别的礼遇。
④过：超过。制：规定。
⑤奏记：古时的一种公文。
⑥赉：赐予，给予。
⑦帑（tǎng）：古代指收藏钱财的府库或钱财。帑藏（zàng），指国库。
⑧寻：推究。
⑨度：限度，限额。
⑩率：模范，楷模，表率。
⑪陈：陈述。
⑫就：归于，归回。
⑬振恤（zhèn xù）：振通赈，即赈济与抚恤的意思，偏重于安抚之意。
⑭黎庶：黎，黎民，起初是奴隶社会中的奴隶身份的劳动者，后来指平民大众。庶，百姓，起初是指奴隶社会中的自由人。黎庶，众民，民众。
⑮用：使用，采纳。
⑯并：一起，共同。邸第：达官贵族的府第。虽：即使。
⑰斗筲：斗筲，指斗与筲，都是容量不大的容器；喻些微；微小。后比喻气量狭小或才识短浅。这里是何敞自谦的说法。
⑱诚：实在。
⑲遽：突然。
⑳所以：所用；用来。
㉑令：美好。
㉒恤：对别人表同情，怜悯。

应。元和中，辟太尉宋由府，由待以殊礼③。司徒袁安亦深敬重之。

应。元和中，被征召任职于太尉宋由府中，宋由用特殊的礼仪待他。司徒袁安也很敬重他。

时窦氏专政，外戚奢侈，赏赐过制④。敞奏记⑤由曰："赏赉⑥过度，至于空竭帑藏⑦，损耗国资。寻⑧公家之用，皆百姓之力。明君赐赉，宜有品制，忠臣受赏，亦应有度⑨。今明公位尊任重，宜先正己以率⑩群下，还所得赐，因陈⑪得失，奏王侯就⑫国，节省浮费，赈恤⑬穷孤，则恩泽下畅，黎庶⑭悦豫，上天聪明，必有立应。"由不能用⑮。

当时窦氏独掌朝政，外戚奢侈浪费，赏赐超过规定。何敞上书给宋由说："赏赐超过限制，使国家收藏钱财的仓库空竭，使国家的资财受损消耗。推究公家的用度，都是百姓的血汗钱。明君赏赐，应该有品级规范，忠臣受赏，也应有限度。现在您地位尊贵责任重大，应该先正己来给群下做表率，送回所得到的赏赐的物品，再趁机陈述得失，奏请王侯回到各自的封国，以节省朝廷开支，赈济穷困孤独的人，那么恩泽施与百姓，百姓高兴，上天听见看到，一定会很快感应。"宋由没有采纳。

窦宪为车骑将军，宪弟笃、景并起邸第⑯，兴造劳役，百姓愁苦。敞上疏谏曰："臣虽斗筲⑰之人，诚⑱窃怀怪，以为笃、景亲近贵臣，当为百僚表仪。今百姓愁苦，县官无用，而遽⑲起大第，崇饰玩好，非所以⑳垂令㉑德也，宜且罢工匠，恤㉒人之困。"书奏不省。

窦宪任车骑将军，他的弟弟窦笃、窦景一起大造府第，征调劳役，使百姓愁苦。何敞上书劝谏说："我虽然是才识短浅的人，实在私下感到奇怪，窦笃、窦景作为亲近显贵的大臣，应当做百官的表率。现在百姓愁苦，官府没有救助施为，反而突然大造府第，崇尚玩好，这不是用来体现美好的品德的啊，应当遣归工匠，体恤人们的困难。"奏章递上了却没有人理会。

后拜为尚书，复上封事曰："昔郑武姜之幸叔段，爱而不教，终至凶戾。由是㉓观之，爱子若此，犹饥而食之以毒，适所以害之也。宪秉三军之重，笃、景总宫卫之权，而虐用百姓，奢侈僭逼㉔，诛戮㉕无罪。今者论议凶凶㉖，咸谓叔段复生于汉。虽知言必夷

后来担任尚书，又上书劝谏说："过去郑武姜宠爱共叔段，宠爱却不教诲，最终铸成大错。由此看来，像这样爱儿子，好比在他饥饿时拿有毒的食物给他吃，恰恰是用来害他的啊。窦宪掌握三军的重任，窦笃、窦景总管宫中护卫的大权，而虐用百姓，过分奢侈在您之上。诛杀无罪的人。现在人们议论纷纷，都说共叔段又在汉室再生了。即使知道劝谏一定会有杀身之祸，但是我还要冒死进

灭，而冒死自尽者，诚不忍目见其祸而怀默苟全。”
谏，是因为实在不忍心看见他们有祸患却沉默不语来苟且保全自己的生命啊。”

敞数切谏，言诸窦罪过，宪等深怨之。时济南王康尊贵骄甚，宪乃白[27]出敞为济南太傅。岁余迁汝南太守。敞疾文俗吏以苛刻求当时名誉，故在职以宽和为政。及举冤狱，以《春秋》义断之。是以郡中无怨声，百姓化其恩礼。其出居者，皆归养其父母，推财相让者二百许人。又修理鲖阳旧渠，百姓赖其利，垦田增三万余顷。吏人共刻石，颂敞功德。

何敞多次极力劝谏，诉说窦氏兄弟的罪过，窦宪等人深深怨恨他。当时济南王刘康尊贵骄横无度，窦宪就奏请让何敞出京担任济南太傅。一年多后升任汝南太守。何敞憎恶那些俗吏用苛刻的政法来求得一时的名声，所以在太守任上以宽厚和善为政。每到勘察冤狱疑案，就用《春秋》的道义判断。因此郡中的人没有怨恨，百姓被他的恩礼感化。凡是跟与父母分居的人，都回去赡养他们的父母，互相退让财务的有二百多人。又整修鲖阳旧渠，百姓靠它获得好处，垦田增加三万余顷。官吏百姓一起刻石碑来歌颂何敞的功德。

㉓由是：凭借。
㉔僭（jiàn）：超越本分，古代指地位在下的冒用在上的名义或礼仪、器物。逼：强迫，威胁。僭逼：越分胁迫君上。
㉕诛戮：杀害；杀戮。
㉖凶凶：喧扰。
㉗白：禀告。

人物简析

1. 认为自己的价值取舍与当时社会的时俗相左时，就假称有病来推脱每次的征召。体现何敞秉性公义，为人正直，严于律己；遗世独立，不愿改变自己的本心去迎合世俗；不贪图名利，不随波逐流，宁做布衣百姓，也不做蝇营狗苟的势利小人。
2. 心系社稷百姓，直言勇谏是选文中何敞最明显的性格特征之一。窦氏独掌朝政，外戚奢侈浪费，赏赐超过规定时，何敞义正词严，慷慨陈词；窦宪的弟弟窦笃、窦景一起大造府第，征调劳役，使百姓愁苦时，何敞更是义愤填膺，极力劝阻；窦笃、窦景虐用百姓，过分奢侈，诛杀无罪的人时，何敞更是冒杀身之祸，誓死劝谏。肝胆赤诚之心不改。
3. 何敞以宽厚和善为政，用《春秋》之义审度疑案，更用恩惠和礼仪教化百姓。大孝之风气盛行，人们都守礼谦恭。判案守法度，教化百姓有厉行。是百姓的衣食父母，难怪百姓用刻石头来歌颂他的功德。

考题举隅

1. 对下列句子中加点词的解释，不正确的一项是（　　）

A. 赏赉过度，至于空竭帑藏　　帑：古代指收藏钱财的府库或钱财。

B. 诚窃怀怪，以为笃、景亲近贵臣　　诚：实在。

C. 宪弟笃、景并起邸第　　　　　　　　并：一起，共同。

D非所以垂令德也　　　　　　　　　　所以：所作，所为。

2. 下列各组加点字的意思相同的一项是(　　)

A. a. 寻公家之用，皆百姓之力　　　　b. 寻病终，后遂无问津者

B. a. 今明公位尊任重，宜先正己以率群下　b. 牡丹之爱，宜乎众矣

C. a. 宪乃白出敞为济南太傅　　　　　b. 雾凇沆砀，天与云与山与水，上下一白

D. a. 敞疾文俗吏以苛刻求当时名誉　　b. 君有疾在腠理，不治将恐深

3. 下列对原文有关内容的分析和概括，不正确的一项是(　　)

A. 何敞秉性公正。自己认为自己的取舍与时俗不和，所以每被征召，他都假称有病不应。宋由和司徒袁安都很敬重他。

B. 窦宪的弟弟窦笃、窦景一起大造府第，征调劳役，使百姓愁苦时，何敞更是义愤填膺，极力劝阻；窦笃、窦景虐用百姓，过分奢侈，诛杀无罪的人时，何敞更是冒杀身之祸，誓死劝谏。

C. 窦氏独掌朝政，外戚奢侈浪费，当时的赏赐超过规定，何敞义正词严，慷慨陈词地劝说。上书给宋由，希望他能施恩于百姓。宋由采纳了他的意见。

D. 何敞多次诉说窦氏兄弟的罪过，窦宪等人深深怨恨他。为了报复何敞，窦宪就奏请让何敞出京担任济南太傅，当时济南王刘康尊贵骄横无度。一年多后何敞在太守任上以宽厚和善为政。百姓都被他的恩礼感化。

4. 翻译下列两组句子。

(1) 虽知言必夷灭，而冒死自尽者，诚不忍目见其祸而怀默苟全。

(2) 是以郡中无怨声，百姓化其恩礼。其出居者，皆归养其父母，推财相让者二百许人。

写作点拨

从选文中可以学习到的写法是通过语言描写塑造人物形象："节省浮费，赈恤穷孤""宜且罢工匠，恤人之困"一片赤诚的爱民之心；"虽知言必夷灭，而冒死自尽者"嫉恶如仇，以社稷苍生为己任的强烈的责任感。使我们不但看到了一个忠心耿耿的臣子的形象；也领略了一个有匹夫之责的民子的风采。生动形象的语言描写使人物形象跃跃欲飞有凌空之感。

参考答案

光武皇帝本纪

1. A（咎：过失） 2. D 3. D 4. 见译文

和熹邓皇后纪

1. A（喜爱，爱惜） 2. B（意思分别是：不是和反对、责怪）

3. （1）邓绥不愿违背母亲的话，白天学习做针线家务，晚上就诵读经典书籍。

（2）她亲手写好谢恩的奏书，深深陈述自己德行菲薄，不能胜任皇后之位。

杜诗传

1. A（诚：如果，果真） 2. D

3. （1）他生活节俭，施政清廉公平，以诛杀强暴树立威信，他还擅长计划谋略，顾恤和爱惜服劳役的百姓。

（2）正值陛下创立大业，贤良能干的人都在外打仗，朝廷里人才缺乏之际，特殊地受到极大恩宠。

寇恂传

1. A（徇：掠取地盘。） 2. D

3. （1）现在河内拥有黄河的险固，人口众多，北边通往上党，南边临近洛阳。

（2）过去蔺相如不怕秦王却对廉颇委曲求全，是为了国家。小小的赵国，尚且有这样的重义之人，我怎么可以忘记这种大义呢？

李通传

1. C（加上，加重） 2. D 3. D

4. （1）李通一向有消渴病，推托病重不理政事，连年请求退休，光武每每对他更加恩宠。

（2）李通胸怀像伊尹、吕尚一样的谋略，制定大计，扶持您成就帝业，为国家毁了宗族，事奉君主不顾自身，有扶助危难、兴灭继绝的大义。

邓禹传

1. B（屈：通“崛”。） 2. D

3. (1)(我)只希望明公的威望和恩德广施天下，我能够为您尽一点力，在史书上流传功名罢了。

(2)有子女十三人，让他们各掌握一门技艺。他整治门庭，教养子孙，都可以成为后世的楷模。

曹褒传

1. D（时：那时，当时。）

2. ④(1. 复：又。2. 复：回来。)

3. C(见原文)

郑玄传

1. D(通人：学识渊博，博古通通今的人。)

2. 略(见原文)

张霸传

1. C(副：符合。)　2. 答案见译文。

丁鸿传

1. B　2. D(贤：尊重，赏识。)　3. 略

法雄传

1. C(善：认为是好的。)　2. C　3. 答案见译文。

刘平传

1. C(属：刚才。)　2. B　3. 答案见原文

班固传

1. A(除：任命，授职。)　2. D　3. B

第五伦传

1. A　2. 答案见译文。

钟离意传

1. D(怪：奇怪)　2. C　3. 答案参考译文。

宋均传

1. D(挠：屈服)　2. D　3. 见译文。

寒朗传

1. D　2. A　3. 答案参考译文

朱晖传

1. 选C. 市：买。　2. 选D.

3. 选D. 显宗帝听说了这件事，认为朱晖是个勇敢的人，任命朱晖做了卫士令。

4. (1) 强盗们看他年幼，佩服他的胆略，笑着说："小孩子收回刀吧。"于是放弃了掠夺离开了。

(2) 朱晖说："以前阮大人有求于我，我之所以不接受他的要求，实在是怕因财务玷辱了大人的美好名声。现在送奴婢给他家，是要表明自己当初那样做，并不是舍不得。"

朱穆传

1. D　2. D　3. 选B.（交通：勾结，贬义。）

4. 选D（素：平素，往常。　A. a. 勾结，贬义。b. 交错相通。　B. a. 清除，去掉。 b. 拜受官位。C. a. 停止。 b. 居住。）

5. 选C. 梁冀没有怪罪于他。

张禹传

1. D（居住）

2. D（A表转折的连词/表承接的连词；B代词，"他"/助词；C介词，"凭借……身份"/介词，"用"；D都是副词，"于是"）

3. 选D. 幸：指封建帝王到达某地。

4. 选C. 时间不对。正确的时间是"元和三年，张禹升为下邳国相时的所作所为。"

5. 选C.

袁安传

1. C（批复）　2. A

3. (1) 如果有不符合实情的，我自当承担罪责，不会因此连累你们。

(2) 不应该对戎狄失信，放俘虏回去足以显示我们中原的优待和宽容，又使边境百姓得到安定，确实是有利的。

冯鲂传

1. B（保全）

2. （1）（冯鲂）治理敢于杀伐决断，凭借威严信誉著称。

（2）冯鲂性格矜持、严肃、公正，在职屡次进献忠言，大多数被采用。

郑弘传

1. A　2. C

3. 答案参考译文。

樊宏传

1. C　2. D

3. （1）但过了几年，（成材了的梓树和漆树）都派上了用场，先前嘲笑过他的人都向他借用（梓木、油漆）。

（2）樊宏向来行善，而且现在如此礼待我们，我们怎能忍心去攻打他呢？

鲍永传

1. B（诣：到）

2. C（遂：于是，就。A中“为”：介词，向、对/动词，写；B中“乃”：才/竟然；D中“而”：表承接/表假设）

3. 答案参考译文。

桓谭传

1. B　2. A

3. （1）译文：刑罚不能施于无罪之人，邪恶不正的人不能战胜正直之士。

（2）译文：君侯您凭借身为皇后父亲的尊贵而广泛结交宾客，一定会招致非议。

王丹传

1. C（视事：到任工作）

2. （1）其有遭丧忧者/辄待丹为办/乡邻以为常/行之十余年/其化大洽/风俗以笃。

3. （1）那位门客又羞惭又害怕地跟王丹断绝了关系，而王丹一直没说什么。

（2）家父想跟您结交，你为什么拜谢我？

卓茂传

1. C（辟：屏退。根据上下文语意推断，卓茂并没有“躲避”的意思，只是不愿扩大知情的范围。）

2. C（A项 为：表示判断，是。B项 乃：于是。C项①诚：的确，确实；②诚：假如，如果。D项 独：唯独。）

3. 答案参考译文。

鲁恭传

1. C （“雏”在这里用作动词，应解释为“孵雏”。）

2. 答案参考译文。

刘宽传

1. D（应为气量，胸襟。）

2. D（结构助词，用于定语与中心词之间，相当于“的”。A①人称代词表单数，相当于“他”。②人称代词，表复数，相当于“他们”。B①连词，表示顺承关系，相当于“就”。②连词，表示递进关系，相当于“而且”。C①用在动词“刑罪"之前，构成“所”字结构。②表示被动。）

3.①刘宽什么也没说，卸下驾车的牛交给失牛的人，自己步行而归。

②用刑罚来整治百姓，百姓就会只求逃避刑罚而没有了羞耻之心。

马援传

1. B（A项“与”，“参与”，C项“拜”，授予官职，D项“烈士”，“有抱负、有操守、建功立业的男子”。）

2. （1）马援曾经对宾客说：“男子汉立志，处境愈困窘，意志愈更坚定；年纪虽老，而志气更加豪壮。”

（2）如果豪强侵吞百姓，狡猾的羌人打算闹事，这才是我太守该管的事。

3. D

窦融传

1. D （寇：侵犯） 2. B 3. 答案参考译文

吴汉传

1. C 2. A

3. （1）时节、时候 （2）逼近、接近 （3）全、都 （4）有的人

陈俊传

1. B 2. D 3. 见翻译

耿弇传

1. C　2. D　3. 见译文

祭遵传

1. B（坚，使……坚）　2. D　3. B（非治罪杀死）

铫期传

1. C　2. A　3. 见译文

李忠传

1. A（带：给……系上。）　2. D　3. B

任光传

1. C（即：立刻，马上。）　2. 见译文

王霸传

1. D（壁：军营。）　2. C　3. 见译文

耿纯传

1. B　2. B　3. 见译文

邳彤传

1. C（捐：抛弃。）　2. B　3. 见译文

杜林传

1. B（使……成为臣子）　2. 见译文

梁鸿传

1. 举案齐眉，指送饭时把托盘托得跟眉毛一样高。后形容夫妻互相尊敬。

2. 选B

3. 选A（居住。B. 坐。C. 处在，处于。D. 治理，安置。）

4. （1）常听先生想隐居避患，为何现在还不行动？难道如此苟且偷生？

（2）每当打工回来，妻子就准备好食物，从不敢在梁鸿面前直接仰视，把盛食物的托盘举得跟眉毛一样高。

5. 邻家耆老见鸿非恒人/乃共责让主人/而称鸿长者/于是始敬异焉/悉还其豕/鸿不受而去/归乡里。

吴祐传

1. 选A（逾：越过，经过。）

2. 民有争诉者，辄闭门自责，然后断其讼，以道譬之。或身到闾里，重相和解。

3. （1）父亲想烤竹简刻经书，吴祐劝道："现在父亲越过五岭，远在海边，这里风俗简陋，但旧时有许多珠宝珍奇，上被国家猜疑，下被诸侯寄望。如果把书写成，恐怕要用两辆车来载运。从前马援因为运回薏苡招致毁谤，这是容易让人产生嫌疑的事情，前代的贤人对此也是十分慎重的。"吴恢于是就不写书了。

（2）吴祐斥退左右，询问缘由，孙性如实把父亲的话说了。吴祐让他回去感谢父亲，并把他的衣服送给他的父亲。

4. 民有争诉者/辄闭门自责/然后断其讼/以道譬之/或身到闾里/重相和解。

张奂传

1. B（相率：相继。）

2. （1）张奂都接受了，然后便命主簿召集羌族各部前来，他举起酒杯将酒倒在地上说："即使马像羊一样多，我也不会把它收入马棚里；即使金器像谷粒一样多，我也不会把它收入怀中。"于是他把金器、马匹全都还给他们。

（2）张奂年轻时立下志向，曾对朋友说："大丈夫活在世上，一定要为国家在边境建功立业。"

3. 其俗多妖忌/凡二月五月产子及与父母同月生者/悉杀之/奂示以义方/严加赏罚/风俗遂改/百姓生为立祠/

王涣传

1. 选C（简：选拔。）

2. （1）对那些长期争讼的冤案疑案，而历任官府所不能判决、按法律情理又难以公平论定的案件，王涣没有一件不弄清真伪，消除大家的疑惑的。同时他还用巧妙的办法，多次揭发和暴露隐秘的坏人坏事。京城的人都称颂叹服他，认为王涣有神仙一样的智慧和妙算。

（2）官吏问他们这样做的缘故，老百姓全都说平常运米到洛阳，被士卒衙门所盘剥，经常要损失一半，自从王涣任洛阳县令，不再有官吏掠夺侵扰的事情了，所以来祭奠以报答他的恩情。

3. 宠顿首谢曰/臣任功曹王涣/以简贤选能/主簿镡显/拾遗补阙/臣奉宣诏书而已/帝大

悦/涣由此显名

5. 知错能改的例子：

(1)美国总统华盛顿小时候，父亲给他一把小斧子，他想试一下，就用它砍倒了父亲果园的一颗小樱桃树，那是一颗名贵的树，在父亲大怒时，他还是承认错误。最终成了美国历史上的第一位总统。

(2)李世民与魏征的故事。有一次，李世民在后宫玩鸟（部下刚刚送来的一只很名贵的鸟），刚好魏征来了，看到皇帝在玩鸟不高兴了，就与他说了很多话。而李世民见魏征来了赶紧把鸟塞进衣袖里，导致最后鸟被憋死了。魏征就说："皇上呀，现在是困难时期，我们应该艰苦奋斗，而不是享乐的时候！"李世民以后也就再也没弄过名花异草了，而专心政事，从而出现了"贞观之治"！

赵岐传

1. 选D（被：被子。）

2. 选D（赵岐没有推迟，出任为太常。）

3. (1)秘密地问赵岐说："我看你不是卖饼的人，我一问脸色就变了，没有很深的怨恨，就是在逃命吧？我是北海孙宾石，全家上百口人，势必能够相救。"

(2)他嘱托儿子说："我死之日，在墓穴中聚沙为床，用布衿为席，给我穿上白衣，头发披散席上，再用单被盖起来。当天下葬，下葬完毕就埋。"

4. 岐素闻嵩名/即以实告之/遂以俱归/嵩先入白母曰/出行/乃得死友/迎入上堂/飨之极欢/藏岐复壁中数年/岐作《厄屯歌》二十三章

应奉传

1. (1)备：周全，详细。(2)堪：能，可以，足以。(3)见：助词，表示被动或对我如何。被。(4)愍（mǐn）：怜悯；哀怜。

2 选B（A. a录：收录。b. 录：抄写。B. 拜：授与官职；任命。C. a.见：被。b.见：看见。D. a.备：周全，详细。b.备：准备。）

3. 选D（最后选立了窦皇后。）

4. (1)应奉自幼十分聪颖，从小到大，只要经历和看到过的事情，没有不熟记于心的。他读书能同时一目五行。

(2)等到回到郡衙时，太守详细的询问（囚徒的情况）。应奉口述罪犯姓名，所犯罪责的轻重，没有遗漏不实的地方，当时的人们非常惊奇于他的超强的记忆力。写有《汉书后续》，记载了许多的事情。

5. 及还/太守备问之/奉口说罪系姓名/坐状轻重/无所遣脱/时人奇之/著《汉书后序》/多所述载/

6. 奉少聪明，自为童儿及长，凡所经履，莫不暗记。

陈蕃传

1. 选B（县：悬的古字。悬挂。）

2. 选B

3. 陈蕃写信责备他们说：“古代的人树立节操，侍奉死去的君主的态度如同他还活着一样。现在皇嗣还没有确立，政事日益紧迫，诸君为什么抛弃国家的苦难不管，而在家里躺着休息呢？”

4. 他要“扫除天下的坏人坏事、不良风气，澄清世道”。启示：人的精力有限，成大事者不拘小节。人不可能把所有事情都做好，如果把精力都放在鸡毛蒜皮的小事上，则很难在重要的事情上有所作为。

范式传

1. 选D（寻：顷刻，不久。）

2. 选D（刚知道此事时他母亲怀疑范式不会记得此事，不会如约而至。后来经过张元伯劝说才相信。）

3. （1）于是两人共约定日期。后来约定的日子刚好快到了，张元伯将这件事的详细情况告诉了他母亲，请母亲准备好的酒饭等待范式的到来。

（2）范式忽然梦见元伯戴黑冠，挂冠缨，拖着鞋子，呼道：“巨卿，我已某日死，当按时下葬，永归黄泉。您如果没有忘记我的话，能不能赶在我下葬时来看我？”

4. 式忽梦见元伯玄冕垂缨屣履而呼曰/巨卿/吾以某日死/当以尔时葬/永归黄泉/子未我忘/岂能相及

5. 八拜之交：管鲍之交、知音之交、刎颈之交、舍命之交、胶漆之交、鸡黍之交、忘年之交、生死之交。

（1）管鲍之交——管仲和鲍叔牙　　（2）知音之交——伯牙和钟子期

（3）刎颈之交——廉颇和蔺相如　　（4）舍命之交——角哀和伯桃

（5）胶漆之交——陈重和雷义　　（6）鸡黍之交——张元伯和范巨卿

（7）忘年之交——孔融和祢衡　　（8）生死之交——刘备、张飞和关羽

郭伋传

1. 选B（“卒：” 是通假字。通“猝”，一下子。）
2. 选D（①“帝以卢芳据北土，乃调伋为并州牧”说郭伋在王莽时的仕宦情况；②遂止于野亭，须期乃入。言郭伋为人诚信，不失信于人。③“以充其家，伋辄散与宗亲九族，无所遗余”说郭伋不贪钱财，广恩好施。）
3. 选B（此句体现郭伋不贪钱财。）
4. （1）巡视后返回，比预计日期提前一天，郭伋不想失信于儿童们，于是在野外亭中留宿，等到了约定日期才进城。
（2）建武二十二年，被征召为太中大夫，并赐给他一栋宅地，以及帷帐钱谷，用以充实他的家用，郭伋总是分送给同族亲戚，一点也不保留。
5. 始至行部/到西河美稷/有童儿数百/各骑竹马/道次迎拜/伋问/儿曹何自远来/对曰/闻使君到/喜/故来奉迎

郭太传

1. 选B（荷：（hè）动词。用肩扛或担；背负。）
2. （1）第二天早上，茅容杀鸡做饭食，林宗以为是为自己安排的，茅蓉把鸡肉给他的母亲吃，自己拿粗劣的食物和客人一起吃饭。郭林宗起身向他行礼道：“您真贤良啊！”于是勉励他让他求学。终究因此成就了品德。
（2）过去颜涿聚是梁甫地方的大强盗，段干木是晋国的市场大经纪人，终于分别成为齐国的忠臣和魏国的名贤士。蘧瑗、颜回尚且不能没有过失，何况其他人呢？千万不要恼怒怨恨，找出自身的过失改正就可以了。
3. 林宗见而问其意/对曰/甑以破矣/视之何益/林宗以此异之/因劝令游学

周纡传

1. 选B（官吏初到任。）
2. （1）上任后，他告知官吏百姓：“朝廷不认为我不贤能，让我管理百姓，而我天生仇恨狡诈奸猾的官吏，立志除掉豪强盗贼，希望你们不要以身试法！”
（2）臣听说臧文仲侍奉国君，见到对国君合礼的人，侍奉他就像孝子侍奉父母一样；见到对国君无礼的人，诛杀他就像鹰鹯追逐鸟雀一样。
3. 选C（①表现他的雷厉风行，行为果断；④表现他的嫉恶如仇，不畏强权。⑥表现其视死如归，遇祸不避。）

4. 乃密问守门人曰/悉谁载藁入城者/门者对/唯有廷掾耳/又问铃下/外颇有疑令与死人语者不/对曰/廷掾疑君/乃收廷掾考问/具服/不杀人/取道边死人/后人莫敢欺者

孔奋传

1. 选B(感：被……感动。)

2(1) 当时天下纷扰混乱，唯有河西地区较安定，姑臧被人们称为富县。这里与羌胡通商贸易，每天有四次集市。每一任县官，没有几个月便都富裕起来。孔奋任职四年，财产却一点没有增加。

(2) 陇西和蜀地被平定后，河西地区的太守、县令都被征召入京，官员的财物一车连着一车，布满了山川。只有孔奋没有资财，乘一辆空车上路。

3. 选A。(刘歆说这句话是表达对孔奋的学识与智慧的肯定与赞赏。)

4. 遂相赋敛牛/马/器物千万以上/追送数百里/奋谢之而已/一无所受/既至京师/除武都郡丞

孔融传

1. A. 造：到，去。B. 累世：世世代代。C. 惠：古同“慧”，聪明。D. 悴：忧伤。

2. (1) 孔融说：“是的。先人孔子与您先人李老君同德同义，又为师友关系。那么，我孔融与您为世交了。”在座的人，没有人不为之赞叹。

(2) 左右的人说：“父亲被逮捕而不起身，这是为什么呢？”答说：“哪里有巢穴被毁坏了卵不被破坏的呢？”

3. 以子之矛攻子之盾，逆向反推，假定对方的命题成立而且又肯定我方的命题正确：用陈炜现在“不佳”，应用陈炜“人小而聪了，大未必奇”的理论，来反推出小时候了。

4. “观君所言，将不早惠乎！”面对别人的有意刁难，镇定自若，能言巧辩，机智聪慧。“性好学，博涉多该览”博览好学，“丧父，哀悴过毁，扶而后起”恪守孝道，“保纳舍藏者，融也，当坐之”勇于担当责任，临危不惧，“若死者有知，得见父母，岂非至愿！延颈就刑，颜色不变”教子有方。

5. 孔文举现在很聪明，长大以后未必有什么过人之处。陈炜你现在真的很一般，只是个平庸之人罢了。

班超传

1. 选D(会：聚，召集。)

2. 选D（耻：耻笑。A、B、C中的耻是“以……为耻”。）

3. （1）班超说：“不进入猛虎洞穴，便不能捕获虎仔。现在的办法是，只有趁着黑夜用火攻击匈奴，使他们不知我们人数究竟有多少，肯定极为惊恐，可趁机将他们一举消灭掉。如果消灭了这些匈奴，那么鄯善全国也都吓破了肝胆，而我们大功铸成、大事确立了。”

（2）班超怒吼说：“是凶是吉全在于今日一举。郭从事是个拘守礼法、安于习俗的官吏，听到这些肯定会惊恐万分而将我们的谋划泄露出去，会让我们死得不明不白，这不是壮士的所作所为了！”

4. 久劳苦/尝辍业投笔叹曰/大丈夫无它志略/犹当效傅介子/张骞立功异域/以取封侯/安能久事笔研间乎

华佗传

1. 选C（差：（chài），同“瘥”，病愈。）

2. （1）病患如果在肠中，就割除肠子病变部分，洗净伤口和易感染部分，然后缝好腹部刀口，用药膏敷上，四五天后，病就好了，不再疼痛。开刀时，病人自己并不感到疼痛，一个月之内，伤口便愈合复原了。

（2）华佗听到病人的呻吟声，就停车去诊视，告诉他们说：“刚才我来的路边上有家卖饼的，有蒜泥和大醋，你向店主买三升来吃，病痛自然会好。”

3. （1）对症下药。针对病症用药。比喻善于区别不同的情况，正确地处理各种问题。即针对事物的问题所在，采取有效的措施。

近义词：有的放矢 因地制宜　　反义词：无的放矢 举措失当

（2）（启示）因问题产生的背景和根源各有不同，不能采取千篇一律解决的方式。应该根据存在问题的症结，采取针对性强的措施，才能达到“药到病除”的效果。要因地制宜，学会灵活变通，不可一意孤行。

李膺传

1. 选D.　2. 选C.

3. 选B（樊陵后来凭着阿谀攀附宦官，官位达到太尉，被有节操的人看作是羞耻的事情。）

4. （1）李膺回答说："从前晋文公擒获卫成公回到京师，孔子在《春秋》中认为这样做是对的。《礼》说诸侯贵族有罪，即使国君说要宽恕他，但主管官员依照法律也不肯服从的。从前孔子做鲁国的司寇，上任七天就杀了少正卯。今天我到任已经十多天了，我怕办案迟延而有罪，不料却因办案太快而被皇上指责。我确实知道自己有罪，即使去死也不会犹豫。但希望能乞求皇上宽限五天，等我把元凶除掉，即使被放入大鼎煮了也不后悔。这也是我平生的愿望呀。”

(2) 李膺回答说：“有事不避危难，有罪不逃刑罚，这是臣子的节操。我已经六十岁了，死生有命运的安排，逃走将到哪里去呢？”于是就去了奉诏监禁犯人的监狱。

杜乔传

1. 选D（妻子：妻子和儿女。）
2. 选A（杜乔没有因为陈留太守梁让与大将军梁冀有亲属关系，而勇于揭发了他的收受贿赂的行为。）
3. (1)“我听说古代的明君，奖罚一定要凭功过；末世的昏君，诛赏各自依照自己的私心。现在梁氏一门，是地位低下的宦官之后，没有任何功勋，却一齐带上立功的绶带，同时分得功臣的土地，他们的行为错杂不当，放纵无度，怎么能够说得尽！有功者得不到奖赏，做善事的失掉了自己美好的期望；奸诈者得不到应有的谴责，问罪，做坏事的便放纵自己的恶行。”

   (2) 开始是李固无故被废，朝廷内外十分丧气，各位大臣侧身而立，不敢正视梁冀，只有杜乔面不改色地直视，没有一点屈服。
4. 明日冀遣骑至其门/不闻哭者/遂白执系之/死狱中/妻/子归故郡/与李固俱暴尸于城北/家属故人莫敢视者

陈寔传

1. 选D [遗：(wèi) 给予；馈赠。]
2. 例句与C项都是“被”的意思。(A. 认为，以为。B. 种植，营作。D. 做。)
3. 选C（陈寔说此话是给梁上盗贼重新改过自信的机会。）
4. (1) 而有志向好好学习，一有空就坐下来学习。县令邓邵试着和他说话，很惊奇他的学识，就让他入太学深造。

   (2) 陈寔暗地发现了，就起来整顿衣服，把子孙们都叫进来严肃地训话说：“人不可以不自我勉励。不善良的人不一定本性是坏的，只是习惯成为习性，于是到了这样的地步。梁上君子就是这样的人！”
5. 陈寔的做法给我们的启示：

1. 为人处事时要学会宽容别人和尊重别人。哪怕对方犯了错误也要给对方改过自新的机会与足够的尊重，尊严。

2. 对待别人犯的错误不应该一味地责罚，而应因人而异，因地制宜，用更适宜的方法与方式，帮助其从错误中走出来。

5. 突徐譬之曰/视君状貌/不似恶人/宜深克己反善/然此当由贫困/令遗绢二匹/自是一县无复盗窃

蔡邕传

1. 选C（坐：定罪，由……而获罪。）

2. （1）我刚才弹琴时，看见螳螂爬向一只正在鸣叫的蝉，蝉将要离开却没有飞起，螳螂为之进退不停。我内心很紧张，只是希望螳螂抓不到它啊。这难道就是产生杀心并且在琴声中流露出来的原因吗。

（2）善人是国家的楷模，史著是国家的经典。毁灭楷模，废除经典，国家难道能够长久？

3. 选C王允最终还是将蔡邕杀害。

4. （1）卓文君：汉代才女，善鼓琴，貌美如花。丧夫后许多名流向她求婚，家中富贵的卓文君却看中了穷书生司马相如，并且夫唱妇随。而司马相在得卓文君后也终得成名天下。不但博学多才，而且德行昭著。

（2）李清照：南宋杰出女文学家，以词著名，兼工诗文。与太学生赵明诚结婚后一同研究金石书画，过着幸福美好的生活。后来赵明诚病死，她独自漂流在杭州、越州、金华一带，在凄苦孤寂中度过了晚年。李清照文辞绝妙，前无古人，后无来者，被尊为婉约宗主。

（3）班昭：又名姬，家学渊源，是一位博学多才，品德俱优的中国古代女性，她既是位史学家，也是位文学家，还是位政治家。曾帮其兄班固修与《史记》齐名的《汉书》，也曾以其文采打动皇帝，使哥哥班超回归洛阳。班昭年逾古稀而逝，皇太后为她素服举哀。

张衡传

1. 选D（下车：官员初到任。）

2. （1）这个地动仪是用纯铜铸造的，直径有8尺，上下两部分相合盖住，中央凸起，样子像个大酒樽。外面用篆体文字和山、龟、鸟、兽的图案装饰。

(2) 有一次一条龙的机关发动了，可是洛阳并没有感到地震，京城的学者都奇怪它这次没有应验。几天后，驿站上传送文书的人来了，证明果然在陇西地区发生地震，大家这才都叹服地动仪的绝妙。

3. 选择(1)(3)(4)。而(2)(5)(6)是表现才能非凡的句子。

马融传

1. 选A(就：到，从事，开始进入。)

2. 选D("四年拜为校书郎中"和"何遽不为福"中"为"的意思：成为。A. 为：做。B. 为：是。C. 为：治理。)

3. (1) 起初，京城的挚恂用儒术教授生徒，在南山隐居，不答应朝廷征召聘任，在关西一带名气很大，马融跟着他游学，学识渊博精通儒学经典。挚恂认为马融有奇才，就把女儿嫁给了他。

(2) 马融陷入饥饿困苦后，就后悔起来，对他的朋友说："古人有这样的话：'左手拿着天下地图，右手割断自己的喉管，这是愚蠢的人都不做的事情。'之所以这样的原因，是生命比天下要宝贵。现在为了怕乡曲之士耻笑，使无价的身体受到摧残，这不符合老庄的道理。"

4. 选C(马融上了一篇《东巡颂》，而不是《广成颂》。)

5. 融才高博洽/尝欲训《左氏春秋》/及见贾逵/郑众注/乃曰/贾君精而不博/郑君博而不精/既精既博/吾何加焉/

傅燮传

1. 选C(市：市集，市场。)

2. 选D(A. 恰逢，正赶上/应当，一定　B. 考虑/哀怜，可怜　C. 私自，暗中/偷　D. 改变)

3. 选B

4. 选C(所以没有治他的罪，但最终亦没有给他封赏。)

5. (1) 因为忠臣和奸臣不适宜共处一国，也就如同冰炭不能放在同一器物中。他们一旦知道忠臣的功名显赫，自己危险的征兆出现了，就会用花言巧语哄骗皇帝，共同助长虚伪之风。

(2) 崔烈身为宰相，不考虑为国家消除灾祸的策略，竟然想要割让一个地方上万里的疆土，我私下里对此迷惑不解。如果让西羌人得以住在这一地方，兵强马壮，乘机作乱，就会成为国家最大的隐患。

虞诩传

1. 选D（案：查办。）

2. 选B ③表现其心系天下；④侧面表现其以孝之天下；⑥体现其不畏强权。

3. 选A.（虞诩二十岁时，能通晓尚书。）

4. （1）虞诩回答："敌人众多，我们兵少。走得慢了容易被追上，快速行进他们就难以知道我们的底细。敌人看到我们的灶每天都增加，一定会认为是援兵来接应我们了。我们士兵众多，行军又迅速，他们一定害怕追我们。孙膑是显示自己的弱小，我们是显示我们的强大，是形势不同的缘故。"

（2）张防不肯罢休，又想加害虞诩，两天之内，虞诩被审讯拷打四次。狱吏劝虞诩自杀，他说："我宁可受行刑人之刀求死而让远近的人都知道。"

张纲传

1. 选C（赫然：形容大怒。）

2. 选C（而张婴等人上书乞求留任张纲，得到了皇上应允。）

3. （1）张纲对此感愤激切叹息说道："污秽邪恶的人聚满了朝廷，却不能奋不顾身扫除国家的灾难，即使活着，也是我所不愿意的。"

（2）百姓老幼相互搀扶到张纲府邸吊唁的人多得无法计数。张婴等五百多人穿着丧服为他操办丧事，背负泥土为他垒筑坟墓。

4. 选A

5. 若不料强弱/非明也/充善取恶/非智也/去顺效逆/非忠也/身绝血嗣/非孝也/背正从邪/非直也/见义不为/非勇也；六者成败之几/利害所从/公其深计之

臧洪传

1. 选A（素：向来。）　2. 选D.　3. 选D.（臧洪终不降服。）

4. （1）明府您祖先数代均在朝为官，而现在你们兄弟俩均担任重要地方的郡守。今日乱臣贼子犯下滔天之罪而未被消灭，这正是天下义烈之士报恩效命的时候呀！眼下广陵郡未受侵犯，吏民富裕，若是大力号召，马上可得两万人马，凭著这个力量诛除国贼，给天下人做个榜样，这才是义之大者。

（2）你急于求利而成为盟主，则我当效命尽忠于天子。你说我身死而名灭，我还笑你苟活老死而不能称闻于天下，真是让人悲伤呀！

陈宠传

1. D（狱：案件。）

2. 选①。①中的“以”和例句中的“以”的意思是“介词，译为‘因为’”；②中的“以”“动词，译为‘认为’”；③中的“为”的意思是“动词，做，或‘担任’”；④中的“为”“动词，译为‘处理’，或译为‘写’”；⑤中的“以”“介词，拿，把。”；⑥中的“以”“介词，凭。根据。”

3. C　（①④不属于陈宠在执法上的主张，通过排除法，可以很快选到答案。）

4. 选C（A. 是陈宠得到被出为太山太守的机会，而不是陈宠得到被出为太山太守的机会。B. 公卿以下以及郡国没有不派官吏子弟去敬献财物的，后来汉和帝听说了陈宠守正不阿。提升陈宠做了大司农。D. 皇帝采纳了陈宠的建议，一改以前的严厉苛刻每每办案近于宽厚了。）

种暠传

1. 选D（会：恰巧碰上。）　2. 选A（其他都是间接表现种暠的深得民心。）

3. 选C（梁太后赦免了种暠之罪，只是免了官。）

4. 并/凉边人咸为发哀/匈奴闻暠卒/举国伤惜/单于每入朝贺/望见坟墓/辄哭泣祭祀

5. (1) 父亲死后，种暠将这些财产都用来救济宗族和周围乡里的穷人。凡是追求名声、利益的人，种暠都不与他们往来。

(2) 太子，是国家皇位的继承人，关系到天下人的命运。今天常侍来接人无诏书，我有何凭据知道不是奸邪呢？今天死也不让太子走。

陈球传

1. 选B.（这里的狼藉是指多而散乱堆积。）

2. 选C.

3. 选D.（程璜很害怕，没有守住陈球的谋划，而是告诉了曹节，出卖了陈球并致死。）

杨震传

1. 选C（毕：完全，全部。）

2. 选C（①不为物累，教子有方。②勤奋好学，学识渊博。④笃力治学，老不改其志。）

3. 选C　（杨震是在太尉任上得罪国舅大鸿胪耿宝。）

4. (1) 杨震说：“上天知道，神明知道，我知道，你知道。怎么能说没人知道！”王密惭愧地退出客舍。

（2）在改葬前十几天，有高达一丈多的大鸟，停在杨震棺前，俯仰悲鸣，泪下湿地，改葬完后，这只鸟才飞走。

乐恢传

1. 选D（庶：众多。）
2. 选C　（A. a坐：定罪。因……犯罪。　b. 坐：人的止息方式之一。古人席地而坐，坐时两膝着地，臀部压在脚跟上；B. a. 辟：指君主招来，授予官职。b. 辟：通“避”。回避，躲避；C. 候：看望；问候；D. a. 陈：述说，陈述。　b. 陈设，陈列。）
3. 选A（其他选项都是直接表现乐恢“性情耿直”的性格。）
4. 选B（只有东恢前往为其服丧。）
5. （1）后来焦永因事被审查，他的弟子们因为替焦永疏通关系被囚禁。乐恢保持自己的清白而没有触犯法律，于是他笃定心志而成为有名的儒生。

   （2）我听说众多帝王的过失，都是由于权利下移造成的。国舅们不应该干预王室的事情，以此显示天下是个人的天下。政治有了过失，如果不加补救，其结果不可预测。当今应该做的，帝王应以大义为重，断绝这种联系，国舅应以谦逊为主自我引退。

何敞传

1. 选D（所以：所用；用来。）
2. 选B.（A组的寻的意思分别是：推究和不久的意思。C组的白的意思分别是：禀告和雪花或乳汁那样的颜色，即白色的意思。D组的疾的意思分别是：痛恨和疾病的意思。B 组宜的意思均为应该、适宜。）
3. 选C（宋由没有采纳何敞的意见。）
4. （1）即使知道劝谏一定会有杀身之祸，但是我还要冒死进谏，是因为实在不忍心看见他们有祸患却沉默不语来苟且保全自己的生命啊。

   （2）因此郡中的人没有怨恨，百姓被他的恩礼感化。凡是跟与父母分居的人，都回去赡养他们的父母，互相退让财务的有二百多人。

找错有礼

亲爱的读者朋友：非常感谢您对吉林大学出版社的信任与支持。为了更好地提高图书质量，满足广大读者的阅读需求，进一步保证产品的零差错，我们需要您对本图书提出更好的编写建议，同时，指出我们的差错之处。我们将定期从读者反馈意见中抽取幸运读者，给予奖励。

本书的编写优点：

本书的编写缺欠：

您的建议：

发现的错误之处，您可以通过写信、发电子邮件、QQ在线交流、打电话等方式，将意见反馈给我们。

联系人：马老师
地址：长春市明德路501号
邮编：130021
联系电话：0431-89580059 / 13596488985
QQ在线交流：515982498
E-mail: 515982498@qq.com

图书在版编目(CIP)数据

后汉书 / (南北朝) 范晔撰 ; 刘春节, 高丽雅评注. -- 长春 : 吉林大学出版社, 2015.4
(国学课堂 / 魏冰戬主编)

ISBN 978-7-5677-3357-2

Ⅰ. ①后… Ⅱ. ①范… ②刘… ③高… Ⅲ. ①中国历史-东汉时代-纪传体-青少年读物 Ⅳ. ①K234.204.2-49

中国版本图书馆CIP数据核字(2015)第064459号

解读版

国学课堂系列图书

后汉书

2015年5月 第1版

2015年5月 第1次印刷

郑重声明"新黑马阅读"商标专用权

- "新黑马阅读"此商标的注册申请已经由中华人民共和国国家工商行政管理总局商标局正式批准，发文编号：4287897。使用商品：1. 报纸；2. 图画；3. 期刊；4. 雕刻印刷品（书画刻印作品）；5. 杂志（期刊）；6. 新闻刊物；7. 连环漫画书；8. 印刷出版物；9. 书籍；10. 笔记本或绘图本。
- 根据《商标法》和《商标法实施细则》有关规定，任何单位或个人在以上商品中使用或盗用此商标均为违法行为，将受到法律的严惩。

出版发行 吉林大学出版社
经　　销 全国各地新华书店及各大卖场
策划编辑 马宁徽
责任编辑 马宁徽
责任校对 曹德斌

印　　刷 长春新华印刷集团有限公司
印　　次 2015年5月　第1次印刷
开　　本 720X1000毫米　1/16
印　　张 15.75
字　　数 590千字
书　　号 ISBN 978-7-5677-3357-2
定　　价 27.00元

丛书主编 魏冰戬
原　　著 (南北朝) 范晔 撰
本册评注 刘春节　高丽雅
美术编辑 刘　瑜
封面设计 刘　瑜
封面绘图 法斯特设计室

社　　址 长春市明德路501号
邮　　编 130021
发行部电话 0431-89580028/29
传　　真 0431-89580027
网　　址 http://www.jlup.com.cn
E-mail jlup@mail.jlu.edu.cn